Ihre Arbeitshilfen zum Download:

Die folgenden Arbeitshilfen stehen für Sie zum Download bereit:

- Informationen zum bekannten aktuellen Stand des Sourcings in XING bzw. LinkedIn
- Musterstellenbeschreibung für eine Position als Sourcer (m/w/d)
- Fragenkatalog mit den Themenfeldern, die Sie sich vor einer Investitions- oder Integrationsentscheidung in Sourcer-Software (auch bei kostenlosen Tools) stellen und beantworten sollten
- Checkliste zur Entwicklung eines eigenen ethischen Systems
- Die 9 wichtigsten Booleschen Befehle, zusammengefasst in einer Liste

Den Link sowie Ihren Zugangscode finden Sie am Buchende.

Praxiswissen Talent Sourcing

Liebe Ina,

schön, daß es jetzt endlich
geklappt hat!
Hier kommt der Turbo für den
Sourcing Erfolg
LG Barbara

Barbara Braehmer

Praxiswissen Talent Sourcing

Effiziente Kombination von Active Sourcing, Recruiting und Talent Management

1. Auflage

Haufe Group
Freiburg · München · Stuttgart

Bibliografische Information der Deutschen Nationalbibliothek

Die Deutsche Nationalbibliothek verzeichnet diese Publikation in der Deutschen Nationalbibliografie; detaillierte bibliografische Daten sind im Internet über http://dnb.dnb.de abrufbar.

Print:	ISBN 978-3-648-12078-1	Bestell-Nr. 14069-0001
ePub:	ISBN 978-3-648-12079-8	Bestell-Nr. 14069-0100
ePDF:	ISBN 978-3-648-12080-4	Bestell-Nr. 14069-0150

Barbara Braehmer
Praxiswissen Talent Sourcing
1. Auflage 2019

© 2019 Haufe-Lexware GmbH & Co. KG, Freiburg
www.haufe.de
info@haufe.de

Produktmanagement: Bernhard Landkammer
Lektorat: Gabriele Vogt

Dieses Werk einschließlich aller seiner Teile ist urheberrechtlich geschützt. Alle Rechte, insbesondere die der Vervielfältigung, des auszugsweisen Nachdrucks, der Übersetzung und der Einspeicherung und Verarbeitung in elektronischen Systemen, vorbehalten. Alle Angaben/ Daten nach bestem Wissen, jedoch ohne Gewähr für Vollständigkeit und Richtigkeit.

Inhaltsverzeichnis

Vorwort		13
1	**Einleitung**	17
1.1	Kapitelübersicht	17
1.2	Wie nütze ich dieses Buch?	20
1.3	Die moderne Personalbeschaffung ist mehr als E-Recruiting	21
1.4	Was ist Talent Sourcing heute?	24
	1.4.1 Die Geschichte der aktiven Personalsuche	24
	1.4.2 Was ist der Unterschied zwischen Active Sourcing und Passive Sourcing?	27
1.5	Der Unterschied zwischen aktiven und passiven Kandidaten	29
	1.5.1 Die aktiven Talente und die Bewerber	31
	1.5.2 Die semi-aktiven Talente	33
	1.5.3 Die passiven Talente	34
	1.5.4 Die super-passiven Talente	37
1.6	Was ist der Prozessunterschied zwischen Sourcing und Recruiting?	37
1.7	Der praktische Sourcing-Prozess	40
	1.7.1 Der Do-it-Yourself-Sourcing-Workflow	40
	1.7.2 Der professionelle Sourcing-Prozess in 7 Stufen	42
	1.7.3 Warum Ihr Talent-Sourcing-Prozess iterativ sein sollte	44
1.8	Die Digital Body Language von Usern lesen und verstehen	45
2	**Die Voraussetzungen für erfolgreiches Sourcing**	51
2.1	Das neue Berufsbild des Sourcers	51
2.2	Was ist erfolgreiches Active Sourcing?	52
2.3	Das notwendige Sourcing-Know-how	55
2.4	Das Sourcer Mindset – Sourcing ist eine digitale Kompetenz	56
2.5	Das Suchmaschinen-Know-how eines erfolgreichen Sourcers	58
	2.5.1 Was sind Suchmaschinen – aus Sourcer-Sicht	58
	2.5.2 Die Keyword-Suchmaschinen	60
	2.5.3 Die Semantischen Suchmaschinen	61
	2.5.4 Die wichtigsten Web-Suchmaschinen für Sourcer	64
2.6	Die Sourcing Toolbox	70
	2.6.1 Was sind die Basis-Sourcing-Tools?	70
	2.6.2 Die Texteditoren – Ihre zentralen Produktivitätstools	71
	2.6.3 Die kostenfreien Sourcing Tools und Hilfsapplikationen	73
	2.6.4 Die kostenpflichtigen Sourcing Tools und Premiumsoftware	75
	2.6.5 Die Entscheidung für die richtigen Sourcing Tools	76
	2.6.6 Die Rolle der Sourcing Tools in der Praxis	78

2.7		Die »Ethical Sourcing«-Grundsätze	78
	2.7.1	Was versteht man unter »Sourcing Ethik«?	80
	2.7.2	Die Basis einer Ethik-Checkliste der Dos and Don'ts	81
	2.7.3	Der Browser – das Tor zum Web	82
2.8		Die Übersicht der rechtlichen Grundlagen im Talent Sourcing	83
	2.8.1	Der gesetzliche Rahmen im Talent Sourcing	84
	2.8.2	Das Suchen aus rechtlicher Sicht	84
	2.8.3	Das Finden und Identifizieren aus rechtlicher Sicht	85
	2.8.4	Das Kontaktieren aus rechtlicher Sicht	86
	2.8.5	Der Datenschutz im Talent Sourcing	88
3		**Das Know-how eines professionellen Sourcers**	**89**
3.1		Die Sources: Wo kann man online Talente finden?	89
	3.1.1	Die Übersicht der wichtigsten Sources	89
	3.1.2	Die Business-Netzwerke	91
	3.1.3	Die Lebenslaufdatenbanken	92
	3.1.4	Die horizontalen Social Networks und Communities	93
	3.1.5	Die vertikalen Social Networks und Communities	94
	3.1.6	Die Spezial- und Fachforen	96
	3.1.7	Die Company Search mit Zielfirmenlisten	96
	3.1.8	Das Web und Google	97
3.2		Wie Sie passende Keywords mit System suchen und finden	98
	3.2.1	Was sind die richtigen Keywords?	99
	3.2.2	Die besondere Rolle von Synonymen und anderen Schreibweisen	105
	3.2.3	Die richtigen Keyword-Kombinationen in der Praxis	106
	3.2.4	Die systematische und effiziente Umsetzung	110
3.3		Die Verbindung von Suchbegriffen: die Booleschen Befehle	113
	3.3.1	Die Booleschen Operatoren	115
	3.3.2	Die Booleschen Modifikatoren	122
	3.3.3	Die Booleschen Feldkommandos	127
	3.3.4	Die Booleschen Befehle in XING und LinkedIn	138
	3.3.5	Die Booleschen Befehle in Google.de	140
	3.3.6	Die Booleschen Befehle in Bing	141
	3.3.7	Die Booleschen Befehle in Yahoo!	143
	3.3.8	Die Booleschen Befehle in AOL	144
	3.3.9	Die Booleschen Befehle in DuckDuckGo	145
3.4		Wie erstellt man professionelle Suchanfragen?	146
	3.4.1	Die Suchketten genannt Strings	146
	3.4.2	Die goldenen Regeln der Booleschen Suche	150
	3.4.3	Die drei wichtigsten Praxisempfehlungen für Ihre Suchanfragen	157
3.5		Warum Ihr Employer Branding eine entscheidende Rolle spielt	158

4	**Die Sourcing-Planung und -Vorbereitung**	163
4.1	Die Einzelschritte der Sourcing-Planung in der Praxis	163
4.2	Die Jobbeschreibungen aus Sourcer-Sicht	163
	4.2.1 Die Stellenbeschreibung aus Sourcer-Sicht	164
	4.2.2 Die Jobanalyse – den Job verstehen	165
	4.2.3 Das Ziel: die leistungsbasierte Jobbeschreibung	167
4.3	Die Sourcing Candidate Personas	169
	4.3.1 Die Sourcing-Stellenbeschreibungen und Candidate Personas	169
	4.3.2 Die Persona-Gruppen in der Praxis	172
4.4	Die 6 wichtigsten Sourcing-Methoden	175
	4.4.1 Die Karrierepage	176
	4.4.2 Die Open Web Search	177
	4.4.3 Das Profile Mining	177
	4.4.4 Die CV Database Search	178
	4.4.5 Die Boolesche Suche	179
	4.4.6 Das Talent Mining	180
5	**Das Finden und das Identifizieren**	181
5.1	Der Unterschied zwischen Finden und Identifizieren	181
	5.1.1 Das Primary Sourcing (das Finden)	181
	5.1.2 Secondary Sourcing (Identifizieren oder Screening)	182
5.2	Die 8 wichtigsten technischen Sourcing-Hindernisse	183
	5.2.1 Die technischen Eingriffe	183
	5.2.2 Die Indexierung	185
	5.2.3 Die englische Sprache und Probleme mit Taxonomien	186
	5.2.4 Die Trefferliste und -anzeige	186
	5.2.5 Das (persönliche) Netzwerk	187
	5.2.6 Die »Intelligenz« des Algorithmus	187
	5.2.7 Die falsch-positiven Ergebnisse	188
	5.2.8 Die Echoräume	188
5.3	Der Sourcing-Alltag anhand ausgewählter Best-Practice-Beispiele	189
	5.3.1 Das Sourcing mit XING für Praktiker	189
	5.3.2 Das Sourcing mit LinkedIn für Praktiker	193
	5.3.3 Sourcing mit der Methode Talent Mining	199
6	**Das Kontaktieren und die Sourcing-Kommunikation**	203
6.1	Die wichtigsten Besonderheiten der Online-Kommunikation aus Sourcer-Sicht	203
6.2	Der Unterschied zwischen Kontaktieren und Sourcing-Kommunikation	204
6.3	Welche Möglichkeiten der Kontaktaufnahme gibt es?	204
6.4	Die Verhaltensregeln für die erfolgreiche Sourcing-Kommunikation	206

6.5		Die besten Tipps und Tricks zur professionellen Sourcing-Kommunikation...	208
	6.5.1	Die Betreffzeile	209
	6.5.2	Das Intro/der erste Satz	209
	6.5.3	Der Content/Inhalt	210
	6.5.4	Die Schlussformel	211

7 Die Steigerung der Sourcing-Effizienz ... 213

7.1		Die wichtigsten Best-Practice-Tipps für den Sourcing-Start	213
7.2		Warum systematisches Talent Sourcing effizienter als viele experimentelle Hacks ist	216
7.3		Der Sourcing-Effizienz-Turbo – die Sourcing-Bibliothek	217
	7.3.1	Wozu ist eine Sourcing-Bibliothek gut?	218
	7.3.2	Wie sollten Sie Ihr Sourcing-Know-how archivieren?	218
	7.3.3	Welche Struktur sollte eine Sourcing-Bibliothek haben?	218
7.4		Die Erfolgsstrategie Nr. 1: die Talent Pipeline und der Talent Pool	220
7.5		Der Sourcing-Erfolgsfaktor Fehlervermeidung	222
7.6		Die Sourcing-Besonderheiten und Best-Practice in Corporate Organisationen	226
7.7		Die Sourcing-Besonderheiten und Best-Practice in Personalberatungen	227
7.8		Die Sourcing-Besonderheiten und Best-Practice bei Personaldienstleistern	229
7.9		Die Sourcing-Besonderheiten und Best-Practice von Solo-Recruitern	231

8 Der Sourcing-Erfolg heute und in der Zukunft ... 233

8.1		Die erfolgreiche Sourcing-Integration in die HR-Organisation	233
8.2		Monitoring des Sourcing-Erfolgs durch KPIs	235
	8.2.1	Wie kann man mit Sourcing-KPIs Erfolg messen?	236
	8.2.2	Die generellen KPIs	237
	8.2.3	Die Sourcing-Kommunikations-KPIs	237
	8.2.4	Das Absagen-Monitoring	238
	8.2.5	Die Lern- und Transformationsindikatoren	238
	8.2.6	Die Qualitätsindikatoren	238
	8.2.7	Die Effizienzindikatoren	239
	8.2.8	Die Pipeline Speed	239
	8.2.9	Die Sourcing-Produktivität	239
	8.2.10	Die Conversion Rate	240
	8.2.11	Die Forecasting-Indikatoren	240
8.3		Wie könnte die Zukunft des Talent Sourcings aussehen?	241
	8.3.1	Die Talent-Sourcing-Evolution – der Weg von der Datenbank zum Talent-Management-System	241
	8.3.2	Die Künstliche Intelligenz als Hilfe im Sourcing und Screening?	242

	8.3.3	Wie Sie frühere Kandidaten wiederentdecken – Sourcing im eigenen ATS	244
	8.3.4	Das Passive Sourcing: Talent Acquisition und Sourcing werden verschmelzen	245
8.4		Zusammenfassung und ein Ausblick	247

Die Autorin	251
Literaturverzeichnis	253
Abbildungsverzeichnis	257
Stichwortverzeichnis	261

Vorwort

Die Digitalisierung sorgt buchstäblich täglich für Änderungen im Netz: Tools und Technologien kommen und gehen, Social-Media-Plattformen ändern sich, Prozesse müssen sich ständig anpassen und neue gesetzliche Bestimmungen müssen implementiert werden. Warum also ein Buch über eine Online-Disziplin schreiben, das, wenn es gedruckt ist, möglicherweise schon veralteten Inhalt enthält? Und warum sollten Sie es dann kaufen und lesen?

Seit nunmehr drei Jahrzehnten bin ich HR-Praktikerin, mein persönlicher Fokus liegt in der Personalbeschaffung, das war und ist das, was ich besonders gern tue. In diesem Feld habe ich alle Seiten kennengelernt: als Personalleiterin im Corporate Recruiting, wo ich selbst Gespräche geführt und Mitarbeiter ausgebildet habe, und in der Personalberatung, wo ich lange Jahre Erfahrung insbesondere im Bereich Executive Search sammeln konnte – hier habe ich selbst mit identifiziert und angesprochen, immer die Interviews geführt und die Talente betreut. Und nun bin ich als Early Adopter seit über sechs Jahren aktiv im Social Recruiting und Sourcing, gehöre zu den internationalen Sourcing-Experten – und bin selbst täglich online, um zu sourcen. Gleichzeitig bilde ich seit fünf Jahren Sourcer aus.

Die erfolgreichsten Sourcer sind die, die diese neue Kompetenz systematisch anwenden, sich stetig weiterentwickeln und flexibel bleiben – und die gelernt haben, zwischen den Prozessen im Recruiting und denen im Sourcing virtuos zu wechseln. Ich habe viele gute Recruiter im Sourcing scheitern sehen, die trotz enormer Bemühungen und hohem Einsatz kaum Stellen über das Sourcing besetzt haben. Bei diesen Kollegen konnte ich immer beobachten, dass sie ihre Recruitingprozesse aus der realen Welt online abbilden wollten. Besonders ihre intuitiven und spontan-situativen Lösungsversuche haben sie so oft in endlos experimentelle Suchschleifen geführt und hochgradig frustriert, weil sie so oft die gleichen Kandidaten gefunden haben. Nur proaktiv zu werden, ist heute nicht mehr ausreichend, um eine Stelle durch Sourcing zu besetzen.

In meiner Beobachtung scheitern viele Sourcer heute an den fehlenden Kenntnissen über eine systematische Online-Personalsuche bzw. an einem fehlenden effizienten Prozess, am notwendigen Know-how, zum Beispiel wie ihre Tools, die Suchmaschinen, funktionieren, oder am richtigen Verständnis für das Online-Verhalten von aktiven und passiven Talenten. Alles Dinge, die man lernen kann. Und die Sie in diesem Buch an vielen Charts, Praxisbeispielen mit Screenshots, Handlungsalternativen und Checklisten nachlesen und nacharbeiten können.

Warum ich dieses Buch geschrieben habe

Der Plan für dieses Buch entstand aus der Idee heraus, dass eine einzige Quelle mit zuverlässigen Informationen über das Sourcing-Know-how und die Einzelschritte eines optimalen Sourcing-Prozesses hilfreich wäre. Ein Buch also, das alle Aspekte abdeckt: von den Voraussetzungen erfolgreicher Sourcing-Projekte, der Planung des Sourcing-Prozesses, die Auswahl von Tools über die effiziente Durchführung der Suchanfragen bis hin zur erfolgreichen Ansprache sowie Überprüfung der Abläufe.

Bei der Darlegung aller dieser Informationen entstanden aus einer gewaltigen Menge von Einzelheiten zweckmäßige, übersichtliche und einfach zu benutzende Kapitel, die ich thematisch nach dem Ablauf des Sourcing-Prozesses zusammengefügt und durch viele Best-Practice-Beispiele inklusive Interviews mit Praktikern ergänzt habe.[1] Zum besseren Verständnis und da ich davon ausgehe, dass unterschiedliche Teile des Buches zu unterschiedlichen Zeiten gelesen werden, finden Sie dort, wo ich Erklärungen aus meiner Erfahrung für notwendig halte, hin und wieder kurze Wiederholungen.

An wen richtet sich dieses Buch?

Dieses Buch ist ideal für alle, die darüber nachdenken, mit Talent Sourcing zu starten, oder einfach nur ihre Online-Personalsuche professionalisieren möchten. Sowie auch diejenigen, die ihre Sourcing-Kenntnisse in einzelnen Bereichen verbessern wollen. Wenn Sie Recruiter, Personalberater oder HR-Business-Partner[2] sind oder ein Manager, der plant, in seinem Team den Sourcing-Prozess zu integrieren, finden Sie die wichtigen theoretischen und praktischen Grundlagen in diesem Buch.

Wie dieses Buch aufgebaut ist?

Parallel zum Verlauf eines Sourcing-Projektes – von der Planung bis zum Monitoring und Talent Pool – ist dieses Buch in acht Kapitel eingeteilt. So können Sie jedes Kapitel direkt in Ihre aktuelle Aufgabe einfließen lassen, weil es dem entspricht, was Sie entweder gerade tun oder als Sourcer tun werden. Oder Sie können zu den einzelnen Prozessschritten jeweils Problemlösungen nachlesen und Arbeitshilfen finden. Andererseits können Sie sich auch einen Überblick über den gesamten Prozess verschaffen und die Kapitel nacheinander lesen, etwa, wenn Sie grundsätzlich neu im Sourcing sind.[3]

---

1   Zum Teil wurden Ideen, Best-Practice-Beispiele, Graphiken und Texte bereits in unserem Intercessio-Blog https://intercessio.de/blog veröffentlicht und werden hier weiter ausgeführt.
2   Aufgrund der besseren Lesbarkeit und der Vereinfachung wird in diesem Buch auf die gendergerechte Schreibweise verzichtet und ausschließlich die männliche Form verwendet. Sie bezieht sich immer auf Personen beiderlei Geschlechts.
3   Wenn Sie in einem der Kapitel nicht fündig werden oder mir schreiben möchten, ist die beste Adresse dafür PWTS@intercessio.de. Verbesserungsvorschläge, Updates, die Sie festgestellt haben, sowie Fehlermeldungen sind mir natürlich besonders willkommen.

Vorwort

Warum heißt dieses Buch »Praxiswissen Talent Sourcing«?

Als ich vor sieben Jahren das erste Mal das Wort »Active Sourcing« gehört habe, fand ich das äußerst befremdlich. Ich habe mich als Herzblut-Recruiterin und Personalberaterin als aktiv empfunden und immer das Gefühl gehabt, den Prozess der Personalbeschaffung, ob Anzeige oder Telefonat, selbst zu steuern. Mit der Erfahrung von heute finde ich das »Active« vor dem Sourcing nachvollziehbar und sehr praktisch. Denn es kristallisieren sich durch die Digitalisierung weitere, ganz neue Sourcing-Prozesse heraus, in denen der Sourcer selbst keine aktive Rolle spielt bzw. spielen kann, sie aber dennoch steuert. Diese Prozesse sind alle keine Recruitingprozesse, sondern funktionieren analog der Prozesse des Active Sourcings mit neuen digitalen Tools. Sie werden deshalb »Passive Sourcing« genannt. Da ich auf beide Prozesse in diesem Buch eingehen werde, wurde der Titel »Praxiswissen Talent Sourcing« für dieses Buch gewählt.

Meine Danksagung an meine Unterstützer

Ich möchte mich bei meinem Team Carolin Matthiae und Anna Dollhäubl bedanken, die viele wertvolle Praxisbeispiele zu diesem Buch beigetragen und alle Übersichten und Checklisten getestet haben. Sie haben dankenswerterweise nie mit ehrlicher Kritik und Lob gespart und so dazu beigetragen, dass viele Erklärungen nun auch besser von Sourcern unterschiedlicher Wissensstufen zu verstehen sind.

Ebenso danke ich meinen Interviewpartnern in den Best-Practice-Beispielen, die sich trotz ihrer umfassenden Jobs und Aufgaben die Zeit für Erklärungen und Best-Practice-Ratschläge genommen haben: Lisa Becker, Bea Kowol, Birger Meier, Kai Deininger, Jannis Lehmkuhl und Henrik Zaborowski.

Mein besonderer Dank gilt auch meiner Lektorin Frau Gabriele Vogt, die sich ohne Sourcing-Vorkenntnisse durch 250 Seiten Suchmaschinen-Know-how gekämpft hat und mit ihren Verbesserungsvorschlägen und Hilfestellungen das Buch verständlicher machte.

Für die Unterstützung und das Verständnis, das mir meine Familie und meine Freunde während des Entstehens dieses Buches entgegengebracht haben, bin ich dankbar. Letztendlich hätte ich dieses Buch nicht ohne mein Husky-Rudel schreiben können, die mich daran erinnerten, Pausen einzulegen, mit ihnen zu laufen oder zu spielen, was ich mehr gebraucht habe als sie. Sie haben mir in all den langen Nächten Gesellschaft geleistet, wenn alle anderen schliefen.

1 Einleitung

1.1 Kapitelübersicht

Kapitel 1 – Die Einführung
In diesem ersten Kapitel lesen Sie, warum die Online-Personalsuche so wichtig geworden ist und wie sich diese neue Form der Personalsuche professionalisiert hat. Ich gehe darauf ein, was der Unterschied zwischen Sourcing und Recruiting ist und wie ein effizienter Sourcing-Prozess aussieht. Sie lernen, was der Unterschied zwischen aktiven und passiven Kandidaten ist und warum diese sich online nicht gleich verhalten wie in der realen Welt. Das Kapitel enthält daher Hinweise, wie Sourcer umdenken und die Informationen, die Kandidaten online hinterlassen, neu interpretieren lernen können.

Kapitel 2 – Die Voraussetzung für erfolgreiches Sourcing
Dieses Kapitel zeigt auf, wie das neue Berufsbild eines Sourcers aussieht und wie es sich von dem eines Recruiters unterscheidet. Sie erhalten eine Erläuterung, was Sourcing-Erfolg ist, und erfahren, welches Mindset erfolgreiche Sourcer brauchen. Dazu werden Sie in die für Sourcer so zentrale Welt der Sourcing-Tools eingeführt.

Die wichtigsten Tools der Sourcer sind Suchmaschinen. Deshalb erkläre ich genauer die Funktionsweise der heutigen Generation der Suchmaschinen, die der Semantischen Suchmaschinen, und fasse deren Besonderheiten für den Sourcing-Prozess zusammen. Da es eine Vielzahl weiterer wichtiger digitaler Tools gibt, die Sourcer bei ihrer Arbeit unterstützen, enthält das Kapitel ebenfalls eine Übersicht über diese.

Zentral für erfolgreiches Sourcing sind auch die Rahmenbedingungen. Dabei geht es heute nicht mehr einfach nur um den rechtlichen Rahmen – ich möchte Sie auch über die Notwendigkeit informieren, über die Ethical-Sourcing-Grundsätze nachzudenken. Dazu finden Sie einen Überblick über die rechtlichen Grundlagen.

Kapitel 3 – Das Know-how eines professionellen Sourcers
Sowohl für das Active Sourcing als auch das Passive Sourcing ist es wichtig zu wissen, wo genau man Talente finden bzw. auch mit Sourcing-Methoden praktisch erfolgreich sein kann. Hier klafft eine große Lücke zwischen den theoretischen Möglichkeiten und dem, was umsetzbar und erlaubt ist. Die größten Restriktionen sind aber die technischen Grenzen: Ein Sourcer muss lernen, wie er eine kluge Suchanfrage schreibt. Sie erhalten daher in diesem Kapitel praktische Tipps, Regeln und einige Hacks sowie viele Beispiele in Form von Suchketten und Screenshots, wie Sie Keywords finden und einsetzen und Suchanfragen stellen.

Ich erkläre Ihnen zudem in diesem Kapitel ausführlich die Funktionsweise der Booleschen Befehle mit vielen String-Beispielen, diese sind für jedes wichtige Portal ausgearbeitet und in Übersichten gefasst.

ARBEITSHILFE ONLINE

Sie können alle auch als Arbeitsunterlagen unter Arbeitshilfen online downloaden.

Abschließend gehe ich jeweils kurz auf das Employer Branding als Sourcing-Erfolgsvoraussetzung ein.

Kapitel 4 – Die Sourcing-Planung und -Vorbereitung
Jeder Sourcing-Anfänger steht vor der Frage, wie er mit einem Sourcing-Projekt in der Praxis startet. In diesem Kapitel erhalten Sie genau darauf praktische Ratschläge bzw. wichtige Handlungsalternativen. Ich empfehle Ihnen hierbei, sich ähnlich wie ein Softwareentwickler zu verhalten, und zeige Ihnen, wie Sie das analog durchführen können.

Die wichtigste Grundlage ist hier allerdings Ihre für das Sourcing erstellte Jobbeschreibung. Zu dieser finden Sie praktische Ratschläge und ich zeige Ihnen, welche Möglichkeiten Sie haben, aber auch, welche Sie mit dem Recruiting kombinieren können. Mein dringender Rat ist hier, nicht ohne eine Candidate Persona zu starten – im Kapitel wird daher erklärt, was eine Candidate Persona im Sourcing ist und was passiert, wenn Sie diese nicht nützen. Sie erhalten praktische Umsetzungstipps, wie Sie diese ganz einfach erstellen können. Dazu stelle ich Ihnen die zentralen Sourcing-Methoden vor und zeige, wie man diese einsetzen kann.

Kapitel 5 – Das Finden und Identifizieren
In diesem Kapitel geht es um den Prozessunterschied zwischen Finden und Identifizieren, um Ihnen mehr Handlungsoptionen zu geben. Deshalb werden zu Beginn der Unterschied dieser Vorgehensweisen und Umsetzungsbeispiele aufgezeigt. Damit Sie effizienter finden können, habe ich Ihnen die technischen Hindernisse Semantischer Suchmaschinen zusammengefasst. So können Sie diese Fallstricke vermeiden und viel Zeit sparen, aber auch gezielter finden.

Anhand anschaulicher Suchketten gebe ich Ihnen einen Eindruck, wie Sie in Social Media mit Fokus auf XING und LinkedIn Talente suchen und finden können. Neben weiteren Best-Practice-Beispielen in XING und LinkedIn finden Sie zudem den kompletten Suchablauf eines Projektes der effizienten Methode Talent Mining.

Diese zahlreichen praktischen Beispiele haben ihren Schwerpunkt mehrheitlich in LinkedIn. Dort können Sie sowohl mit dem kostenlosen bzw. kostenpflichtigen Business Account erfolgreich Talente sourcen als auch mit dem Premiumtool, dem Recruiter. Leider hat XING bereits 2017 die Such- und Findemöglichkeiten mit dem kostenlosen XING-Account beendet. Ende Dezember 2018 wurde nun auch das praktische Active Sourcing in XING mit dem kostenpflichtigen Premium Account und damit der Erweiterten Suche so eingeschränkt, dass das Active Sourcing mit diesen beiden Accounts kaum mehr möglich ist.[4] Wer in XING gezielt Sourcing betreiben möchte, muss nun das Premiumtool, den TalentManager, buchen. Allerdings sind die Anwendungsregeln der beiden Premiumtools Recruiter und TalentManager so unterschiedlich und auch komplex, dass sie den Rahmen dieses Buches sprengen würden. Deshalb konzentrieren sich die Beispiele und Anwendungen auf die Machbarkeiten in beiden Netzwerken mit den einfacheren Accounts.

Informationen zum bekannten aktuellen Stand des Sourcings in XING bzw. LinkedIn finden Sie auf Arbeitshilfen online.

ARBEITSHILFE ONLINE

Kapitel 6 – Das Kontaktieren und die Sourcing-Kommunikation
Ihr Sourcing-Erfolg steht und fällt mit der Kommunikation mit Ihren Talenten. Ich habe Ihnen die Besonderheiten, die Sourcer in der Online-Kommunikation beachten sollten, zusammengefasst: Sie finden eine Übersicht der Möglichkeiten der Kontaktaufnahme und Erläuterungen, welche Handlungsoptionen Sie nach der Kontaktaufnahme haben, um ein Talent zu gewinnen. Der Schwerpunkt liegt auf Best-Practice-Tipps in der Durchführung zu den Bestandteilen einer Sourcing-Nachricht

Kapitel 7 – Die Steigerung der Sourcing-Effizienz
Damit Sie nicht nur theoretische Expertenratschläge erhalten, habe ich drei Praktikerinnen hinsichtlich ihrer Erfahrungen befragt. Sie geben Ihnen in Interviews Tipps und Ratschläge, wie Sie erfolgreich mit dem Sourcing starten können. Zudem möchte ich Ihnen in diesem Kapitel zeigen, warum systematisches Sourcing besser ist, also eine Serie von Hacks.

Es liegt mir sehr am Herzen, dass Sie sich eine Sourcing-Bibliothek aufbauen. Sie ist der Turbo Ihres Sourcing-Erfolgs. Ich habe Sourcer erlebt, die mit einer Sourcing-Bibliothek ihre Vorbereitungszeit pro Projekt auf unter 10 Minuten reduzieren konnten. Wie das geht und wie Sie diese Bibliothek pflegen, ist sehr ausführlich beschrieben. Sie finden Checklisten, wie Sie effizient eine Talent Pipeline aufbauen und die schlimmsten Sourcing-Fehler vermeiden.

In weiteren vier Interviews erhalten Sie zudem Best-Practice-Tipps von Sourcing-Profis aus den Bereichen Corporate, Personalberatung, Personaldienstleistung und Solo-Recruiter.

---

4 Am 10.02.19 musste ich feststellen, dass die alte Meldung »die Booleschen Befehle sind/wurden abgeschafft« wieder auftaucht, aber trotzdem Suchketten mit jeweils 1 oder max. 2 Booleschen Befehlen AND, OR, NOT ( ) und * möglich sind und eine kleine, limitierte Ergebniszahl in der Erweiterten Suche in XING anzeigen. Sobald man allerdings entweder 2 oder mehr dieser Booleschen Befehle eingibt, werden keine Suchergebnisse mehr angezeigt oder das sehr limitierte Ergebnis von einem Befehl. Eine Regel ist hier noch nicht sicher feststellbar und da weiter die Ankündigung steht, dass die Befehle nicht mehr funktionieren, ist es möglich, dass dies nur ein Test ist und die Wirkung der Befehle wieder ausgesetzt wird.

Kapitel 8 – Der Sourcing-Erfolg heute und in der Zukunft
In diesem Kapitel werden Ihnen die Möglichkeiten aufgezeigt, wie Sie Sourcing erfolgreich in die HR-Organisation integrieren, und Sie finden eine Checkliste für die Umsetzung. Gleichzeitig fasse ich Ihnen zusammen, wie Sie besser werden können, indem Sie Ihren Sourcing-Erfolg überprüfen, und gebe Ihnen eine Übersicht über die möglichen Sourcing-KPIs. Bei der schnellen Entwicklung der Online-Landschaft sollte sich jeder über die Zukunft des Sourcings Gedanken machen.

Neben der Übersicht, welche tatsächlichen Schritte der Sourcing-Evolution bereits existieren, fasse ich Trends zusammen, die sich international im Sourcing herauskristallisieren, unter anderem der Einsatz von AI und Chatbots sowie die Humanisierungstendenzen mit der Konsequenz des Abbaus von Software Tools. Im letzten Abschnitt finden Sie dazu meine persönliche Meinung, wie die Zukunft des Sourcings aussehen könnte.

1.2 Wie nütze ich dieses Buch?

Man kann die Gegenwart nur verstehen kann, wenn man die Vergangenheit kennt. Deshalb finden Sie in diesem Buch in den theoretischen Teilen die Herleitung der Ist-Situation und, wenn es Handlungsoptionen gibt, eine Aufzählung der Möglichkeiten. In vielen Fällen habe ich Ihnen in der Form von Praxistipps Ratschläge oder aktuelle Hinweise zusammengefasst. Diese werden folgendermaßen dargestellt:

> **! Praxistipp**
> Ratschläge und aktuelle Hinweise

Soweit möglich und besonders in den Kapiteln 3 bis 6 finden Sie viele Praxisbeispiele, die in folgender Form dargestellt werden:

> **PRAXISBEISPIEL**
> Beispiele aus der aktuellen Praxis

Alle Checklisten können Sie sowohl im Buch als auch im Downloadbereich finden, Sie finden diese in der folgenden Darstellungsform:

> **Checkliste**
> Checklisten zum Abgleichen

Der Downloadbereich wird zudem die für Sie wichtigen Aufstellungen vorhalten, wie z. B. die Tabellen der Booleschen Suche oder die Übersicht über den Ablauf eines Sourcing-Projektes. Sollten Sie Bedarf an weiteren, nicht dort zu findenden Aufstellungen aus dem Buch haben, kann ich Ihnen diese gern zur Verfügung stellen, wenn Sie sich direkt per Mail an mich wenden. Die Verweise im Buch zu Materialien auf der Arbeitshilfen-Online-Seite sind mit einer Marginalie neben dem Text gekennzeichnet.

ARBEITSHILFE ONLINE

1.3 Die moderne Personalbeschaffung ist mehr als E-Recruiting

Das Recruiting hat sich in den letzten 10 Jahren dramatisch geändert. Vergangen sind die Zeiten, in denen man einfach nur die vielen Bewerbungsunterlagen auf Stellenanzeigen nach den besten Kandidaten durchforsten konnte, und vorbei ist auch die Zeit, in der man mit ein paar Begriffen in den Business-Netzwerken gute Kandidaten aus einer Ergebnisliste aussuchen konnte.

Wenn wir die tatsächlichen Möglichkeiten der modernen Personalbeschaffung verstehen wollen, müssen wir uns zuerst die Entwicklung des Recruitings genauer ansehen. Recruiting oder »Personalbeschaffung« entstand erst Ende der 50er Jahre als eigene Profession. Als im Wirtschaftswunder Arbeitskräfte rarer und durch das Wachstum immer mehr Regeln und Gesetzesauslegungen sowie deren Einhaltung erforderlich wurden, brauchte man Menschen, die sich darum kümmerten. Aber verglichen mit Professionen wie Arzt, Steuerberater, Ingenieur oder Rechtsanwalt oder auch Handwerker wie Elektriker oder Schuster gibt es für die Personalbeschaffung im Gegensatz zu diesen bis heute keine vergleichbare Ausbildung bzw. einen einheitlichen Ausbildungsabschluss. Alles in der Personalbeschaffung ist letztlich »hands-on«.

Unsere Recruitingausbildung on the job sowie die Arbeitsprozesse sind im wahrsten Sinne des Wortes praktisch orientiert und damit fehlen allgemeine Standards und eine echte Vergleichbarkeit. Allein das Sammelsurium der rechtlichen Regeln, die wir als Recruiter zu beachten haben, gibt uns einen gemeinschaftlichen Rahmen. Hervorzuheben sind in diesem Zusammenhang besonders das Betriebsverfassungsgesetz und die Mitarbeitervertretungen sowie die weiteren Prinzipien der Sozialen Marktwirtschaft als gemeinschaftliche Rahmenbedingungen und deutsche Besonderheit. Dieses Regelungswerk wird noch durch jeweils eigenbetriebliche und organisatorische Absprachen, Anweisungen und Vereinbarungen ergänzt – das ist das ganze Frame-Work für das Recruiting.

Je größer das Unternehmen, umso mehr gibt es Regeln und Standards in den Abläufen und Prozessen des Recruitings. Dagegen findet man bis heute im Mittelstand kaum eigene Personalabteilungen. Das Recruiting übernehmen dort wie früher die

Fachvorgesetzten und lassen sich in besonderen Fällen durch externe Personalberater und -dienstleister unterstützen. Besonders bei der Auswahl des Personals ließen und lassen sich die Fachbereiche (oder auch in englischer Sprache Hiring-Manager genannt) gern helfen, denn die Stellenausschreibungen brachten mit der Zeit wieder hunderte von Bewerbern und damit ein großes Arbeitspensum. Allerdings trafen die Vorgesetzten der zukünftigen Mitarbeiter zuerst alle Entscheidungen, wann und ob eine Anzeige geschaltet wird. Dies war angesichts eines Arbeitgebermarktes mit vielen möglichen Kandidaten auch kurzfristig möglich. So entstand im Recruiting ein besonderer Just-in-Time-Schwerpunkt.

Bis heute ist aus diesen Gründen die besondere Stärke eines Recruiters seine auf Intuition und Gefühl basierende effiziente Selektionskompetenz: Er hat die Aufgabe bzw. das Ziel, aus vielen Bewerbern schnell und erfolgreich die wenigen passenden herauszufiltern. Dabei war und ist bis heute ebenfalls die Fähigkeit wichtig, schnelle Hands-on-Lösungen zu finden. Zwar hielt Ende der 80er Jahre in den größeren Unternehmen die Personal-Diagnostik Einzug, aber im Wesentlichen basiert der Auswahlprozess und damit die Selektionskompetenz der Recruiter bis heute auf ihrer Intuition. Sprechen wir über die »Selektionskompetenz« im Recruiting, ist genau diese intuitive Mustererkennung gemeint.

Dies gilt nicht nur für Deutschland: Überall auf der Welt herrscht das »Praktische« und das »Doing« im Recruiting genauso vor wie das situative Reagieren. (Vorstöße, die Personalbeschaffung in ein strategisches Talent Management zu integrieren, verhallen derzeit noch.) In guten Zeiten bis Anfang der 90er Jahre, als der War for Talents sein hässliches Gesicht zeigte, wurden diese flexiblen, auf die (Inhouse-)Kunden-fokussierten Prozesse als Serviceorientierung gelobt und gepflegt. Besonders für die Fachbereiche bedeuteten sie Entscheidungsfreiheit und Handlungsspielräume. Als aber vor 10 Jahren zunehmend Fachkräfte ausblieben, wurden die Prozessprobleme deutlich und kritisch. Lösung versprachen externe Personalberater und -vermittler, die schon lange ihre Kandidatensuche auf Business-Plattformen ausgeweitet hatten, aber diese waren kostenintensiv.

Schnell stellten die ersten Inhouse Recruiter fest, dass sie die Online-Personalsuche selbst übernehmen könnten. Sie erkannten, dass, wenn man Suchbegriffe aus der Anzeige in die Suchmaske bei XING eingibt, viele passende lebenslaufähnliche Profile angezeigt wurden. Und mit den dazugehörigen Menschen musste man dann nur noch Interviews führen. Dieses proaktive Recruiting nannte man in Deutschland »Online-Personalsuche«[5].

---

5 Fedossov, Kirchner, Praxishandbuch Online-Personalsuche, 2009.

1.3 Die moderne Personalbeschaffung ist mehr als E-Recruiting

Aus mehreren Gründen war dies am Anfang sehr erfolgreich:
- Es waren im Verhältnis zu heute neben wenigen Personalberatern und Vermittlern nur wenige Inhouse Recruiter in D-A-CH hauptsächlich in XING auf Personalsuche.
- Fast alle übertrugen die Prozesse der realen Welt ins Internet und sprachen sich höflich und wertschätzend an.
- Alle Suchmaschinen waren Keyword-Suchmaschinen und damit einfach zu steuern.
- Das Personal Branding der Talente war noch nicht ausgeprägt, d.h., die Profile waren sehr viel mehr mit den offiziellen Fachbezeichnungen ausgefüllt.
- Die Antwortquoten waren hoch, denn in XING waren mehrheitlich Menschen, die aktiv oder zumindest semi-aktiv und damit offen für eine Ansprache waren. So musste man nicht viele Personen kontaktieren, um Gespräche zu führen. Und konnte weiter Just-in-Time suchen.

Die Situation veränderte sich schnell, denn die Digitalisierung machte immer weiter exponentielle Sprünge. Parallel zu diesen immer schnelleren Zyklen zeigt sich nun fast überall in unterschiedlicher Form der Fachkräftemangel. Zwar gingen immer mehr Menschen online und legten Profile an. Aber es wurden auch immer mehr, die online auf Personalsuche gingen. Mit den Smartphones kam die Datenexplosion und ab 2010 spricht man von Big Data. So gesellten sich zu den ohnehin schon kaum zu überschauenden Digitalisierungsherausforderungen noch ein, zwei große Probleme hinzu: die richtigen Informationen in diesem Datenmeer mit immer komplexeren Tools und Prozessen zu finden sowie der Datenschutz und das Online-Persönlichkeitsrecht.

Damit Menschen besser und einfacher Informationen suchen und finden konnten, führten alle Unternehmen, allen voran Google ab 2011, Semantische Suchmaschinen ein. Aber für die gezielte Suche bedeutete dies, dass das Expertensuchen und -finden nicht mehr einfach vonstattenging. Die Digitalisierungsregel, dass es für komplexe Probleme keine einfachen Lösungen gibt, zeigte sich auch hier. Immer komplizierter und sogar komplexe Tools fordern von den Usern neues komplexes Können und Know-how ab.

Der einzelne privat Suchende merkt dabei nicht, dass sich unter den immer gleichen Suchmasken ständig Änderungen verbergen. Aber das Finden als Profession wird zunehmend schwerer, zeitintensiver und der ehemalige Arbeitgebermarkt kehrt sich um. Dazu kommt, dass die Talente ihren Marktwert erkennen und einfordern. Sie erwarten bis heute Augenhöhe, sie sind nicht mehr über jedes Angebot begeistert und zeigen dies auch deutlich.

1.4 Was ist Talent Sourcing heute?

1.4.1 Die Geschichte der aktiven Personalsuche

Der grundlegende Arbeitsablauf der Personalbeschaffung und des Recruitings hat sich der Digitalisierung bisher erstaunlich erfolgreich widersetzt. Heute wie vor 30 Jahren bezieht sich das System immer noch auf Bewerbergruppen anstatt Individuen, glaubt an Lebensläufe und Anschreiben anstatt Profile, ist sich sicher, dass rückwärtsgerichtete starre Abschlüsse und Weiterbildungen anstatt Performance das Non-Plus-Ultra sind. Und man glaubt fest daran, dass der Recruiter allein die Selektionskompetenz hat (nur ab und zu unterstützt von Diagnostik Tools) und unbedingt persönlich seine Auswahlprozesse steuern muss.

Trotz des Wertewandels, der Diskussion um den Fachkräftemangel, die spürbaren Auswirkungen überall und der mit der Digitalisierung einhergehenden Individualisierung: Alles im Recruiting ist auf die Bewerber bzw. aktiven Talente ausgerichtet. Allein die Profession der Personalberater nahm sich der passiven Talente schon sehr früh an. Und da der Direct-Search- oder Phone-Sourcing-Prozess zeitintensiv ist, wurde er auch von den Firmen an sie ausgelagert. Gleichzeitig übernahmen die Berater das Gewinnen des bis dahin noch passiven oder sogar super-passiven Talentes, was eine große Arbeitserleichterung für die Auftraggeber darstellt. Durch die Kosten- und Zeitintensität werden bis heute allerdings nur Experten- und Führungskräftefunktionen beauftragt.

Die besondere Kompetenz des (Telefon-)Researchers in einer Personalberatung ist eine langfristige Ausbildung – ein guter Researcher braucht mindestens sechs Monate, um erfolgreich Projekte selbstständig nicht nur zu identifizieren, sondern auch ansprechen zu können. Und er muss in weiteren drei Monaten lernen, wie man erfolgreich Telefoninterviews führt. Damit rechtfertigen sich auch höhere Honorare, die in das kurzfristige interne Recruitinggefüge nicht passen.

Ergänzt wurde dieses System durch gewaltige Datenbanken des Heeres an Personalvermittlern, wobei die größte Datenbank diejenige der Bundesagentur für Arbeit war und bis heute ist. Erfolgreiche Personalvermittler und Zeitarbeitsunternehmen pflegten und pflegen immer noch ein kluges und strategisches Netz an Empfehlungen und konnten so auch dem Corporate Recruiting den Weg zu semi-aktiven Kandidaten und damit »Nicht-Bewerbern« öffnen.

In der Mitte der 2000er Jahre spalteten soziale Netzwerke den breiten Markt in die Kategorien von aktiven und passiven Kandidaten. Jobbörsen waren für aktive Kandidaten gedacht, aber sie sind bis heute auf deren Besuch beschränkt. Indeed revolutionierte die Denkweise des Personalmarketings und begann, Anzeigen von anderen Websites zu aggregieren. Schnell führten daraufhin weltweit auch andere

Jobbörsen eine »Pay-per-Click«-Werbung ein – und adressierten damit ebenfalls semi-aktive Kandidaten. Das Modell der Job-Aggregation, auch bekannt unter Job-Roboter, wurde das dominierende Modell der erfolgreichen Jobbörsen.

Die sozialen Netzwerke öffneten den Weg zu den »Nicht-Bewerbern«, also den aktiven, semi-aktiven und passiven Talenten. Die beiden bestimmenden Unternehmen dieser Zeit sind die zentralen Business Netzwerke XING und LinkedIn, die beide 2003 gegründet wurden. Sie schufen die neue Vorgehensweise der Internet-Personalsuche, indem Profildaten online veröffentlicht wurden. Jetzt konnte jeder nach potenziellen Kandidaten suchen, unabhängig davon, ob diese sich für einen Job beworben hatten oder nicht. Gleichzeitig zu dem Job-Board-Modell und analog zu den persönlichen Profilen entstanden Unternehmensprofile in den sozialen Netzwerken und damit eine neue Kommunikationsmöglichkeit mit Kandidaten. Eine neue Chance des Employer Branding wurde geboren.

Parallel bekam die Diskussion um die Notwendigkeit, sich professionell des Themas Employer Branding anzunehmen, neuen Rückenwind mit einem Tool, das die Unternehmen allerdings nur mäßig erfreut: den Unternehmensbewertungen. Glassdoor betrat die Bühne in den USA, Kununu folgte für D-A-CH. Sie schufen eine neue Qualität benutzergenerierter Inhalte, die bis heute bei Suchanfragen über Firmen die erste Seite von Google dominieren. Glassdoor fügte dem auch noch einen Job-Aggregator hinzu und wurde in den USA die am schnellsten wachsende Jobsite. XING übernahm 2013 Kununu und bietet heute in dieser Gemeinschaft eine wichtige Employer-Branding-Kombination über das Netzwerk hinaus.

In der Zwischenzeit wurde die Online-Personalsuche, die anfänglich nur von wenigen Personalberatern und ein paar sehr seltenen Personalvermittlern durchgeführt wurde, als eine eigenständige Aufgabe und Vorgehensweise im Corporate Recruiting erkannt. Allerdings beschränkte sich die kleine Gemeinschaft der D-A-CH-Online-Personalsuchenden auf ein Hauptool: die »Erweiterte Suche von XING«.

Während wir in Deutschland noch lange von der »Online-Personalsuche« oder dem »proaktiven Recruiting« sprachen, führte in den USA Glen Cathey, der Urvater des Sourcings, den Begriff Sourcing bereits im Oktober 2008 in seinem Blog »Boolean Black Belt Sourcing/Sourcing«[6] ein. Damals hieß es in den USA noch Internet Sourcing oder Candidate Sourcing, um es vom Sourcing des Einkaufs zu unterscheiden. Maureen Sharib hat Cathey einen Monat später am 14. November 2008 auf der Website recruitingblogs.com als Trainer angekündigt und dabei den neuen Prozess des Sourcings beschrieben.[7]

---

6 Glen Cathey, 2008; http://booleanblackbelt.com/2008/10/black-belt-boolean/.
7 Maureen Sharib, 2008; https://recruitingblogs.com/profiles/blogs/glen-cathey-boolean-black-belt.

1 Einleitung

> »His database searching methodology is a systematic process that incorporates probability theory and involves successive and semantic searching tactics employing highly complex extended Boolean queries to quickly, thoroughly and methodically uncover all potentially qualified candidates from the highest to lowest probability of match. He enjoys ›cracking the code' of challenging hiring profiles and creating search strategies that quickly allow him to achieve successful hires.«

Es dauerte lange – bis ungefähr 2012 –, bis in Deutschland der Prozess der aktiven Online-Kandidatensuche ebenso mit dem Begriff Sourcing bezeichnet wurde. Es ist nicht mehr nachzuvollziehen, warum und ab wann ausschließlich in D-A-CH ein »Active« vor das Sourcing gestellt wurde, das doch auch passive Kandidaten adressiert. Insbesondere für Anfänger im Sourcing ist es sehr missverständlich. Im nächsten Kapitel 1.4.2 »Der Unterschied zwischen Active Sourcing und Passive Sourcing« finden Sie daher die Erklärungen der Begriffe.

Heute ist auch in Deutschland das Active Sourcing viel professionalisierter. Es wird durch eine ganze Reihe neuer Tools und Technologien unterstützt, die wichtigsten der Tools sind die Sourcing Tools der Social-Media-Netzwerke, allen voran der TalentManager von XING und der Recruiter von LinkedIn, die die Funktionalitäten der jeweiligen »Erweiterten Suche« der Portale durch am Sourcing-Prozess orientierte Funktionalitäten ergänzen und zwei große Vorteile gegenüber allen anderen Tools vorweisen: Sie haben den Zugriff auf alle Daten ihres Netzwerkes und durch ihre AGB auch die Erlaubnis hierfür. Und diese Daten verlassen das jeweilige Netzwerk nicht, können also datenschutzkonform genützt werden.

Die größten Neuerungen in der heutigen Zeit sind aber die sogenannten People Aggregatoren, also »Personensuchmaschinen«, die Profildaten aus dem gesamten Internet zusammenführen. Eines der ersten Aggregatortools war der Connectifier (erworben von LinkedIn), dann kamen sehr früh TalentBin (von Monster übernommen) und weltweit Dutzende von anderen Tools hinzu. Die Anbieter der People Aggregatoren wurden immer klüger und wappneten sich auch erfolgreich gegen die sich damals anbahnende Datenschutzdiskussion. Heute gibt es fast keine Aggregatoren mehr, die Daten speichern, sie arbeiten entweder mit Real-Time-Aggregation (d.h. sie durchsuchen bei der Suchanfrage direkt das Web) oder mit Cache-Systemen oder Kombinationen von beiden, bei denen nicht gespeichert wird, wie zum Beispiel das System des deutschen Sourcing-Tools von Talentwunder. So werden diese Tools dem aktuellen Datenschutz gerecht. Ein enormer und unschlagbarer zusätzlicher Vorteil der Aggregatoren ist, dass sie Daten aus allen öffentlichen Quellen zusammenführen. Der Sourcer muss nicht in anderen Netzwerken suchen, wenn er ein mögliches Talent gefunden hat. Es werden ihm mit einem Klick alle Informationen in übersichtlicher

Weise dargestellt. Vor dem Hintergrund, das heute die meisten Menschen online mehrere Profile haben und oft nur eines pflegen, ein schlagendes Argument.

1.4.2 Was ist der Unterschied zwischen Active Sourcing und Passive Sourcing?

Viele denken, Active Sourcing und Passive Sourcing ist das Gleiche, da es im Wesentlichen um proaktive Ansprache von passiven Talenten geht. Aber die Adjektive »aktiv« und »passiv« beziehen sich in diesem Zusammenhang nicht auf den Job-Suchstatus der gesuchten und gefundenen Talente. Der Suchstatus der Talente hat zwar, wie ich im folgenden Kapitel 1.5 »Der Unterschied zwischen aktiven und passiven Talenten« noch ausführlich besprechen werde, einen großen Einfluss auf einzelne Aufgaben und Tools im Sourcing-Prozess und beeinflusst den Sourcing-Erfolg. Aber in diesem Zusammenhang handelt es sich um übergeordnete, unterschiedliche Strategien, Umsetzungskonzepte und Verfahren der Online-Personalsuche bzw. des Sourcings. Das heißt, beide Vorgänge finden ausschließlich online statt und greifen – im professionellen Fall – auf das gleiche Candidate-Persona-Modell zurück.

Active Sourcing	Passive Sourcing
Aktive Online-Suche nach einzelnen Talenten (nicht Listen oder Zielgruppen) und deren gezielte individuelle Identifizierung mit digitalen Tools. Diese Talente können sowohl aktive, semi-aktive oder passive Talente sein, die Maßnahmen werden entsprechend der Candidate Persona angepasst.	Einzelne Talente (nicht Zielgruppen) werden zwar individuell adressiert, aber nicht direkt angesprochen, sondern indirekt. Diese Talente können sowohl aktive (inklusive Bewerber), semi-aktive oder passive Talente sein, die Maßnahmen werden entsprechend der Candidate Persona angepasst. Auch dieser Vorgang findet ausschließlich online statt Es gibt entweder ein Talent-Acquisition-System, das immer mehr digitalisiert ist und durch Algorithmen beeinflusst wird oder es gibt eine Empfehlung durch einen anderen Menschen (die aber online abläuft).
Der Sourcer hat eine aktive Rolle und kontaktiert die potenziellen Kandidaten direkt und persönlich. Sein Such-, Finde- und Identifizierungsprozess wird mehr und mehr durch algorithmische Tools bestimmt. Damit basiert der Active Sourcing-Erfolg auf dem klugen und systematischen Einsatz dieser Tools durch den Sourcer.	Der Sourcer spielt keine aktive Rolle in der Kontaktierung, sein Sourcing-Erfolg basiert auf der Pflege und dem Management eines Rahmens und der Steuerung der Prozesse.

Active Sourcing	Passive Sourcing
Das Employer Branding und die kulturellen Faktoren spielen tragende Rollen, denn sie sind als Hygienefaktor eine Voraussetzung. Aber im Vordergrund steht die Online-Mensch-Mensch-Beziehung, also die Person und das Personal Branding des Sourcers. Zunehmend wird diese Online-Mensch-Mensch-Beziehung durch intelligente Sourcing Tools unterstützt, zum Beispiel durch Chatbots, die Fragen beantworten, oder Algorithmen, die Vorschläge für Anspracheitpunkte machen.	Das Employer Branding und die kulturellen Faktoren spielen auch hier tragende Rollen. Doch steht das »Employment Branding« (das heißt, die Darstellung des Jobs) sowie ebenso die Online-Mensch-Mensch-Beziehung im Vordergrund. Der Sourcer ist nur die steuernde, aber nicht ausführende Person. Dies ist entweder ein menschlicher Empfehler, also ein Testimonial-Mitarbeiter, ein Influencer oder ein Online-Freund in einer Community, der für den Sourcer spricht. Oder eine »algorithmische Vertretung des Sourcers bzw. Empfehlers«, zum Beispiel ein Algorithmus, der einen passenden Job vorschlägt.

Passive Sourcing ist folglich die konsequente Fortsetzung und Weiterentwicklung der Talent Acquisition und damit des Personalmarketings. Was sich ändert, ist der immer gezieltere Einsatz von Online-Tools wie Algorithmen oder künstlicher Intelligenz und die zusätzliche Zielgruppe der passiven Talente.

Die erfolgreichsten Methoden des Passive Sourcings sind systematische und strategisch geplante Omni-Channel-Maßnahmen, die komplett aufeinander abgestimmt sind. Man nennt sie heute auch »Re-Targeting-Maßnahmen«, da selbst ein Bewerber sich nicht direkt bewirbt, sondern über mehrere Kanäle bespielt werden muss. Dies gilt noch mehr für passive Talente. Hier spricht man deshalb auch von »orchestrierten« Maßnahmen. Ziel ist es, dass alle Talentgruppen online gezielt gefunden und gewonnen werden.

Dies ist – verteilt über so viele unterschiedliche Talente und Kanäle – nur möglich, wenn die Recruiter- und Sourcer-Talent-Beziehung minimiert oder sogar ausgeschlossen wird, da kein Mensch so gezielt und schnell agieren kann. Umso wichtiger wird die parallele Synchronisierung aller anderen Maßnahmen, damit Vertrauen geschaffen wird und die Talente Loyalität entwickeln. Deshalb spielt im Passive Sourcing die Synchronisierung des Employer Branding eine nicht nur tragende, sondern sogar eine alles entscheidende Rolle – denn auf die Technik werden Unternehmen kaum mehr Einfluss nehmen können.

> **! Praxistipp**
>
> Letztlich hängt der Besetzungserfolg davon ab, ob das Passive-Sourcing-System nur Zielgruppen fokussiert und damit zu breit streut oder in der Lage ist, eine Individualisierung abzubilden. Je mehr Menschen in dieses System eingreifen und Wertungen vornehmen, umso ungenauer wird ein sonst gutgeplantes System. Gutgeplant ist das System also nur, wenn am Ende der langen Kette der verschiedenen Aktionen eine Einzelperson adressiert wird.

1.5 Der Unterschied zwischen aktiven und passiven Kandidaten

Zahlreiche Studien belegen, dass über die traditionellen Kanäle der Unternehmen eine große Zahl der möglichen und sehr interessanten potenziellen Kandidaten derzeit noch gar nicht angesprochen werden. Entsprechende Studien zu passiven und aktiven Kandidaten aus den USA und auch aus dem deutschsprachigen Raum kommen zu dem Ergebnis, dass nur ein kleiner Anteil der Berufserfahrenen aktiv auf der Suche nach neuen Karrierechancen oder Arbeitgebern ist. Gleichzeitig sind aber viel mehr potenzielle Kandidaten offen gegenüber einer proaktiven Ansprache durch Unternehmen: die passiven und semi-aktiven Kandidaten. Zu dieser Zielgruppe lassen sich in allen Studien deutlich mehr als die Hälfte aller Berufserfahrenen zuordnen, allerdings in unterschiedlicher Verteilung. Nur ein recht geringer Anteil der Berufstätigen wiederum fühlt sich so wohl in seiner aktuellen Tätigkeit, dass er nicht an anderen Karrierechancen interessiert ist. Diese nennt man super-passive Kandidaten.

Dies zeigt auch eine Befragung durch LinkedIn und der Adler Group[8], die 2013 veröffentlicht wurde und die die Berufstätigen in vier Zielgruppen unterteilt:

- 28 % **Super-Passive Kandidaten** (Komplett glücklich im Job und an keinem Angebot interessiert)
- 40 % **Passive Kandidaten** (Suchen nicht, aber sind offen für ein Gespräch über eine Karrierechance)
- 15 % **Semi-Aktive Kandidaten** (Denken über einen Jobwechsel nach, aber haben noch keine Aktivitäten unternommen)
- 17 % **Aktive Kandidaten**
  (Von sehr aktiven Jobsuchern bis hin zu denjenigen, die gelegentlich 2-3mal in der Woche nach Jobangeboten suchen)

Auch laut einer früheren LinkedIn-Studie aus dem Jahr 2011[9] sind ca. 60 % der Berufstätigen offen für eine Ansprache durch Unternehmen, obwohl sie sich selbst nicht proaktiv auf der Suche nach Angeboten befinden.

---

8 LinkedIn Studie 2013, Recruiting Active versus Passive Candidates, 2013; https://business.linkedin.com/talent-solutions/blog/2013/12/recruiting-active-vs-passive-candidates.
9 LinkedIn Studie 2011, Twist in a tale, 2011; http://blog.optionsindia.com/2011/05/twist-in-tale.html.

1 Einleitung

Abb. 1: Jobbedarf nach Status der Jobsuche auf Basis der Zahlen einer LinkedIn-Studie

Unterschiede finden sich auch in der Erwartungshaltung der Talente hinsichtlich des weiteren Kontaktverlaufs: Aktive und passive Kandidaten haben unterschiedliche Einstellungen zum Rekrutierungsprozess. Nur 31 % der passiven Kandidaten erwarten ein nichttraditionelles Videointerview, verglichen mit 71 % der aktiven Arbeitssuchenden, so der Bericht der Trendicators[10]. Zudem berichteten 7 bis 11 % der passiven Kandidaten über hohe Frustration über Verfahren wie Hintergrundchecks und Bewertungsprozesse, verglichen mit 30 bis 38 % der aktiven Gruppe. Dies deutet darauf hin, dass Sie Ihren Einstellungsprozess an die Präferenzen beider Gruppen anpassen sollten. Nachfolgend finden Sie eine ausführliche Gegenüberstellung der Besonderheiten der vier Zielgruppen:

---

10 Engage2excel Studie, Trendicator 2017, What You Need To Know About Today‹s Job Seekers; http://www.engage2excel.com/wp-content/uploads/2018/02/2017_TrendicatorsRpt_-TRPT2017_PT2.V1-EMAIL.pdf.

1.5 Der Unterschied zwischen aktiven und passiven Kandidaten

	SUPER-PASSIVE TALENTE	PASSIVE TALENTE	SEMI-AKTIVE TALENTE	AKTIVE TALENTE
Prozent	28%	40%	15%	17%
Wechsel-Interesse	Grundsätzlich nicht an einem neuen Job interessiert	Nicht an einem neuen Job interessiert	Nicht an einem neuen Job interessiert	Suchen proaktiv eine neue Aufgaben / 2/3 haben einen Job
Wechsel-Motivation	Nur interessiert bei außerordentlichem Karrieresprung	Interessiert bei deutlichem Karrieresprung	Motivation ist ein viel besserer Job	Sidestep - ähnlicher oder etwas besserer Job
Zufriedenheit im Job	Ist sehr wahrscheinlich glücklich in seiner heutigen Aufgabe	Ist sehr wahrscheinlich zufrieden in seiner heutigen Aufgabe	Ist nicht ganz zufrieden, aber auch nicht unglücklich.	Ist mit seiner Aufgabe nicht mehr zufrieden
Social Media Profil	Hat oft gar kein Social Media Profil und wenn, dann veraltet	Hat kein oder nur ein Social Media Profil, das selten bis gar nicht upgedatet ist	Pflegt maximal eines seiner Social Media Profile	Sehr häufig aktualisierte Social Media Profile
Personal-branding	Kein Online-Personal Branding bezogen auf den Beruf	Kein bis geringes Personal Branding bezogen auf den Beruf	Personal Branding gut gepflegt	Betont das Personal Branding, oft auf mehreren Profilen
Vorbereitung des CV	Muss einen Lebenslauf erst erstellen	Hat selten einen aktuellen Lebenslauf bzw. muss einen Lebenslauf erst erstellen.	Hat in Ausnahmen einen vorbereiteten Lebenslauf, in der Regel muss er aktualisiert werden	Hat einen vorbereiteten Lebenslauf
Karriere Status (Tendenz)	Schwerpunkt: Manager bis CEO	Schwerpunkt: Senior Level bis Top-Manager	Schwerpunkt: Professionals bis Senior Level	Schwerpunkt Anfänger, Young Professionals bis Senior Level
Entscheidungs-kriterium Employer Branding	Gutes Employer Branding ist Hygienefaktor und Voraussetzung - Karrieresprung ist wichtiger	Gutes Employer Branding ist Hygienefaktor und Voraussetzung - Karrieresprung ist wichtiger	Gutes Employer Branding ist Hygienefaktor und Voraussetzung - Karrieresprung ist wichtiger	Die Stabilität des neuen Arbeitgebers ist besonders wichtig.
Offen mit Recruiter zu sprechen	Nur in Ausnahmen eines außerordentlichen Angebotes	Eher unwahrscheinlich – nur wenn das Angebot wirklich interessant ist – in Ausnahmen auch Netzwerken	Offen für einen besseren Job und auch für strategisches Netzwerken / Talent Pool	Interessiert an neuen Chancen
Response Rate	Eine Antwort ist unwahrscheinlich	Muss mehrfach erinnert werden, eine Antwort seltener, mehrere Reminder nötig	Antwortet nur auf passende Ansprachen, aber oft erst auf den ersten Reminder	Antwortet auf Ansprachen sehr schnell
Ausfüllen eines ATS-Formulars	Wird kein Formular ausfüllen	Wird kein Formular ausfüllen	Wird in in seltenen Fällen ein Formular ausfüllen	Wird ein Formular ausfüllen
Informiert sich in Eigeninitiative	Informationen müssen vom Recruiter und Unternehmen bestens vorbereitet werden	Erwartet Informationen vom Recruiter und Unternehmen	Informationen vom Recruiter sind wichtig, aber er informiert sich auch selbst	Informiert sich selbst aktiv
Prüfen von Alternativen	Keine Prüfung von Alternativen	Keine Prüfung von Alternativen	Singuläre Überprüfung von Optionen	Intensive, aktive Prüfung von allen möglichen Alternativen.

© intercessio.de

Abb. 2: Besonderheiten – Vergleich aktive versus passive Talente

1.5.1 Die aktiven Talente und die Bewerber

Aktive Talente sind Menschen, die in unterschiedlichen Aktivitätsgraden nach einem neuen Job suchen. Die Zahl der aktiven Kandidaten ist im Vergleich zu den Nicht-Jobsuchenden sehr klein und beträgt im Schnitt nur 17 %. Ihr Aktivitätsgrad kann auf eine Vielzahl von Gründen zurückgeführt werden: von unsicheren Zukunftsaussichten durch einen faktischen Arbeitsplatzverlust oder eine drohende Kündigung bis hin zu einer unbefriedigenden Work-Life-Balance oder – aus Sicht des Kandidaten – fehlausgerichteten Kultur.

Während in der klassischen Talent Acquisition und im Recruiting aktive Kandidaten bevorzugt werden, weil sie die Vorteile eines Wechsels sehen, haben sie bei der Direktansprache, also sowohl im Sourcing also auch im Headhunting, bei manchen

Arbeitgebern einen schlechten Ruf. Da sie aktiv nach einer neuen Position suchen, gehen diese Arbeitgeber oft davon aus, dass sie Job-Hopper sind (und ein nicht ausreichendes Durchhaltevermögen besitzen) oder zu unerfahren sind beziehungsweise zu schnelle Karrieresprünge machen wollen.

Es gibt jedoch sehr viele Vorteile aktiver Kandidaten – auch im Sourcing-Prozess. Diese Kandidaten sind meist leichter zu finden, da sie ihre Profile aktualisiert haben: Fast drei Viertel (73 %) der aktiven Arbeitssuchenden haben kürzlich ihre Profile für LinkedIn aktualisiert und halten mehrere Profile up-to-date, so der Trendicator Report 2017[11]. Oder sie haben sich bereits zu einem früheren Zeitpunkt bei Ihrem Unternehmen beworben und dadurch haben Sie vielleicht den Lebenslauf in Ihrem Bewerbermanagementsystem und damit in Ihrem Talent Pool. Außerdem sind aktive Kandidaten meist viel schneller zu einem Interview bereit – man darf sogar davon ausgehen, dass sie im Schnitt beim ersten Gespräch besser vorbereitet sind als passive Kandidaten. Dies macht den Sourcing-Prozess schneller und leichter.

Darüber hinaus suchen aktive Kandidaten oft direkt nach einem nächsten Schritt in ihrer Karriere und zeigen somit deutlich Ehrgeiz. Was natürlich im Umkehrschluss nicht automatisch heißt, dass alle aktiven Kandidaten ehrgeizig sind. Allerdings wird gern behauptet, dass aktive Kandidaten Angebote eher annehmen und während des Einstellungsprozesses durchstarten.

> **Praxistipp**
> Allerdings gibt es moderne Studien, die zeigen, dass gerade aktive Kandidaten sehr engagiert Jobangebote vergleichen, während passive Kandidaten kein weiteres Gespräch führen oder sich nicht weiter umsehen.[12] Deshalb kann es sein, dass gerade die aktiven Kandidaten schnell wieder vom »Bewerbermarkt« verschwinden, weil sie eine neue Aufgabe unterschrieben haben. Wer in seinem Sourcing-Projekt aktive Kandidaten betreut, hat besondere Herausforderungen zu bewältigen: Diese warten nicht – also heißt es, schnell sein und auch die Fachbereiche und Kunden dazu anzuhalten.
> Außerdem ist ihre Candidate Experience, obwohl sie ähnlich wie Bewerber agieren, unterschiedlich. Sie haben höhere Betreuungs- und Beratungserwartungen an die Sourcer und Recruiter, entwickeln oft höhere Gehaltserwartungen und können sich, wie auch semi-aktive und passive Talente, bis zu den Vertragsverhandlungen nur wie Interessenten verhalten. Berücksichtigt man das nicht, kann es passieren, dass sie sich dorthin wenden, wo sie den Prozess steuern können, also sich beworben haben.

---

11 Ebda.
12 Indeed, Talent Attraction Study, 2015.

1.5.2 Die semi-aktiven Talente

Dies sind die Kandidaten, die beschäftigt sind, aber auch ihre Augen und Ohren für eine neue Chance offenhalten. Lou-Adler nennt sie deshalb »Tiptoers«, also Personen, die bezogen auf ihre Karriere auf Zehenspitzen stehen. Sie halten zwar nicht aktiv nach einem Job Ausschau und bewerben sich auch nicht aktiv, aber sie sind allzeitbereit bis sogar sehr offen für eine neue Karrierechance. Das heißt, sie bewerben sich zwar nicht online, sind aber in ihren Netzwerken sehr proaktiv unterwegs. Sie zeigen durch Aktualisierungen auf ihren Profilen, dass sie offen für Ansprachen sind, sie pflegen persönliche Verbindungen auch zu Recruitern, Personalberatern und Personaldienstleistern. Gelegentlich prüfen sie auch den Stellenmarkt, aber mehr, um sich informiert zu halten, welche Möglichkeiten es allgemein gibt.

Bis auf Ausnahmen sind semi-aktive Kandidaten in einer Festanstellung oder arbeiten freiberuflich in Projekten. Da gerade Selbstständige die Hochs und Tiefs ihres Projektgeschäftes kennen, finden sie sich oft unter den semi-aktiven Kandidaten.

Semi-Aktive Talente haben aber einen großen Nachteil: Sie haben sich angewöhnt, hin und wieder Angebote zu prüfen. Und sind dabei häufig mäßig nachhaltig und können sehr oberflächlich agieren, denn sie sind eigentlich zufrieden und nicht auf der Suche. Sie geben einem Sourcer das Gefühl, interessiert zu sein, aber verschwinden dann schnell und unerwartet im Nichts, beantworten keine Mails oder Mailbox-Nachrichten mehr oder schicken den versprochenen Lebenslauf nicht, trotz freundlichem Versprechen. Im US-amerikanischen Sprachgebrauch wird dieses Verhalten von potenziellen Kandidaten als »Ghosting« bezeichnet. Dieses Phänomen kommt allerdings nicht nur bei semi-aktiven Kandidaten vor, sondern auch bei aktiven Kandidaten bzw. Bewerbern[13].

Damit ist ein besonderes Problem dieser Gruppe erkennbar: deren Unentschlossenheit. Es ist eine große Herausforderung für Sourcer, frühzeitig richtig einzuschätzen, ob sich das weitere Erinnern und Hoffen auf eine Antwort lohnt. Vielfach zeigt sich diese Unentschlossenheit bei genauem Hinsehen in verschiedenen Zeichen vorab und während des Kontaktes. Aber auch besonders dann, wenn man einen solchen User einerseits mit den wirklich aktiven Kandidaten und andererseits mit den passiven Kandidaten vergleicht.

---

13 Bryan Adams in: Inc.com – Are Your Best Candidates Not Responding?, 2018; https://www.inc.com/bryan-adams/3-ways-to-avoid-being-ghosted-by-job-candidates.html.

> **PRAXISBEISPIEL**
>
> Sie kontaktieren einen SAP-Berater mit einem nur mäßig ausgefüllten und wenig gepflegten XING-Profil für eine ähnliche bzw. fast gleiche Stelle als SAP-Berater in einer anderen Stadt, die sogar einen kürzeren Arbeitsweg für ihn bedeuten würde – faktisch ist diese Stelle aber ein Karriere-Sidestep. Er reagiert erst ganz offen und interessiert, verschiebt aber dann mehrfach das erste Telefonat. Dies sind deutliche Anzeichen, dass es sich um einen semi-aktiven Kandidaten handeln könnte. Seine Absprungwahrscheinlichkeit aus diesem Projekt steigt mit jedem weiteren Signal von Desinteresse.

> **!** **Praxistipp**
>
> Ein Sourcer muss sich bewusst machen: Wirklich aktivieren kann man semi-aktive Kandidaten nicht mit einem Sidestep, sondern nur mit einer Karriereentwicklung (siehe Abb. 2 dieses Buches: Besonderheiten – Vergleich aktive versus passive Talente).

1.5.3 Die passiven Talente

Laut verschiedener Studien variiert die Zahl der passiven Talente zwischen 68-75 % der möglichen Kandidaten – diese hohen Zahlen sind nur dann vergleichbar, wenn nicht zwischen passiven und super-passiven Talenten unterschieden wird; auch in der LinkedIn-Studie aus Abbildung 1 betragen die passiven und aktiven Talente zusammen 68 %.

Die einfachste Definition für ein passives Talent ist: jemand, der für eine Vakanz in Betracht gezogen wird, aber nicht aktiv nach einem Job sucht. Ganz so einfach ist die Realität aber nicht, denn sie unterstellt indirekt, dass, wenn ein Talent sich nicht aktiv umsieht, es dennoch an einem Jobangebot interessiert ist. Doch es gibt immer mindestens einen Grund für diese Passivität.

> **PRAXISBEISPIEL**
>
> Erfahrene Sourcer können dies aus eigener Erfahrung berichten: Nicht jeder, der auf seinem XING-Profil die Einstellung »kein Interesse an Jobangeboten« gewählt hat, lehnt ein Jobangebot grundsätzlich ab. Mit dem richtigen Angebot und der richtigen Kontaktaufnahme kann man auch mit denjenigen ins Gespräch kommen, die bewusst die Einstellung »Kein Interesse« angeklickt und gewählt haben. Das Angebot könnte so auch in mehreren Schritten erfolgen, wie zum Beispiel zuerst einem Netzwerken oder die Übernahme in einen Talent Pool.

Wir müssen die Ursachen, warum passive Kandidaten derzeit nicht semi-aktiv oder aktiv sind, genauer ansehen. Sie sind vielfältig. Passive Kandidaten können passiv sein, weil sie einfach keine Zeit für Suchen verschwenden und nur über relevante Jobs nachdenken möchten. Oder sie halten nur nach dem »perfekten Job« Ausschau (diese Traumjob-Offenheit ist nicht selten). Oder sie sind jetzt privat durch andere Aktivitäten gebunden, wie zum Beispiel gerade Eltern geworden. Auch sind tatsächlich nicht alle in ihrer gegenwärtigen Position zufrieden, aber sie wollen derzeit weder ihr aktuelles Projekt noch ihre Kollegen oder ihre Vorgesetzten im Stich lassen.

Neben den eindeutigen Vorteilen – nämlich, dass es eine große Zahl passiver Talente gibt und auch, dass diese potenziellen Kandidaten in der letzten Zeit mit keinem anderen Recruiter oder Unternehmen gesprochen haben, also neue Kandidaten im aktiven Personalbeschaffungsprozess sein könnten – gibt es deutliche Gegenargumente. Passive Talente zu finden, ist sehr viel schwerer als die sich nach außen hin bereits präsentierenden aktiven Talente und natürlich die Bewerber. Vorrangig liegt dies daran, dass sie sich wenig bis gar nicht um ihre Online-Präsenz kümmern (wenn sie dies nicht beruflich aus anderen Gründen, wie zum Beispiel im Fall eines Marketingmanagers, brauchen). D. h., Sie müssen sie an den Orten, an denen diese sich zu ihren Fachthemen online mit anderen austauschen, suchen oder sie wie ein Headhunter über die Firma und die aktuelle Aufgabe identifizieren. Und wenn Sie diese erste Hürde genommen haben und ins Gespräch gekommen sind, dann müssen Sie Ihr passives Talent wirklich überzeugen, damit es einen weiteren Schritt macht. Je näher Sie hierbei in die Vertragsverhandlungsphase kommen, desto volatiler wird Ihre Beziehung.

Denn: Passive Kandidaten sind meisten zufrieden und haben in der Regel eine bewusste Entscheidung getroffen, sich derzeit nicht am Arbeitsmarkt umzusehen. Daher werden sie viel eher in ihrer derzeitigen Position bleiben und selbst nach Vertragsverhandlungen und intensiven Gesprächen von ihrem aktuellen Arbeitgeber ein Gegenangebot akzeptieren und das neue Angebot nicht unterschreiben. Bei passiven Kandidaten handelt es sich oft um loyale Mitarbeiter, die deshalb auch mit keinem anderen Recruiter sprechen. Sie sind höchstwahrscheinlich hoch qualifiziert und haben umfangreiche Erfahrung.

> **PRAXISBEISPIEL**
>
> Sie sind Recruiter und Sourcer bei einem medizinischen Geräteehersteller in einem kleinen Ort im Südschwarzwald und suchen einen Produktionsleiter für eine spezielle Fertigungslinie. Der zukünftige Stelleninhaber muss die besonderen Qualitätskriterien beherrschen und das Fach-Know-how mitbringen. Nun waren Ihre Sourcing-Bemühungen erfolgreich und Sie unterhalten sich mit einem interessierten Teamleiter aus der Produktion eines Konzerns, der in Gera arbeitet. Aus Ihrer Sicht ist der Weg vom Teamleiter zum Produktionsleiter ein konsequenter Karriereschritt, Sie sind sich auch sicher, dass Sie ein sehr gutes gehaltliches Angebot machen können.

Auch sehen Sie persönlich Ihren kleinen Ort durch die Nähe zu Frankreich, Freiburg und der Schweiz als attraktiver im Vergleich zu Chemnitz an. Genau diese Bemerkung zur Attraktivität im Vergleich zu Gera lassen Sie in einem zweiten Telefonat fallen – und danach schickt Ihnen der potenzielle Kandidat trotz Versprechen und Erinnerung seinen Lebenslauf nicht und sagt sogar nach einigen kurzen Nachrichten mit den Worten ab, dass er nun doch bessere Karrierechancen im Konzern sieht. Nachträglich sehen Sie auf seinem Profil, dass sein Hobby die Stadtgeschichte von Chemnitz ist.

Die Candidate Experience passiver Talente ist sehr individuell und damit heterogen und nicht leicht vergleichbar. Ob ein potenzieller Kandidat den jeweils nächsten Schritt macht, hängt von vielen verschiedenen Details und Fakten ab. Es gilt bei passiven Talenten die Grundregel, die auch alle guten Personalberater mit Erfolg anwenden:

- **Man sollte nicht versuchen, diese Talente zu überreden, man muss sie überzeugen.**

Im idealen Fall kann allein das richtige Jobangebot das passive Talent gewinnen. In der Regel ist aber sehr viel Fingerspitzengefühl, Beratungs- und Coachingkompetenz, Verständnis, ein ausgezeichneter Prozess der Candidate Experience und vor allem eines notwendig: Geduld und Zeit.

Hervorzuheben ist deshalb auch der überzeugende persönliche Kontakt. Ein positives Gespräch oder Interview kann laut der LinkedIn-Studie »Talent Trends« 87 % der passiven Talente überzeugen, die Meinung über einen Jobwechsel zu ändern, selbst wenn sie gegen die Firma oder gegen das Jobangebot eingestellt waren.[14]

> **! Praxistipp**
>
> Ein passives Talent ist derzeit in einem festen Anstellungs- oder Vertragsverhältnis und sucht keine neue Herausforderung. Es bleibt jedoch gerne in Kontakt und möchte netzwerken, aber reagiert empfindlich auf jede Form von Druck. Wenn die Position, die Sie anbieten, es nicht direkt anspricht und völlig überzeugt oder zumindest eindeutig neugierig macht, nimmt und braucht es bei jedem weiteren Schritt Zeit, um zu überlegen, ob es ein Gespräch, zum Beispiel über seine weitere Karriere, mit Ihnen führen möchte.
>
> Ein passives Talent ignoriert folglich Ihre Zeitschiene, denn es hat kein Wechselinteresse, sondern nur den Wunsch, irgendwann in seiner Karriere voranzukommen und sich weiterzuentwickeln. Der Door-Opener ist, ihm Zeit zu geben und ausführlich sowie neutral über die richtigen Karrierechancen zu sprechen. Als Talent Berater[15] können Sie mit diesem passiven Talent ins Gespräch kommen – aber er sendet Ihnen dabei meist eindeutige Signale, dass dies alles unverbindlich bleiben soll und wird.

---

14 LinkedIn, Global Talent Trends Report 2015, https://business.linkedin.com/content/dam/business/talent-solutions/global/en_us/c/pdfs/global-talent-trends-report.pdf.
15 Englisch »Talent Advisor« genannt, mehr dazu in Kapitel 2.1 »Das neue Berufsbild des Sourcers«.

1.5.4 Die super-passiven Talente

Diese Kandidaten haben kein Interesse daran, ihren derzeitigen Arbeitsplatz zu verlassen, und sie sind nicht daran interessiert, mögliche Chancen zu diskutieren. Sie sind zufrieden in ihren Aufgaben, hinter ihnen liegt in der Regel ein großartiger Karriereweg und auch die aktuelle Aufgabe ist positiv fordernd und bietet Weiterentwicklungen. Ihr Jobangebot muss also um ein Vielfaches besser sein, damit ein super-passives Talent reagiert. Allein ein guter Karrierestep wie bei passiven Talenten reicht nicht. Auch lassen sich super-passive Talente weder überzeugen noch überreden, in der Regel reagieren sie auch sehr empfindlich auf solche Versuche.

Aber ein Sourcer kann sich den super-passiven Talenten nähern, wenn er bereit ist, Zeit für Netzwerken und Gespräche einzuplanen. Denn einige dieser Kandidaten sind trotz fehlendem Wechselwillen daran interessiert, in Kontakt zu bleiben, wenn der Anlass und die Kontaktaufnahme stimmen. In diesem Fall hilft es, ihnen anzubieten, ihr Karriereverbündeter zu sein, und zu versichern, sie bestmöglich zu beraten.

1.6 Was ist der Prozessunterschied zwischen Sourcing und Recruiting?

Viele starten mit ihren Sourcing-Aktivitäten aus einer einfachen arithmetischen Rechnung heraus: Wenn es ihnen gelingt, zu den 15-20 % aktiven Kandidaten nochmals 60-80 % der passiven Kandidaten zu gewinnen, würde dies mindestens eine Verdreifachung des Kandidaten-Pools bedeuten. Die Wunschvorstellung ist, mit diesen passiven Kandidaten die Lücken ihres Recruitingprozesses zu füllen:

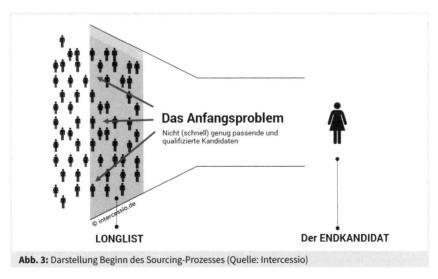

Abb. 3: Darstellung Beginn des Sourcing-Prozesses (Quelle: Intercessio)

Wenn man diese zusätzlichen Kandidaten dann in den Recruitingprozess gibt, könnte man schneller und effizienter die Stellen besetzen, so die Vorstellung und der Wunschablauf:

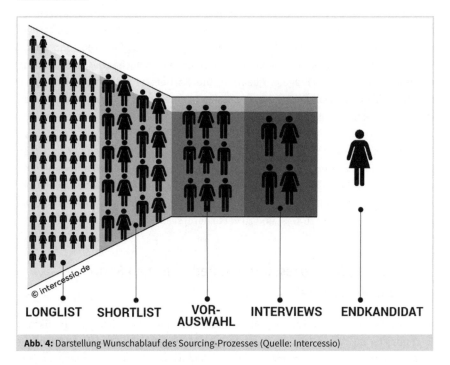

Abb. 4: Darstellung Wunschablauf des Sourcing-Prozesses (Quelle: Intercessio)

Doch dies ist eine Verwechslung gleich auf mehreren Ebenen. Passive Kandidaten reihen sich nicht einfach nahtlos in den auf die Personalauswahl von Bewerbern ausgerichteten Recruitingprozess. Sie füllen nicht Bewerberformulare aus und sie erwarten viel mehr Betreuung.

Bei diesen zeigt sich aber, dass die Arbeitsgänge eines guten Recruiters und eines guten Sourcers bis zum Zeitpunkt der Vorauswahl grundsätzlich unterschiedlich sind:
- Der Active-Sourcing-Prozess ist digital angepasst. Er wiederholt sich immer wieder (siehe Kapitel 1.7.3 »Warum Ihr Sourcing-Prozess iterativ sein sollte«). Die Aufgabe eines Sourcers ist das gezielte Steuern von Suchmaschinen mithilfe von verschiedenen Methoden und Tools zu einzelnen Talenten, die er dann wiederum einzeln anspricht und ebenso gezielt gewinnt.
- Dagegen hat der Recruiter im ersten Schritt das Ziel, eine große Menge *möglichst* passender Kandidaten zu finden, damit danach der Routineablauf aus Abbildung 4 durchgeführt werden kann. Dieser Ablauf ist ausgezeichnet geeignet, aus einer großen Zahl an Bewerbern (also aktiven Talenten) die richtigen herauszukristallisieren.

Und in diesem »*möglichst*« liegt die Sprengladung des wesentlichen Unterschieds: Es werden im Recruiting immer mehr Kandidaten im Prozess gehalten, man möchte sich auch Zeit für den Auswahlprozess nehmen. Das ist bei aktiven Kandidaten weniger ein Problem, sie haben sich beworben und sind in der Regel bereit, zu warten. (Wenngleich auch bereits hier die Bereitschaft, länger zu warten, enorm abgenommen hat.) Passive Kandidaten sind hingegen nicht nur schwer zu identifizieren, sondern warten auch selten. Das passt sehr gut zum wahren Sourcing-Prozess, der weniger Stufen als das Recruiting hat und somit reaktionsfähiger ist. Ein Sourcer steuert die algorithmischen Sourcing Tools so, dass sie eine gute Vorauswahl übernehmen und er einige wenige passende Talente herauspicken kann. Es gibt faktisch im Sourcing keine Longlist der möglichen Kandidaten. Wer dennoch eine erstellt, denkt wie ein Recruiter und verschenkt wertvolle Chancen, sich auf die Betreuung der begehrten und anspruchsvollen passiven Talente zu konzentrieren:

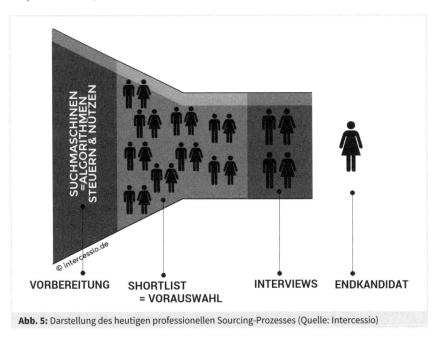

Abb. 5: Darstellung des heutigen professionellen Sourcing-Prozesses (Quelle: Intercessio)

Ein weiterer Unterschied ist, dass der Recruitingprozess linear und auf analoge Abläufe ausgerichtet ist. Die Linearität des Recruitings ist hilfreich und wichtig, um aus einer großen Zahl realer Menschen systematisch und Schritt für Schritt die passenden zu selektieren. Dies gilt auch im Social Recruiting sowie online: Recruitingdenken hilft, eine große Anzahl möglicher Kandidaten zu verkleinern. Der effiziente Sourcing-Prozess ist dagegen an die Digitalisierung angepasst, flexibel, iterativ und agil.

Ein anderer zentraler Unterschied ist: Der Sourcing-Prozess ist beendet, wenn der Kandidat »ja, ich bin interessiert« sagt und einen Lebenslauf schickt oder sich in einen

Talentpool einträgt – also faktisch als ein Talent durch ein Interview in den Recruitingprozess übergeht. Dieses Interview kann dann durch einen Recruiter oder direkt durch den Fachbereich durchgeführt werden. Natürlich kann auch der Sourcer selbst zum »Recruiter« werden und diese Gespräche führen. In den USA nennt man diese Doppelfunktion »Sourcing-Recruiter«.

> **Praxistipp**
>
> - Bitte beachten Sie, dass passive und viele der semi-aktiven Talente nicht automatisch durch die Zusage zu einem Interview zu einem aktiven Talent oder gar Bewerber werden. Auch nicht, wenn sie schon vorher den Lebenslauf oder gar komplette Unterlagen geschickt haben. Sie bleiben meist mehr oder weniger engagierte Interessenten.
> - Dieser Übergang in den Recruitingprozess findet nur aus Sourcer- und Recruiter-Sicht statt, das Talent interessiert sich nicht für diesen Verwaltungsakt. Auch ein Zeichen, dass er ein passives Talent ist.
> - Woraus eine ganze Kette von weiteren Problemen entsteht: Die Fachbereiche unterscheiden nicht zwischen einem gesourcten Kandidaten und einem Bewerber. Es ist eine wichtige Aufgabe des Sourcers, dies zu kommunizieren und im Unternehmen dafür zu sorgen, dass man entsprechend angepasst und gewinnend reagiert.
> - Hier können Sourcer von Profi-Personalberatern lernen, die gewohnt sind, passive Talente auf dem Weg zum Kunden so zu begleiten, dass sie sich wie Bewerber verhalten (was auch nicht immer gelingt): So führen diese ein erstes Interview beziehungsweise Gespräch auch deshalb, um die passiven Talente komplett zu überzeugen.

1.7 Der praktische Sourcing-Prozess

1.7.1 Der Do-it-Yourself-Sourcing-Workflow

Natürlich ist das Sourcing dort, wo ein geringer Wettbewerb um die passenden Talente herrscht, auch mit einfachem Suchen noch erfolgreich. Da Semantische Suchmaschinen so programmiert wurden, dass sie immer ähnliche Talente finden, kann ein Sourcer in diesem Glücksfall nach der Methode »DIY (Do-it-Yourself)« verschiedene Keywords aus der Anzeige eingeben und so aktive Kandidaten finden bzw. bei wertschätzender Kontaktaufnahme auch ausreichend positive Antworten erhalten.

Der DIY-Workflow ist einfach, findet meist in Social Media statt und besteht aus zwei Stufen:
- **1. Stufe: Suchen**
  Die Suche wird mit intuitiven Suchanfragen aus den Keywords der Stellenanzeige durchgeführt. Da Stellenanzeigen für Bewerber geschrieben und auch Keyword-optimiert wurden, führt der Einsatz dieser Suchbegriffe im Sourcing tendenziell nur zu aktiven Kandidaten. Auch wenn DIY-Sourcer mit etwas mehr Erfahrung die

Anfragen zusätzlich durch den Einsatz Boolescher Befehle variieren, erreichen sie auf diese Weise selten die große Zahl der passiven Talente. Ein weiterer Nachteil: Da die Suche meistens mit den einfacheren Suchmasken der Social-Media-Portale stattfindet, werden viele Suchanfragen mehrfach in gleicher Art durchgeführt. Die Lernfortschritte sind dabei gering.

- **2. Stufe: Kontaktieren**
  Die gefundenen Personen werden meist ohne Umschweife und direkt mit vorbereiteten Textbausteinen, die sich bereits in der realen Welt bewährt haben, angesprochen. Eine kurze Überprüfung des Profils dieser Person hinsichtlich der Keywords findet nur bei den Sourcern statt, die gezielt wertschätzend und individuell ansprechen möchten. Beides, sowohl wertschätzend als auch individuell, geht allerdings nur, wenn man vorher gelernt hat, wie man Online-Datenspuren von Kandidaten richtig interpretiert – und nicht annimmt, dass ein Profil wie ein Lebenslauf aufgebaut ist.

Die Vorteile dieser Vorgehensweise ist: Man fokussiert sich – zwar meist unbewusst – auf aktive Talente. Und diese antworten schneller, sie haben ihre Profile aktualisiert, den Lebenslauf vorbereitet, verzeihen Fehler in der Ansprache und helfen im Prozess mit. Es ist folglich wahrscheinlich, dass Sie andere Personen adressieren als die passiven Talente.

Das DIY-Sourcing funktioniert allerdings nur dort, wo
- noch wenig andere Sourcer die gleichen aktiven Talente bereits angesprochen haben oder
- es immer wieder neue Talente gibt, wie im Fall der Young Professionals, und
- in Berufsbildern mit hoher Fluktuation, wie zum Beispiel manchen IT-Berater-Jobs.

> **Praxistipp**
> Wenn Sie mit Ihrem persönlichen DIY-Sourcing-Workflow immer wieder Erfolg haben, dann notieren Sie sich am besten, wie Sie vorgehen, und verwerfen Sie diesen Weg nicht: Denn er ist eine hilfreiche Fokussierung, um aktive Kandidaten zu erhalten. So können Sie diese Vorgehensweise mit dem des professionellen Sourcing kombinieren.

Die Nachteile dieser Vorgehensweise liegen auf der Hand: Ohne ein System findet der DIY-Sourcer durch den rein intuitiven Workflow nur zufällig passende Kandidaten. Wenn man dann in einem ganz engen Kandidatenmarkt mit hohem Wettbewerb agiert, ist dies kein guter Ratschlag. Denn man findet – trotz des Zufalls – nur die gleichen Profile wie alle anderen, spricht somit die gleichen Personen an. Die Intuition führt in diesem Fall lediglich zu einer Aneinanderreihung von Suchanfragen mit experimentellem Charakter.

Man kann Wiederholungsfehler nicht vermeiden, da man Probleme nur als fehlerhafte Trefferlisten erkennt und die Suchmaschine nicht aus dem Problemkreis steuert.

Denn wer gezielt Talente finden will, muss gezielt beziehungsweise systematisch auch nach Lösungen von Problemen suchen. Die Intuition ist eine ungewollte Selbstlimitierung auf aktive Kandidaten und im Zweifel auf einen sehr kleinen Teil des großen Talent Pools Social Media.

1.7.2 Der professionelle Sourcing-Prozess in 7 Stufen

Einem professionellen Sourcing-Prozess liegt systematisches Vorgehen zugrunde. Der Sourcer überlässt nur das dem Zufall, was er nicht steuern kann, und minimiert die Hindernisse. Die Lerneffekte sind hoch und ermöglichen so schnelle, gezielte Problemlösungen und Vermeidung von zeitfressenden Wiederholungen. Ein solcher Prozess wird in sieben Schritten durchgeführt:

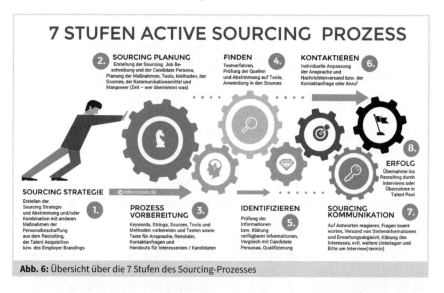

Abb. 6: Übersicht über die 7 Stufen des Sourcing-Prozesses

1. Im ersten Schritt des Sourcing-Prozesses sollten Sie die **Sourcing-Strategie** festlegen. Zum Beispiel, indem Sie vorab überprüfen, ob man durch den Sourcing-Prozess für die jeweilige offene Stelle die passenden Talente finden kann. Manche Berufsgruppen sind schwer online zu identifizieren, wie zum Beispiel gewerbliche Berufe, die nur in privaten Netzwerken ohne Jobangabe unterwegs sind. Oder wie Cyber-Security-Experten, die klug und bewusst ihre Online-Spuren verwischen.
2. Dann geht es im zweiten Schritt an die **Planung der Umsetzung**: Während das Personalmarketing für aktive Kandidaten erstellt wird, sollten Sie zu Beginn des Sourcing-Prozesses prüfen, ob man neben den aktiven auch die potenziellen semi-aktiven und passiven Talente anhand der relevanten und gewünschten Skills online finden und identifizieren kann. Zum Beispiel passiert es nicht selten, dass Sourcer nach Skills suchen, die zwar auf den Social-Media-Profilen stehen, aber

die eine Suchmaschine aufgrund ihrer technischen Limitationen nicht finden kann.
3. Wenn Sie feststellen, dass Sie die wichtigsten Skills und damit passenden Talente technisch finden und identifizieren können, sollten Sie im dritten Schritt die **Sourcing-Prozess-Vorbereitung** starten. Dies geschieht am besten, indem Sie die tatsächlich möglichen Suchbegriffe sammeln und testen, die Wirkung der Keyword-Kombinationen in den wichtigsten, unterschiedlichen Suchmaschinen überprüfen und zum Beispiel für die Zielgruppe oder Candidate Persona passende Ansprachetexte entwerfen.

   Wie auch Programmierer, die Teile ihres Softwareprogrammes immer wieder prüfen, müssen Sourcer ihre Strings und Suchanfragen in den jeweiligen Tools vorher testen, bevor sie tatsächlich mit der Suche starten.
4. Im vierten Schritt gehen Sie direkt in die Anwendung über und starten das **Finden**. Nachdem Sie die ersten Suchanfragenergebnisse auf mögliche Talente geprüft haben, ist es empfehlenswert, dass Sie herausfinden, wo beziehungsweise wie Sie die meisten und gleichzeitig besten Talente finden. Ziel ist ein effizienter Sourcing-Prozess und d. h., möglichst keine Zeit in zum Beispiel Social-Media-Portalen zu verbringen, die wenig erfolgversprechende Sources sind, weil Sie dort Ihre Zielgruppe nicht oder nur schwer finden und identifizieren können.
5. Um das Ziel, die passenden Talente direkt zu erreichen, nicht aus den Augen zu verlieren, ist die nächste, fünfte Stufe die genaue Prüfung und **Identifikation**. Diese sollte aus Effizienzgründen dort stattfinden, wo man die meisten passenden Talente findet. In dieser Stufe geht es um Präzision und darum, die Skills und Eigenschaften der einzelnen Talente konkreter zu überprüfen, indem man zum Beispiel weitere Social-Media-Profile zurate zieht oder Posting in Fachgruppen prüft. Ideal ist es auch gleichzeitig, die Anprachemöglichkeiten wie Telefonnummern oder E-Mail-Adressen zu erkennen.
6. Im sechsten Schritt ist die **Kontaktaufnahme** in passender Form wichtig. Es wird z. B. hier bei Personalberatungen und Personaldienstleistern viel zu häufig zum Telefonhörer gegriffen und unnötig Druck aufgebaut (manches Mal macht es Sinn, den Anruf per Nachricht anzukündigen oder abzustimmen). Umgekehrt übersehen hin und wieder Active Sourcer der Unternehmen die Chance, dass das Telefon der unkomplizierte, direkte Weg sein kann. Gerade bei bestimmten Berufen, die derzeit viele Sourcing-Nachrichten erhalten, kann das Telefon »super retro sexy« und das erfolgreiche Mittel zur Kontaktaufnahme sein!
7. Im besonders kritischen und völlig unterschätzten siebten Schritt kommt es auf die richtige **Sourcing-Kommunikation** an. Heute antworten immer mehr Talente erst auf den ersten oder zweiten Reminder, da auch die aktiven Talente von Sourcern umschmeichelt werden. Eine weitere Ursache dafür ist, dass wir alle unter einem Informations-Overload leiden. Dazu kommt, dass gerade potenzielle, passive Talente so die Ernsthaftigkeit der Kontaktaufnahme überprüfen. Oft garan-

tiert bei der Ansprache von passiven Talenten nur diese Nachhaltigkeit den Erfolg einer Stellenbesetzung durch Ihre Sourcing-Kommunikationsbemühungen.

1.7.3 Warum Ihr Talent-Sourcing-Prozess iterativ sein sollte

Lineares Vorgehen wie im Recruiting ist im Sourcing nicht sinnvoll. Linear ist zum Beispiel, die aus der Anzeige abgeleiteten Suchbegriffe in eine Social-Media-Suchmaschine zu platzieren, weil man denkt und hofft, dass die Suchmaschine nun nach diesem Keyword auf allen Profilen sucht und die Profile mit dem Keyword anzeigt. So funktionieren heutige Semantische Suchmaschinen, die Datenkombinationen »suchen«, aber nicht. Man kann ein digitales Tool nicht in einen linearen Prozess zwingen.

Denn auch der effiziente Sourcing-Workflow gleicht dem agilen Projektmanagement. Ein Beispiel: Erfolgreiche Sourcer haben ein klares Bild davon vor Augen, welches Talent sie suchen und wie dieses online aussieht. Gemeint ist: welche digitalen Datenspuren dieses Talent hinterlassen hat. Sie geben sich nicht mit dem zufrieden, was auf einem einzigen Profil steht, oder besser auch: nicht steht. Gutes Sourcing sucht zielorientiert, effizient und nach weiteren Informationen zu diesem Talent, um es besser einschätzen zu können und zu entscheiden, ob die Vakanz passt. Dazu muss man aktiv in weiteren Social-Media-Portalen oder in Google suchen, also »Ehrenrunden« drehen. Dabei werden weitere Suchanfragen geschrieben und eingesetzt.

Ein so logisch funktionierendes, komplexes Tool wie einen Suchalgorithmus kann man nur mit Logik steuern. Moderne digitale Tools wie Suchalgorithmen bleiben in ihrer Entwicklung nie stehen. Sie entwickeln sich ständig weiter und sie werden aktiv gewandelt und umprogrammiert. Suchalgorithmus-Experten sagen, dass Google zum Bespiel pro Land ca. 1000 Updates pro Jahr durchführt. Wenn Sie Ihre Suchanfragen nicht stetig anpassen, ist das wie bei einem Spielautomat, den der Anbieter immer wieder umprogrammiert, bei dem Sie aber die falschen Jetons einwerfen.

Sourcing kann man technisch das »Umprogrammieren von Algorithmen« beschreiben: Es werden Suchanfragen wie kleine Programme eingegeben, die den Algorithmus so beeinflussen, dass er die gewünschten Ergebnisse anzeigt. Da aber ein Algorithmus nicht linear arbeitet, muss ein Sourcer lernen, wie und in welcher Reihenfolge man diese Anweisungen geben muss, wie er sich wiederholt und wann. Dieser Ablauf ist ähnlich wie ein Softwareprogramm, entsprechend muss sich der Workflow eines effizienten und professionellen Sourcers auch an dem eines Programmierers orientieren.

Der Sourcing Workflow läuft vereinfacht dargestellt in der folgenden Reihenfolge ab:
1. Strategie
2. Planung und Vorbereitung
3. Candidate Persona
4. Keyword Analyse und Tests
5. Finden
6. Identifizieren
7. Kontaktieren
8. Sourcing-Kommunikation
9. Interview oder Talent Pool

Dabei ist klar: Wenn es Probleme in einer Phase gibt, dann geht man in der Phase auf den Anfang dieser Stufe zurück und überprüft die Prämissen. Wenn dort kein Fehler gefunden wurde, geht man erneut einen weiteren Schritt zurück und fängt in dieser Stufe nochmals von vorne an. Deshalb macht es keinen Sinn, in einem ersten Durchlauf 100 Talente zu identifizieren und anzusprechen. Sondern man prüft zuerst, ob die Prämissen und einzelnen Schritte richtig waren, indem man 20-40 Talente identifiziert und den Prozess mit diesen durchführt. Wenn ja, kann man den Prozess in gleicher Form starten, aber auch hier wird man wieder nur 20-40 Talente einbeziehen, denn es könnte sich wieder etwas geändert haben, und überprüft auch hier den Prozess noch einmal. Hat sich etwas geändert, wird verbessert und der Prozess nochmals durchgeführt. Diese Wiederholungen nennt man Iteration.

Als Iteration bezeichnet man allgemein die wiederholte Durchführung eines Vorgangs. Die Anzahl der Durchführungen (Iterationen) steht entweder vorher fest oder richtet sich nach der Erfüllung eines Zieles. Bei einem iterativen Prozess werden Verbesserungen schrittweise durchgeführt. Wenn man feststellt, dass ein System an einigen Stellen noch nicht fertig oder nicht gut genug ist, verbessert man es an diesen Punkten Schritt für Schritt, bis das Produkt zufriedenstellend ist.

In der Welt der Programmierer kann ein Abbruchkriterium eines iterativen Prozesses mit einer zuvor unbekannten Zahl von Schleifendurchläufen beispielsweise die ausreichend gute Annäherung an ein Rechenergebnis sein. Dies kann man direkt auf den Sourcing-Prozess übertragen und das Rechenergebnis mit einer ausreichenden Zahl an interessierten Talenten ersetzen.

1.8 Die Digital Body Language von Usern lesen und verstehen

Fakt ist, dass Online-Profile keinen Regeln unterliegen. Felder sind nicht oder anders als die Beschriftung ausgefüllt, die User geben sich Phantasietitel oder kürzen ab. Profile sollten deshalb nicht wie Lebensläufe betrachtet werden. Wer sich also nur auf

»gute« Profile in einem Netzwerk verlässt, dem entgehen viele gute Kandidaten. Überträgt man dieses Bild ins Sourcing, dann limitiert man sich selbst auf die aktiven Kandidaten, also diejenigen, die ihr Profil für einen nächsten Karriereschritt vorbereitet haben.

Doch Menschen hinterlassen heute viel mehr Online-Informationen über sich als nur in Business-Netzwerken. Denn um wirklich die geeignetsten Talente zu gewinnen, darf sich heute niemand nur auf ein Social-Media-Profil und ein paar wenige Worte und Suchbegriffe verlassen. Dazu haben User nicht nur ein Profil, denn die durchschnittliche Zahl von Social Accounts pro Person hat sich fast verdreifacht. Während 2012 User im Schnitt 3,3 Accounts besaßen, hatten sie 2015 bereits im Durchschnitt 6,2. Bei jungen Onlinern (zwischen 16 und 24 Jahren) waren es schon 7,3 Accounts pro User.[16] Der Global Webindex zeigt heute (2018) sogar eine Zahl von im Schnitt 8,0 Digital Accounts pro User.[17] Allerdings werden oft nur ein oder zwei Accounts aktiv gepflegt und zwischen den Accounts in der Aktivität gewechselt.

Um sich als Sourcer nicht selbst auf ein Portal und die dort aktiven Personen zu limitieren, sollten deshalb im Rahmen der gesetzlichen und natürlich auch ethischen Grenzen heute nicht nur während der Suche, sondern auch bei der Identifikation und der Kontaktaufnahme weitere, öffentlich verfügbare Online-Informationen herangezogen werden.

Der Fachbegriff für diese digitalen Online-Spuren lautet »Digital Footprints«. Diese spielen besonders in der erfolgreichen Talentidentifikation mithilfe von Sourcing Tools eine wichtige Rolle. Zum Beispiel benutzen bestimmte Berufsgruppen oft die gleichen Ausdrücke oder Berufsbezeichnungen, Abkürzungen, Wortkombinationen. Oder sie sind gemeinschaftlich an bevorzugten Orten zu finden und teilen Interessen. Deshalb sollte man gerade die Gruppen der Businessportale immer in den Sourcing-Prozess einbeziehen oder Google nutzen, um das Bild zu vervollständigen, die richtigen Personen zu erkennen und die Zielgruppe zu verstehen. Denn die Tools helfen uns, nicht nur zu verstehen, sondern schon sehr viel früher: bereits beim Erkennen.

Wer nur nach den Keywords aus der Anzeige sucht, wird wie bereits benannt sehr wahrscheinlich nur aktive Talente finden, da eine Anzeige für Bewerber und damit nicht für die passive Talentgruppe geschrieben wurde. Dabei sollte sich ein Sourcer vor Augen führen, dass die Personalmarketingsprache zwar von Bewerbern und den aktiven Bewerbern verstanden wird, da diese sich auch dafür Zeit nehmen. Aber die

---

16 Daniela Leistikow, Soziale Medien: So viele Profile haben Onliner im Schnitt, Computerbild, 2015; http://www.computerbild.de/artikel/cb-News-Internet-Soziale-Medien-Profile-Durchschnitt-11544637.html.
17 Globalwebindex.com, The latest social media trends to know in 2018, 2018; https://www.globalwebindex.com/reports/social.

eher passiven User machen sich über die sprachlichen Besonderheiten der Personaler und deren Wertesystem wenig Gedanken. Für sie sind ihre Profile eine Möglichkeit, sich auszudrücken, und sie passen sich maximal dem fachlichen Sprachfokus ihres Berufes an. Dies kann aber auch ein Semantischer Algorithmus nicht erkennen.

Das heißt, der sogenannte Online-Zwilling, auch Digitale Zwilling des gesuchten Talentes, ausgedrückt in verschiedenen Profilen und anderen Digital Footprints, ist zwar der Datenschweif, den eine Person online hinter sich herzieht. Dieser ist aber kein Spiegelbild der Realität und schon aus technischen wie auch aus rechtlichen Gründen für das Sourcing nur eingeschränkt einsetzbar.

Doch Menschen zeigen in der digitalen Welt Verhaltensmuster, ähnliche Verhaltensweisen oder Eigenarten, einerseits weil sie gleich denken, andererseits weil sie analoge Werte in analogen Berufen haben. Wir kennen das aus Vorstellungsgesprächen, hier gibt es auch deutliche Verhaltensmuster, die sich ähneln oder sogar gleichen, vom nervösen »Händeverstecken« bis hin zu speziellem Sprachgebrauch. Man nennt diese Art und Weise, sich online zu präsentieren, die »Digital Body Language«. Diese ermöglicht es Sourcern, wenn sie die Zusammenhänge zwischen Muster und bestimmten Eigenschaften oder Merkmalen erkannt haben, mögliche Talente zu identifizieren.

Praxistipp
Wie auch in einem Vorstellungsgespräch sind solche Muster maximal Indizien oder Faustregeln und dürfen nicht mit professioneller Personaldiagnostik verwechselt werden.

Diese Signale der möglichen Talente im Sourcing aber nicht einzusetzen, wäre nicht vorteilhaft. Denn die Digital Body Language ist nicht einfach nur das mehr oder weniger gut ausgefüllte Profil, das wäre viel zu wenig. Wir können aus der Digital Body Language lesen, ob ein Kandidat eher ein aktiver Kandidat ist oder semi-aktiv (Zuordnung wie in Abbildung 7): wenn er auf seinem Profil zum Beispiel auf dem Platz des Arbeitgebers »Hier könnte Ihre Firma stehen« vermerkt hat, oder unter »Ich suche«, »An neuen Herausforderungen interessiert«. In der Folge können wir besser entscheiden, ob das Jobangebot, das wir ihm unterbreiten möchten, auch interessant für ihn ist.

Beispiel für Signale oder Indizien sind:
1. die Entscheidung, welches Foto auf welchem Profil steht;
2. wie ein Profil ausgefüllt wurde: Sprache, Form, Zahl der Kontakte, Referenzen;
3. Unterschied zwischen den Profilen in verschiedenen Portalen;
4. Anzahl, wie oft ein E-Mail geöffnet wurde, die Zeit, also wann, und die Klicks;
5. Social Interaktionen: Kommentare und Social Media Postings;
6. Amazon-Bewertungen;
7. Wahl der Kommunikationskanäle

1 Einleitung

Nehmen wir Punkt 2 der Beispielliste: Talente sehen Profile weniger als Lebenslauf, sondern eher als eine Möglichkeit des Selbstausdrucks. Deshalb spricht alle Welt vom »Personal Branding«. Heute haben die meisten Menschen online im Schnitt drei Social-Media-Profile, aber gepflegt wird meistens nur eines – und das eine ändert sich ständig. Darauf sollte ein Sourcer achten.

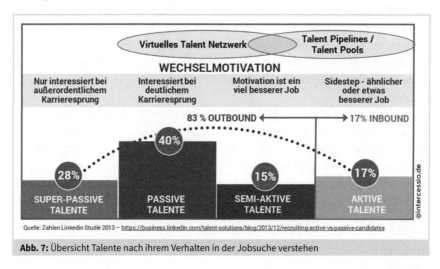

Abb. 7: Übersicht Talente nach ihrem Verhalten in der Jobsuche verstehen

PRAXISBEISPIEL

Nachfolgend finden Sie eine typische Sourcing-Kommunikationssituation mit einem fiktiven, potenziellen Kandidaten, der semi-aktiv ist – zuerst aus der Sicht des **Sourcers**:

01.05.2016	XING-Nachricht geschrieben	keine Antwort
14.05.2016	XING-Nachricht mit Erinnerung geschrieben	keine Antwort
26.05.2016	Nachricht mit Bitte um Rückruf auf Mailbox hinterlassen	keine Antwort
06.06.2016	Nachricht mit erneuter Bitte um Rückruf auf Mailbox hinterlassen	keine Antwort

Üblicherweise würde jeder Sourcer nun sagen: Dieser Kandidat ist nicht interessiert und damit als »kalten« Kontakt zu betrachten.

Aber oft sieht es von Seiten des **Talentes** ganz anders aus:

01.05.2016	E-Mail von XING um 18.14 Uhr mit iPhone geöffnet	Auf Karrierewebsite geklickt, sofort verlassen, sie war nicht mobiloptimiert und hat schrecklich ausgesehen

1.8 Die Digital Body Language von Usern lesen und verstehen

14.05.2016	XING-Nachricht direkt 9.35 Uhr in XING-App geöffnet, in Google nach Recruiter-Profil gesucht	Nicht gefunden
17.05.2016	E-Mail von XING um 22.30 Uhr mit Outlook geöffnet	Auf Karrierewebsite nach Stellenanzeige gesucht
26.05.2016	Direkt nochmals auf die Stellenanzeige nach Abhören der Mailbox geklickt, ausgedruckt	Stellenanzeige Freundin gezeigt
27.05.2016	Intensive Änderung (Verbesserung) des XING-Profils	Suche nach ähnlichen Stellenanzeigen in Google und Stepstone
06.06.2016	Mailboxinfos beim Urlaub in Italien aus Versehen gelöscht	

Es handelte sich hier um einen semi-aktiven Kandidaten – zwischen den beiden stand nicht nur der letzte Reminder, sondern auch kein zweiter Profilbesuch durch den Sourcer, ob ein Statusupdate stattgefunden hat. Und der Fakt, den viele Sourcer und Recruiter vergessen: Auch Talente lesen die Digital Body Language von Sourcern und Recruitern. Und wenn sie nicht das finden, was sie anspricht, stockt die Kommunikation.

Aus diesem Grund muss ein Sourcer, der Daten für seine Entscheidung einsetzen möchte, genau wissen, in welchem Stadium sich sein Talent befindet und welche Informationen beide Seiten brauchen, um zusammenzufinden. Und welche Reaktionsmöglichkeiten er direkt hat, um sein Talent zu gewinnen. Da die meisten Menschen online gehen, um entweder zu kommunizieren und/oder um sich zu informieren, ist dies genau der Punkt, an dem das Lesen und Verstehen der Digital Body Language ansetzt.

In beiden Fällen hinterlassen User Datenspuren – bewusst oder unbewusst. Also gibt es zwei Typen von Informationen, die wir im Sourcing bezüglich der Digital Body Language lesen können:

1. **Bewusste Digital Body Language:**
   - Wahl eines Fotos
   - Art und Weise des Ausfüllens eines Profils
   - Wahl des Kommunikationsmittels
   - Höflichkeit
   - Likes
   - Shares
   - Kommentare in Social Media
2. **Unbewusste Digital Body Language:**
   - Öffnungszeiten von Nachrichten
   - Wortwahl und Begrifflichkeiten
   - Wiederholungen

1 Einleitung

- Emotionsausdrücke
- Wir/Sie/Ich-Formulierungen

Mehr dazu finden Sie in der nachfolgenden Aufstellung als Vorhersagefaktoren:

	VORHERSAGE FAKTOREN	KOMMENTAR
	WENIG AUSSAGEKRÄFTIGE VORHERSAGE FAKTOREN	
1.	Erster Eindruck des Profils – bei aus der realen Welt übertragenen Beurteilungskriterien	Zufällige Ergebnisse
2.	Daumenregeln und Erwartungsmuster aus der realen Welt anwenden	Verzerrte Ergebnisse
	SCHWACHE VORHERSAGE FAKTOREN	
3.	Skills	Selbsteinschätzungen auf Profilen oder Online Referenzen sind nicht ausreichend um eine verlässliche Beurteilung abzugeben
4.	Erfahrungen und Knowhow	Hängt davon ab, ob und wie diese geprüft wurden
5.	Kompetenzen	Bedeutungslos ohne Kontext
6.	Gehalt und Nebenleistungen	Verhandelbar oder gesetzt – kein Filter
7.	Wechselmotivation / Aktiver oder Passives Talent	Schwaches Indiz, aber erkennbar
	STARKE VORHERSAGE FAKTOREN	
8.	Erfolgsmuster	Stimmen zu 50% oder mehr mit der zukünftig gezeigten Leistung und dem Verhalten überein
9.	Talent und Lernfähigkeit	Ist heute für jeden eine Voraussetzung, um in einer Aufgabe erfolgreich zu sein.
10.	Organisation und Managementfähigkeiten	Starkes Organisationstalent oder Managementfähigkeiten sind Erfolgsvoraussetzung in einer Multitasking-Welt
11.	Problemlösung und Entscheidungsfindung	In einer sich schnell verändernden Arbeitswelt sind dies zentrale Erfolgsvoraussetzungen
12.	Team Skills und Emotionale Intelligenz	Je stärker die Aufgabe digitalisiert ist, um so stärker sind dies Erfolgsvoraussetzungen
13.	Veränderung der Wachstumsgeschwindigkeit	Hier zählt nicht die Selbsteinschätzung, sondern die Beurteilung oder die Beobachtung sowie der Inhalt
14.	Source of Hire / Methode der Personalbeschaffung	Starker Einfluss auf die Beurteilung durch die Fachbereiche („Empfehlung" oder „Headhunting")
	ENTSCHEIDENDE VORHERSAGE FAKTOREN	
15.	Cultural Fit	Wird ohne diese Übereinstimmung die Erwartungen nicht erfüllen
16.	Managerial Fit	Wird ohne diese Übereinstimmung die Erwartungen nicht erfüllen oder sogar kündigen
17.	Job Fit	Wird ohne diese Übereinstimmung keinen ausdauernden Leistungswillen zeigen
18.	Karriereschritt	Ohne einen Karriereschritt, wird der Vertrag nicht unterschrieben und die Stelle nicht angetreten

Quelle: Abgeändert nach einer Vorlage der Adler Group. Inc. © intercessio.de

Abb. 8: Übersicht Zusammenhang Digital Body Language, Profilanalysen und Besetzungserfolg

2 Die Voraussetzungen für erfolgreiches Sourcing

2.1 Das neue Berufsbild des Sourcers

Sourcing-Spezialisten, auch bekannt als Sourcer, sind HR-Experten, die potenzielle Kandidaten für aktuelle und zukünftige Einstellungsbedürfnisse suchen, finden, identifizieren und nicht nur ansprechen, sondern für eine Kommunikation mit dem suchenden Unternehmen gewinnen. Der Sourcing-Prozess findet ausschließlich online statt. Sobald der potenzielle Kandidat zu einem Interview bereit ist, endet der Sourcing-Prozess und geht in den des Recruitings über.

Folgende Aufgaben führt ein Sourcer durch:
- Erstellen einer effektiven Sourcing-Strategie
- Finden, Identifizieren und Kontaktieren von potenziellen Kandidaten
- Entwickeln von Talent-Pipelines für verschiedene Jobs
- Recherchieren und Testen neuer Sourcing Tools und -Plattformen
- Sourcing-Analytik und -Monitoring

Seine Verantwortlichkeiten umfassen:
- Nutzung von Social-Media-Netzwerken (z. B. LinkedIn, XING und Twitter) und Lebenslaufdatenbanken zur Suche und Gewinnung von Kandidaten
- Interaktion auch mit Experten in Nischenplattformen wie Github und Behance
- Enge Zusammenarbeit mit dem Fachbereich bzw. Hiring Manager

Daraus leiten sich einige Gemeinsamkeiten eines Sourcers mit einem Recruiter ab:
- online bzw. offline Netzwerke bilden,
- eine Talent Pipeline bzw. einen Talent Pool aufbauen,
- die Fähigkeit, in ihrer Disziplin die Vorzüge ihrer Organisation bzw. des Jobs gewinnend zu »verkaufen«,
- Detailorientierung,
- Disziplin,
- Menschenorientierung,
- Candidate Experience.

Aber bereits im Fall der Candidate Experience merkt man: Die Arbeitswelt des Sourcers ist online, also geht es bei ihm um die Online-Candidate-Experience, während die des Recruiters offline stattfindet. Nachfolgend finden Sie eine Übersicht mit einer Gegenüberstellung der 12 wesentlichen Unterschiede zwischen Sourcern und Recruitern:

2   Die Voraussetzungen für erfolgreiches Sourcing

	SOURCER	RECRUITER
1.	Fokussiert auf passive Talente	Fokussiert auf Bewerber / aktive Talente
2.	Medium: Online und Web-Tools	Medium: Reale Welt, Online, Telefon
3.	Ziel: Digitale Zwilling des Talents	Ziel: Reales Talent sowie seine Digital Footprints
4.	Candidate Experience nur online	Candidate Experience hauptsächlich offline
5.	Herauspicken von möglichst wenigen, passende Talenten	Management der vielen, möglichen Talente & Bewerber
6.	Bei der Suche fokussiert auf Performance, Skills und Qualifikationen (mehr auf Ist und Zukunft)	Bei der Suche fokussiert auf Verantwortung, Status wie Abschlüsse, Job Umfeld (mehr auf Vergangenheit)
7.	Candidate Experience nur online	Candidate Experience hauptsächlich offline
8.	Agiles, iteratives Vorgehen	Lineares Vorgehen
9.	Flexibel und anpassungsbereit an digitale Veränderungen	Geschäftstüchtig und sicher in Administration & Management
10.	Sehr technologieaffin und stark im Handling von unterschiedlichen Tools	Besonders menschenorientiert und stark im Beziehungsmanagement
11.	Aufbau einer Talent Pipeline	Umsetzung der Talent Pipeline in Einstellungen
12.	Research / Search durchführen und Conversation vorbereiten	Einstellungen begleiten und Closing

© intercessio.de

Abb. 9: Übersicht über die Unterschiede zwischen Sourcern und Recruitern

ARBEITSHILFE ONLINE

Um das Berufsbild des Sourcers besser zu verstehen, habe ich Ihnen eine Musterstellenbeschreibung für eine Position als Sourcer (m/w/d) erstellt, die Sie von Arbeitshilfen online downloaden können.

2.2   Was ist erfolgreiches Active Sourcing?

Gerade Active-Sourcing-Anfänger definieren hin und wieder ihren Sourcing-Erfolg mit dem Finden beziehungsweise dem Finden eines guten, potenziellen Kandidaten. Diese Einstellung ist gar nicht so selten, denn sie basiert auf einem einfachen Rechenbeispiel im Einsatz des Sourcings: Man kalkuliert einfach 25 %, die aktiv auf Stellensuche sind, dann 50 %, die einer beruflichen Veränderung offen gegenüberstehen, aber passiv sind, was die konkrete Suche betrifft, und dann jene 25 %, die gegenwärtig keine Veränderung wünschen. Wenn es Unternehmen gelingt, zu den 25 % aktiven Kandidaten nochmals 50 % potenzielle passive Kandidaten hinzuzufügen so bedeutet dies eine Verdreifachung des Kandidaten-Pools – ein enormer Vorteil. Es gilt einzig, diese passiven Kandidaten zu finden und zu identifizieren.

Im Wesentlichen basiert diese Auseinandersetzung auf der unterschiedlichen Definition, was Sourcing-Erfolg ausmacht. Während sich die Mehrheit bezüglich des Recruitingerfolgs fast einig ist und diesen mit »Stellenbesetzung bzw. Vertragsunterschrift«

definiert, gibt es bei der so viel jüngeren Disziplin Sourcing unterschiedliche Meinungen. Dies hängt zum einen davon ab, in welcher Organisation die jeweiligen Beurteiler arbeiten, ob das Sourcing getrennt vom Recruiting durchgeführt wird oder eine Person sowohl rekrutiert als auch sourct. Ebenso sehen tendenziell die Mehrheit der Personalberater den Sourcing-Erfolg meist anders als Corporates und Personalvermittler. Der Natur ihrer Aufgabe entsprechend, übergeben sie den gesourcten Kandidaten für den hauptsächlichen Auswahlprozess an die Kunden und haben dadurch keinen Einfluss auf den Fortgang des Personalbeschaffungsprozesses.

Personalvermittler dagegen werden in der Regel erst bei Stellenbesetzung oder sogar mit Arbeitsanfang des Talentes bezahlt. Hier decken sich die Schwerpunkte und Meinungen stark mit denen der Corporates. Dort zählt genauso, ob die gesourcte Person die neue Aufgabe antritt, oder oft sogar unter Talent-Management-Sichtweise, ob sie erfolgreich die Probezeit besteht, oder sogar, ob sie dauerhaft erfolgreich in ihrem Job Leistung erbringt.

Diese unterschiedlichen Sichtweisen haben zu drei Meinungen und damit Interpretationen geführt:

1. **Der Sourcing-Erfolg ist die Zahl der vorgeschlagenen Talente**
   Der Sourcing-Erfolg der ersten Gruppe ist, wenn diese ein Talent durch Sourcing gefunden und dem Fachbereich oder Kunden vorgeschlagen hat. Es gibt drei zentrale Ursachen für diese Denkweise:
   – Der Sourcing-Prozess wird gern auf das Suchen und Finden reduziert und das nachfolgende Identifizieren und Gewinnen wird ausgeblendet. Diese Gruppe stellt das Finderglück zentral in den Fokus und versucht auch oft durch eine überproportional steigende Zahl der Ansprachen, die Antwortrate zu verbessern. Also ergibt sich aus dieser Sichtweise die konsequente Schlussfolgerung, dass die gesourcten Personen nur eine andere Form von Kandidaten für den Recruitingprozess sind. Bei dieser Annahme wird das Erleben des Prozesses durch die angesprochenen User und potenziellen Kandidaten (die Candidate Experience) und deren freie Entscheidung fast komplett ignoriert, indem man annimmt, die kontaktierten User verhalten sich alle wie Bewerber.
   Faktisch limitieren sich Sourcer mit dieser Denkweise lediglich auf aktive Kandidaten, denn sie fokussieren sich bereits bei der Suche auf diese und sprechen diese auch so an. Letztlich verhalten sich aktive Talente auch ähnlich oder sogar gleich wie Bewerber. Bei einfachen Jobs gelang deshalb diese Urform der Online-Personalbeschaffung viele Jahre sehr gut. Es ist zwar immer noch eine gängige und erfolgversprechende Vorgehensweise, denn es gibt immer wieder neue aktive Talente. Aber durch die hohe Zahl der Sourcer, die genau mit dieser Einstellung sourcen, wird der Goldfischteich der aktiven Kandidaten nun auch noch durch das Sourcing reduziert.
   – Da Sourcer den kritischen Punkt des Wechsels in die reale Welt und in den

Recruitingauswahlprozess oft aus organisatorischen Gründen nicht steuern können bzw. oft auch nicht dafür verantwortlich sind, da dieser von einer anderen Person durchgeführt wird (der Fachbereich oder ein Business Partner bzw. Personalreferent, oder bei Beratungen der Kunde, der danach die Betreuung des Kandidaten übernimmt), endet ihr Prozess mit der Übergabe.

- Der Recruitingprozess ist nach wie vor ein Prozess, der sehr kurzfristig bis hin zu »just-in-time« gestartet wird. Solange die Mehrheit der Kündigungsfristen kürzer als die Recruitingprozesse sind und die Digitale Transformation die Zeitschienen der Personalbeschaffung auch noch durch Disruption befeuert, wird es notwendig bleiben, sich eine schnelle Reaktionsfähigkeit zu erhalten. Diese wird alles Handeln im Recruiting und somit nun auch im Sourcing dominieren.

Deshalb ist oft bereits im Recruiting eine Planung sowie die Überprüfung der Quellen, Prozesse und Vorgehensweisen durch Monitoring nur rudimentär ausgebildet. Dies setzt sich dann im Sourcing fort. Aus Gründen des Zeitbudgets und der sprunghaften Prozessabläufe ist auf diese Weise ein umfassendes Monitoring nicht möglich und jede Erfolgsaussage eine Schätzung.

Um wirklich Erfolge zu messen oder eine Leistungssteigerung zu planen und durchzuführen, muss auch die Managementebene die tatsächlichen Unterschiede des effizienten Sourcing- und Recruitingprozesses erkennen. Denn nur so können kluge Entscheidungen getroffen und Prozesse erfolgsorientiert angepasst werden. So reduzieren viele den Sourcing-Erfolg auf das, was auf einfache Weise sichtbar ist: die Zahl der vorgeschlagenen Kandidaten.

2. **Der Sourcing-Erfolg ist die Zahl der eingestellten Talente**
Der stark wachsende, zweite Teil der Sourcer sieht den Sourcing-Erfolg in der Stellenbesetzung beziehungsweise darin, dass ein Vertrag (beim neuen Arbeitgeber) unterschrieben wurde. In den meisten Organisationen gibt es keine Sourcer, die zu 100 % nur Sourcing betreiben. Vielfach ist Sourcing eine Teilaufgabe der Recruiter oder Business Partner, die daran gemessen werden, ob sie ihre Positionen besetzen. Dadurch vermischen sich die Zahlen und es wird meist nicht genau buchgeführt, aus welcher Quelle und über welchen Weg die Kandidaten kamen, die die Stelle besetzt haben. Eine Verbesserung der Prozesse ist so sehr schwer durchzuführen.

3. **Der Sourcing-Erfolg ist die Zahl der erfolgreich arbeitenden Talente**
Und dann gibt es sogar noch eine Randgruppe, die sagt: Sourcing ist ein wichtiger Teilprozess des gesamten Talent Managements. Und das Talent Management ist erst dann erfolgreich, wenn der gesourcte Kandidat die Probezeit bestanden hat und/oder erfolgreich beim neuen Unternehmen arbeitet. Dies ist eine heute seltene, sehr weitreichende Definition und sehr auf die Qualität und nicht die Quantität der Kandidatenvorschläge fokussiert.

2.3 Das notwendige Sourcing-Know-how

1. **Web: Internet-Know-how**
   Jeder Sourcer, ob aktiv oder passiv, sollte den Unterschied zwischen den Begriffen Web und Internet kennen und wissen, wie Daten und Datenverbindungen zusammenhängen. Es ist nicht ausreichend zu wissen, dass es XING oder Facebook gibt, sondern es ist zentral, dass man erkennt, wie Google mit XING oder LinkedIn zusammenhängt, damit man mit Google die Unzulänglichkeiten der Sozialen Netzwerke in der Suche nach Talenten ausgleichen kann. Dies ist wie eine Landkarte für eine Wanderung: Wer nicht weiß, dass er in ein Hochgebirge geht, wird nicht die richtigen Schuhe mitnehmen.

2. **Job: Wissen über die zu besetzende Stelle**
   Die Aufgabe des Sourcers ist einfach gesprochen, die Anforderungen der Stelle so in Suchmaschinensprache zu übersetzen, dass diese die richtigen Talente auch finden kann. Wer allerdings die fachlichen Qualifikationen, Hard- und Softskills, Soll und Realitäten der Funktion nicht kennt oder falsch bewertet, wird sie nicht in Machbarkeiten bei der Suche übersetzen oder nach etwas Falschem suchen.

3. **Candidate Persona: Online-Verhalten und Infos der Talente**
   Die meisten haben nach der Stellenbeschreibung ein klares Bild vor Augen, wie der Kandidat in der Realität aussehen soll. Aber reale Menschen hinterlassen Online-Spuren, die nicht der Realität entsprechen. Man kann aber nur das finden und erkennen, von dem man vorher ein genaues Bild hat. Und damit die richtige Suchanfrage stellen. Eine Candidate Persona ist – in kurz – das Online-Spiegelbild Ihres passenden Kandidaten. Und die Grundlage jedes guten und erfolgreichen Sourcing-Projektes.

4. **Suchmaschinen: Wissen, wie man Suchalgorithmen steuern kann**
   Sourcer müssen sich mit der neuen Generation der aktuellen, sogenannten Semantischen Suchmaschinen beschäftigen. Die Semantischen Suchmaschinen haben das Ziel, nicht das Gleiche zu suchen wie Keyword-Suchmaschinen. Sondern sie versuchen nur etwas möglichst »Ähnliches« zu finden zu dem, was die Suchmaschine verstanden hat, dass der Sourcer sucht. Eine Suchanfrage so zu stellen, dass die richtigen Talente gefunden werden, ist komplex und setzt das Funktions-Wissen und Umsetzungs-Know-how voraus (mehr dazu in Kapitel 2.5 Suchmaschinen-Know-how für erfolgreiche Sourcer)

5. **Tools: Know-how, wie Tools und Software eingesetzt werden**
   Die Landschaft der digitalen Tools, Applikationen und Softwareprodukte ist umfangreich und ändert sich ständig. Um diesen Änderungen auch der einzelnen Tools gerecht zu werden und auch effizient zu arbeiten, ist es unabdingbar für erfolgreiche Sourcer, sich bezüglich ihrer und anderer Tools auf dem Laufenden zu halten. Obendrein sollte man sich nicht nur auf ein Tool verlassen und die Übersicht wahren.

6. **Methoden: Beherrschen verschiedener Vorgehensweisen**
   Sourcing ist heute für viele eine zusätzliche Aufgabe im Tagesgeschehen – deshalb kommt es darauf an, besonders effizient und zeitsparend zu arbeiten, um den Erfolg zu sichern. Dabei spielen die unterschiedlichen Methoden eine wesentliche Rolle. Wer immer nur auf eine Art nach Profilen sucht, wird schnell an seine Grenzen stoßen und findet auch letztendlich immer die gleichen Talente. Deshalb sind die Kenntnisse von mehreren Methoden unabdingbar.
7. **Kommunikation: Wissen, wie man online erfolgreich kommuniziert**
   Der Sourcing-Erfolg steht und fällt nicht mit dem Finden, sondern mit der positiven Antwort des Talentes und der weiteren erfolgreichen Gewinnung. Allein eine Nachricht zu schicken, ist nicht ausreichend. Sourcer müssen lernen, die Möglichkeiten der Kontaktaufnahme zu variieren und zu kombinieren, den richtigen Zeitpunkt zu finden, individuelle Texte und Textmodule klug zu kombinieren, dort Reminder zu schreiben, wo es Sinn macht, und das Telefon klug einzusetzen, also nicht nur online zu bleiben.
8. **Talent Pool: Wissen, wie man ihn aufbaut und pflegt**
   Ein guter Sourcer hat viele spannende Kontakte auch zu passiven und superpassiven Kandidaten, die derzeit nicht suchen, aber später sehr gut vermittelbar sind. Ein Talent Pool ist deshalb die Basis des zukünftigen Sourcing-Erfolgs und diesen aufzubauen und zu pflegen, funktioniert nicht analog der klassischen Bewerbermanagementtools der ersten und zweiten Generationen. In solchen Talent Pools werden auch Empfehler gepflegt und besondere Tools eingesetzt.

2.4 Das Sourcer Mindset – Sourcing ist eine digitale Kompetenz

Durch die Digitalisierung und die sich immer schneller ändernde Welt ist es immer mehr erforderlich, nicht nur sich schnell an neue Situationen anzupassen, sondern besonders in der Arbeitswelt die bisherigen Prozesse und Technologien mit den neuen Technologien und deren anderen Prozesse aktiv zu verbinden. Während noch ein Teil der Aufgaben in bisheriger Form durchgeführt wird, verändern sich andere Teile mehr oder weniger schnell. Um diese Anforderungen zu bewältigen, müssen fast alle in der heutigen Arbeitswelt umdenken und sich an diese Transformation anpassen.

Besonders der Umgang mit Mega-Disruptionen fordert eine neue, digitale Denkweise, ein Digital Mindset, das nicht einfach nur mit Tech-Innovations-Lust oder der Fähigkeit, Social Media wie Facebook, Twitter oder Instagram mit Leichtigkeit zu verwenden, definiert werden kann. Die Zukunft fordert eine Reihe von Verhaltens- und Einstellungsansätzen, die es Einzelpersonen und Organisationen ermöglichen, die Chancen der neuen vierten, digitalen Ära zu sehen, sie für eine tiefere persönliche und

2.4 Das Sourcer Mindset – Sourcing ist eine digitale Kompetenz

größere berufliche Erfüllung zu nutzen und Arbeitsprozesse zu entwerfen, die eher menschlich-zentriert und zweckgebunden sind.

Deshalb spricht man heute nicht mehr einfach von einer neuen »Denkweise«, sondern der Begriff Mindset beschreibt sowohl die Art und Weise, wie Menschen, aber auch Organisationen denken und handeln, als auch ihre Werte und Einstellungen, die diesem Handeln zugrunde liegen.[18]

Wichtig ist, dass es nicht ein für sich stehendes richtiges oder falsches Mindset gibt, sondern nur das passende Mindset in einem bestimmten Kontext, das heißt, eine passende Denk- und Handlungsweise in einer speziellen Umgebung. Dies gilt auch für das Sourcer-Mindset. Da es nicht *den* Sourcing-Prozess und *das* Sourcing Tool gibt, genauso wenig wie die eine universelle Umgebung im Recruiting oder Talent-Acquisition-Prozess, muss man die Gemeinsamkeiten aller Situationen herausarbeiten, um eine sourcing-spezifische Denk- und Handlungsweise und damit das Sourcing Mindset zu definieren.

Die Gemeinsamkeit, die alle erfolgreichen Sourcer auszeichnet, ist, dass sie alle ein digitales Mindset besitzen. Alle Sourcer müssen folglich auf ihren Bereich und ihre Aufgaben bezogen

- die (neuen) Technologien verstehen,
- die vernetzten Eco-Systeme verstehen,
- die neuen Prozesse verstehen,
- den Unterschied und die Realität der analogen und digitalen Welt verstehen,
- wissen, wie man online Vertrauen schafft,
- wissen, was wirklich »agil«, also nicht wirkungsstarr ist,
- selbst zwischen agilem und linearem Denken wechseln können,
- Online-Communities verstehen,
- eine »social« Denkweise haben und verstehen, was »social« bedeutet,
- kluge Innovationsnutzung und -verständnis besitzen,
- wissen, wie die Online-Welt funktioniert,
- in der Lage sein, auch bezogen auf die Technologien zu improvisieren,
- proaktiv sein,
- immer lernen und nicht stehenbleiben,
- erkennen können, welche Chancen die Digitalisierung birgt,
- ein besonders tiefes Verständnis für die Zusammenhänge in der Digitalen Welt und der digitalen und realen Welt haben,
- Wechselwirkungen analysieren und erkennen können,

---

18 Svenja Hofert, Das agile Mindset – Warum die Digitalisierung eine Transformation des Denkens fordert, 2018, S. 4-8.

- mit Neugierde an die Veränderungen gehen,
- Offenheit besitzen und
- ein Interesse an »state-of-the-art«-Prozessen haben,

Ein Sourcer Mindset ist nicht nur die Fähigkeit, das Spektrum der Auswirkungen dieses Digital-Network-Zeitalters zu erfassen, sondern es ist auch die Basis für die Kompetenz und die Einstellungen sowie Werte, um diesen extremen Veränderungen mit Gleichmut zu begegnen.

2.5 Das Suchmaschinen-Know-how eines erfolgreichen Sourcers

Mit der Umstellung hin zum semantischen Web revolutionierte eine Generation völlig neuer Suchmaschinen die Personalbeschaffung: die sogenannten »Semantischen Suchmaschinen«. Sie lösten die bis dahin verbreiteten Keyword-Suchmaschinen in allen Portalen und auch in der Websuche ab: 2011 hat Google von der Keyword Suche auf die Semantische Suche umgestellt. XING und LinkedIn sind 2013 gefolgt.

2.5.1 Was sind Suchmaschinen – aus Sourcer-Sicht

Eine Suchmaschine ist ein komplexes Softwareprogramm, genannt Algorithmus, das basierend auf den von Ihnen als Suchbegriffe angegebenen Wörtern nach Websites und dort nach Informationen sucht. Dabei durchsuchen Suchmaschinen ihre eigenen Datenbanken nach Informationen, die sortiert in Form von Verzeichnissen (= Indizes) gespeichert wurden.

Diese Indizes werden erstellt, indem Websites zur Datenerfassung »gecrawlt« werden, das heißt, ihre Informationen werden erfasst, überprüft, aufbereitet und dann sortiert gespeichert. Dies geschieht durch einen ersten Teil des Algorithmus, den man auch deshalb Crawler oder Spider nennt. Dabei werden nicht alle tatsächlich möglichen Websites erfasst (= gecrawlt), sondern der Crawler folgt Links einer ersten Website zu einem Link der nächsten Seite. Die Spider kehren zu den bereits gecrawlten Sites zurück, um nach Updates oder Änderungen zu suchen – allerdings geschieht dies nicht regelmäßig und auch nicht automatisch.

Nicht alles, was diese Spider finden, wird in das Suchmaschinenverzeichnis aufgenommen. Stattdessen werden die Informationen durch den Algorithmus (ganz oder teilweise) aufbereitet und damit bewertet und zusammengefasst (Datenbereitstellung). Diese Bewertung und Zusammenfassung ist ein sehr komplexer Vorgang und basiert auf vielen Variablen, die unterschiedlich gewichtet werden.

2.5 Das Suchmaschinen-Know-how eines erfolgreichen Sourcers

Wie diese Berechnungen der Bewertung und Aufbereitung durchgeführt werden, ist ein großes Geheimnis – niemand weiß, wie Google, Bing oder andere Websuchmaschinen Websites genau bewerten und aufbereiten. Dieser Vorgang ist so unübersichtlich, dass er aufgrund dieser Komplexität nur von einem hierfür speziell verfassten Algorithmus durchgeführt werden kann. In manchen Suchmaschinen wird dabei in diese Zusammenfassung obendrein manuell eingegriffen, in den Websuchmaschinen, allen voran Google, wird dies aber aus Neutralitätsgründen nicht gemacht.

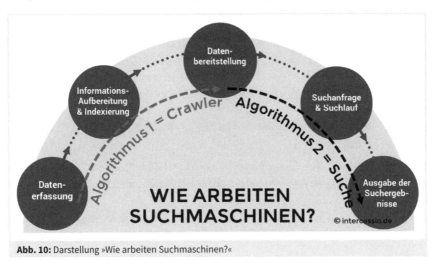

Abb. 10: Darstellung »Wie arbeiten Suchmaschinen?«

> **Praxistipp**
>
> Sie können deshalb auch in einer Suchmaschine nur das finden, was indexiert wurde. So können Sie mit Google nicht das ganze Web durchsuchen: Da man sagt, dass Google ca. 5 % des Webs indexiert, können Sie somit nur ca. 1-2 % davon finden. Das, was Sie in Google finden können, ist das Surface Web. Und das, was Sie nicht in Google finden können, weil es nicht im Index steht, ist das Deep Web.[19]

Fakt ist, dass Suchmaschinen wie die von XING und LinkedIn nicht bei jeder Suchanfrage alle Profile durchsuchen. Auch sie greifen auf dieses System der Datenbereitstellung und Indexierung zurück. Sie haben also zuvor ihre Websites, d. h. Profile, Gruppen usw., bewertet und zusammengefasst. Deshalb können Sie zum Beispiel auch nicht jeden Post in einer Gruppe finden, da nicht jeder Post indexiert wird.

Der Algorithmus einer Suchmaschine besteht aus zwei Teilen. Der zweite Teil der Suchmaschine, in den der Suchende seine Suchanfrage und der Sourcer seine Strings eingibt, funktioniert ebenso komplex wie der Crawler. Denn nun durchsucht er im

---

19 Mae Rice, curiosity.com, The Deep Web Is the 99 % of the Internet You Can‹t Google, 2018.

Suchlauf auch wieder nicht den gesamten Index, sondern berechnet und bewertet entsprechend seiner Variablen dieses Mal den Index, also die Zusammenfassung. Das Vorgehen wird noch komplexer, denn nun wird auch noch die Anzeige der Suchergebnisse (bewertete Zusammenfassung der bewerteten Zusammenfassung) zusätzlich vorgegeben, denn die Anzeige wird nach »Relevanz« durchgeführt. Diese Relevanz wird in manchen Suchmaschinen durch eine Auswahl dargestellt (Bing, LinkedIn) oder in einem Ranking der relevanten Ergebnisse (Google, XING).

> **Praxistipp**
>
> Das System der Suchmaschinen ist folglich durch viele Stufen von Bewertungen und Zusammenfassungen von Informationen gekennzeichnet, bis Sie eine Trefferliste erhalten. Dadurch gehen bei der Suche viele wichtige Informationen verloren, die dennoch da sind. Diese können manches Mal durch eine andere Suchmaschine gefunden werden. Deshalb kann man zum Beispiel Informationen, die man in LinkedIn nicht findet, mit Google dann finden, wenn diese öffentlich gestellt wurden. Oder man kann mit Google Bings Index durchsuchen und umgekehrt.

Sourcer greifen durch ihre Suchanfrage in diese Befehlsausführung der Suchmaschinen ein und versuchen, den Algorithmus umzusteuern. Das können sie nur dort, wo sich die Maschine umsteuern und beeinflussen lässt. Das ist durch eine richtige Befehls-Keyword-Kombination dann möglich, wenn die zu suchenden Begriffe im Index gefunden werden können, weil sie dort im richtigen Verhältnis stehen.

Sie können sich das System wie eine Bibliothek vorstellen. Dort stehen auch nicht alle Bücher der Welt, denn ein Team hat die Bücher nicht nur vorausgewählt, sondern auch deren Inhalt zusammengefasst und dieses Ergebnis in das Verzeichnis übernommen. Sie finden daher, wenn Sie ein Buch suchen, nicht das ganze Buch im Verzeichnis, sondern nur dessen Zusammenfassung.

2.5.2 Die Keyword-Suchmaschinen

Eine Keyword-Suchmaschine sucht nach übereinstimmenden Dokumenten, die ein oder mehrere vom Benutzer angegebene Suchwörter enthalten. Der Nutzer einer Keyword-Suchmaschine kann folglich bereits durch die Eingabe seiner Keywords intuitiv zu passenden Profilen steuern, da die Indexierung auf Keywords basiert – so hat auch jede Suchanfrage, die in gleicher Form erfolgt, identische Ergebnisse.

Doch hat das System enorme Nachteile, denn in der hoch digitalisierten Welt, die sich immer schneller verändert und in der Menschen neue Aufgaben erhalten sowie neue Berufsbezeichnungen und neue Interessen und Skills entstehen, kann eine Suchmaschine mit einem starren Index alle diese neuen Keywords nicht nachhalten. Man kann diese neuen Skills und Berufsbezeichnungen folglich nicht finden.

Das zweite Problem einer solchen Keyword-Suchmaschine ist, dass ein Wort mehrere Bedeutungen haben kann und so die Suchmaschine das Keyword entweder im Index falsch zuordnet, wodurch man es nicht finden kann, oder falsch anzeigt, also immer die falschen Ergebnisse bringt.

Fakt ist, dass im Sinne einer Suche nach Bedeutungen eine Keyword-basierte Suchmaschine keine relevanten Suchergebnisse liefert, da sie die genaue Bedeutung der verwendeten Keywords nicht erkennt, nicht indexiert und auch nicht finden kann.

Heute findet man nur noch selten Keyword-Suchmaschinen, und wenn, dann sind es meist die der großen Bibliotheken bzw. deren Digitale Libraries und die sogenannten Webverzeichnisse, wie zum Beispiel das älteste Web-Verzeichnis, dem »World Wide Web Virtual Library«[20].

2.5.3 Die Semantischen Suchmaschinen

Die Semantische Suche zielt darauf ab, die Suchgenauigkeit zu verbessern, indem die Absicht des Suchenden und die Kontextbedeutung von Begriffen, ob im Web oder in einem geschlossenen System, verstanden wird, um relevantere Ergebnisse zu generieren. Kurz: Während Keyword-Suchmaschinen danach suchen: »Gib mir, was ich gesagt habe«, suchen Semantische Suchmaschinen nach: »Gib mir, was ich will.«

Technisch sind Semantische Suchmaschinen sogenannte »selbstlernende« Algorithmen, d. h., sie merken sich, wie andere Menschen gesucht haben, vergleichen das mit der neu eingegebenen Suche und zeigen dann Ergebnisse an, die von den bisherigen Suchenden angeklickt wurden. Denn die Semantische Suchmaschine funktioniert so, dass das Anklicken von ihr als »gutes und richtiges« Ergebnis interpretiert wird. Sie sind so erstellt worden, dass sie dem Suchenden helfen, Informationen und damit Daten aus dem Web auszuwerten, die ein Mensch mit seinen menschlichen Fähigkeiten nicht mehr allein erkennen, interpretieren, finden und verarbeiten kann. Es sind also alles »Helfer-Programme«, die das Ziel haben, bestimmte einzelne menschliche Unzulänglichkeiten bezüglich der Datenauswertung zu übernehmen. Noch sind alle diese Systeme sehr eingeschränkt lernfähig, da sie immer nur für eine kleine Anzahl von Aufgaben erstellt wurden, wenngleich uns das Marketing der Hersteller allzu oft erklärt, dass diese Algorithmen nicht nur intelligent sind, sondern sogar mit »künstlicher Intelligenz« arbeiten.

---

20 http://vlib.org/admin/history. Siehe Wikipedia, World Wide Web Virtual Library, Zugriff 28.08.2018; https://en.wikipedia.org/wiki/World_Wide_Web_Virtual_Library.

Fakt ist, dass diese Semantischen Suchmaschinen nicht nach dem gleichen Inhalt suchen, den Sie als Sourcer in Form von Befehl-Keyword-Kombinationen in Ihre Suchfelder eingeben, sondern sie errechnen und zeigen nur ähnliche Inhalte an. Fakt ist auch, dass keine dieser Suchmaschinen für den Prozess des Sourcings geschrieben wurde, sondern diese das Ziel haben, einfache Personensuchen zu unterstützen.

Die zentralen Suchmaschinen, die wir heute im Sourcing verwenden, sind Semantische Suchmaschinen: Google, Bing, LinkedIn und XING. Doch haben sie alle unterschiedliche Programmierungen und damit auch unterschiedliche Indexierungen.

2.5.3.1 Das Grundprinzip von Semantischen Suchmaschinen

Eine der wichtigsten Fragen für Sourcer lautet deshalb heute: »Wie funktionieren Semantische Suchmaschinen?« Nachfolgend eine kurze Erklärung, zitiert aus Technopedia[21].

> »Semantic search is a data searching technique in which a search query aims to not only find keywords, but to determine the intent and contextual meaning of the words a person is using for search.
> Semantic search provides more meaningful search results by evaluating and understanding the search phrase and finding the most relevant results in a website, database or any other data repository.«

Eine freie Übersetzung ins Deutsche lautet: »Die Semantische Suche ist eine Datensuchtechnik, bei der eine Suchanfrage nicht nur nach Keywords sucht, sondern auch bei der Suche versucht, die Absicht und die inhaltliche Bedeutung der Wörter zu bestimmen, die eine Person für die Suche verwendet.«

Das Wort »semantisch« bezieht sich also im Allgemeinen auf die Bedeutung von etwas. Wenn man dieses Prinzip auf eine Suche nach Informationen anwendet, sucht eine Semantische Suche im Wesentlichen nach Wortkombinationen und deren logischen Zusammenhängen – und bewertet ebenfalls in der Indexierung die Zusammenhänge und nicht das einzelne Keyword.

Die oben genannte Definition zeigt, dass es einer Semantischen Suchmaschine um zwei Dinge geht: die **Absicht** des Suchenden und der **Kontext**, also der **Zusammenhang**, in dem die Suche durchgeführt wird.

---

21 Technopedia.com, Semantic Search, 2018; https://www.techopedia.com/definition/23731/semantic-search.

- **Absicht erkennen:** Absicht ist der genaue Begriff oder die Tatsache, nach dem ein Benutzer sucht – das könnte natürlich (buchstäblich) alles sein.
- **Inhalt erkennen:** Inhalt ist alles, was einer bestimmten Suche Bedeutung verleiht. Zum Beispiel könnte es Wörter enthalten, die eine Suche umgeben und sie in eine bestimmte Richtung führen.

Das heißt, eine solche Semantische Suchmaschine arbeitet nach logischen Systemen und wendet Muster an, die einerseits programmiert, andererseits aber aus der Anwendung durch User erlernt wurden.

Dies bedeutet im Ergebnis: Die Anzeige der Suchergebnisse eines semantischen Algorithmus erfolgt im Wesentlichen auf Basis der Suchergebnisse, die andere, die ähnlich suchten, angeklickt haben. Sie können sich das wie bei der Suche bei Amazon vorstellen: Dort wird Ihnen analog dazu die Empfehlung »Kunden, die kauften, klickten auch« angezeigt.

2.5.3.1.1 Die Funktionen von Semantischen Suchmaschinen aus Sourcer-Sicht

Übertragen auf die semantischen Algorithmen von XING, LinkedIn oder Google heißt dies, dass Ihre Ergebnisliste immer auch von den Suchergebnissen und dem Suchverhalten der anderen abhängt. Eine Semantische Suchmaschine merkt sich also grundsätzlich jede andere Suchanfrage und vergleicht diese. Sie lernt auf diese Weise. Die Konsequenz ist: Je mehr Sourcer Semantische Suchmaschinen nutzen, umso mehr bekommen diese auch die Suchergebnisse der anderen angezeigt.

Aus praktischer Sourcer-Sicht kann man die Funktionsweise von Semantischen Suchmaschinen – sehr verkürzt – so erklären:
- Sie berechnen etwas Ähnliches und
- führen eine Autokorrektur durch.

Je nach Programmierung werden diese in unterschiedlicher Reihenfolge und Ausprägung durchgeführt. Es kann sogar sein, dass fast keine Autokorrektur stattfindet, es ist aber auch möglich, dass diese alles überlagert. Einige Suchmaschinen zeigen ihre Autokorrektur direkt als solche an (Google, Bing, LinkedIn), in anderen muss man sie in der Ergebnisliste suchen (XING).

Google zum Beispiel macht durch die Frage »Meintest du?« darauf aufmerksam – aber ignoriert oft selbst erst einmal die Eingabe und führt besonders bei Schreibweisen, die Google als fehlerhaft identifiziert, eine Autokorrektur durch. Nachfolgend ein Beispiel in Google mit einer bewussten Falschschreibweise des Wortes »Semantik« in Form von »Semanitik«, um die Autokorrektur zu triggern:

2 Die Voraussetzungen für erfolgreiches Sourcing

Abb. 11: Beispiel für Googles semantische Autokorrektur einer Suchanfrage

Die Autokorrektur kann folglich im Sourcing sehr positiv sein, zum Beispiel dort, wo Schreibfehler korrigiert werden. Sie kann aber auch den ganzen Sourcing-Prozess zum Erliegen bringen (siehe Kapitel 5.2).

Besonders wichtig ist für Sourcer die Anzeige: Sie bekommen selten das, was eine Semantische Suchmaschine »errechnet«, direkt angezeigt. Die Anzeige der Ergebnisliste ist nicht universell gleich. Sie wird vom Algorithmus mit errechnet und autokorrigiert. Sie basiert in der Regel auf der Account-Version, die Sie einsetzen: Wer zum Beispiel in LinkedIn einen Freemium Account besitzt, sieht dort nur die Profil-Namen seines Netzwerkes der ersten und zweiten Kontakte. Nur im LinkedIn-Recruiter sieht man alle Profilinformationen, auch die außerhalb des Netzwerkes.

2.5.4 Die wichtigsten Web-Suchmaschinen für Sourcer

Heute suchen alle zentralen Web-Suchmaschinen semantisch – von Google über Bing hin zu AOL. Alles sind Algorithmen, die Ähnlichkeitsberechnungen durchführen, doch ihre Programmierungen unterscheiden sich teilweise sehr und damit ihre Funktionsweisen, Steuerungen und Ergebnisanzeigen.

Ich habe Ihnen die wichtigsten sechs Suchmaschinen zusammengestellt und ihre aktuelle Bedeutung für Sourcer herausgearbeitet, außerdem werden die zentralen

Suchfunktionen erklärt. Zur Benutzung dieser sechs Websuchmaschinen finden Sie Anleitungen in Kapitel 3.4.

1. **Google** (https://google.com bzw. https://google.de)

    Google dominiert den Suchmaschinenmarkt mit einem dominanten Marktanteil von 73,47 % auf dem Desktop und 78,91 % mobil weltweit.[22] Google ist somit die weltweit größte Suchmaschine. In Deutschland allein hatte Google im Jahr 2016 einen Marktanteil von knapp 95 %, ebenso wie in Österreich.

    Für Sourcer hat aus diesem Grund Google eine dominante Sonderstellung, besonders weil es eine deutschsprachige Version (google.de) gibt. Man kann direkt in Google nach Personal suchen, aber man kann auch Google nützen, um zusätzlich oder teilweise sogar besser Social-Media-Portale zu durchsuchen.

Abb. 12: Screenshot Sucheingabefeld von Google.de

Google besteht nicht nur aus der zentralen Google-Suche, sondern der Alphabet-Konzern bietet auch eine große Zahl verschiedener Suchmaschinen und -möglichkeiten von der Suche in Youtube bis hin zu der ausgesprochen guten Gmail-Suche.[23] Besonders hilfreich für Sourcer ist Googles sogenannte »Erweiterte Suche«. Sie finden diese unter der Webadresse https://www.google.de/advanced_search oder über die Navigation unter »Einstellungen«.

---

22 Statista, Marktanteile Suchmaschinen nach Pageviews, 2018; https://de.statista.com/statistik/daten/studie/225953/umfrage/die-weltweit-meistgenutzten-suchmaschinen/.

23 Wikipedia, Liste der Google Produkte – Suchmaschinen, 2018; https://en.wikipedia.org/wiki/List_of_Google_products.

2 Die Voraussetzungen für erfolgreiches Sourcing

Abb. 13: Screenshot Navigation/Aufruf der Erweiterten Suche von Google

Sie hat den großen Vorteil, dass sich der User keine Gedanken über Boolesche Befehle machen muss. Stattdessen geben Sie nur die jeweiligen Keywords Ihrer Suche in die speziellen Felder ein.

Die Erweiterte Suche bei Google bietet zudem Suchoptionen, die nicht als Boolesche Befehle verfügbar sind. Mithilfe der Erweiterten Suche können Sie direkt nach:

- Sprache (z. B. nur Seiten auf Spanisch, Chinesisch, Deutsch etc.),
- Datum/letzte Aktualisierung (Filtern nach Seiten, die innerhalb des angegebenen Zeitraums aktualisiert wurden),
- Nutzungsrechten (freie Nutzung, nur für kommerzielle Zwecke etc.) oder auch
- Ländern oder Regionen

suchen.

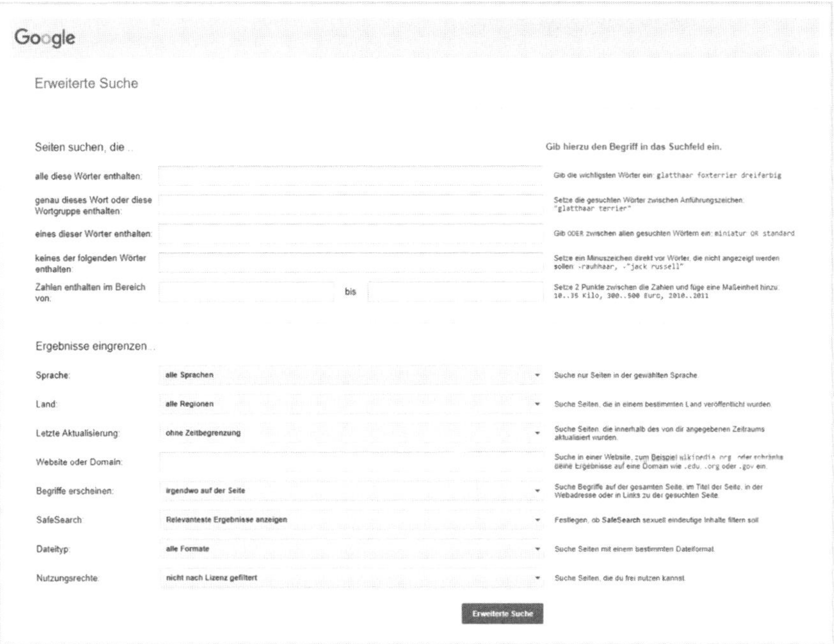

2.5 Das Suchmaschinen-Know-how eines erfolgreichen Sourcers

Abb. 14: Screenshot von Googles Erweiterter Suche

Praxistipp

Google hat von allen Suchmaschinen das komplexeste Algorithmussystem. Dieses lernt sehr schnell. Googles geschäftlicher Fokus liegt auf dem Marketing. Aus diesem Grund limitiert Google häufig Suchanfragen bzw. -anzeigen, die nicht dem Marketingziel des Anbieters entsprechen. Um diese Limitationen zu vermeiden, ist es empfehlenswert, Suchanfragen in Google sehr gut vorzubereiten und klug durchzuführen. Google verzeiht das Experimentieren mit Suchstrings nicht und kann nachfolgende ähnliche Suchanfragen sogar dauerhaft limitieren (siehe Kapitel 5.2).

2. **Bing** (https://www.bing.com/)
   Bing ist die Suchmaschine von Microsoft, mit einem weltweiten Marktanteil am Desktop von 7,76 % und mobil von 0,90 %.[24] In Amerika verwendet mittlerweile schon jeder dritte Nutzer die Suchmaschine bei einer Desktopsuche, in Deutschland hingegen laut einer Studie von 2016 lediglich 4,16 %.[25]

---

24 Netmarketshare.com, 2018.
25 Statista, Marktanteile ausgewählter Suchmaschinen, 2016; https://de.statista.com/statistik/daten/studie/167841/umfrage/marktanteile-ausgewaehlter-suchmaschinen-in-deutschland/.

Abb. 15: Screenshot Eingabefeld der Suchmaschine Bing – deutsche Version

Bing crawled und indexiert selbst, es ist ein eigenständiger semantischer Algorithmus. Im Gegensatz zu Google hat Bing in der Ergebnisanzeige nicht das Ziel des Rankings, also die besseren Ergebnisse zuerst anzuzeigen. Stattdessen definiert Bing Relevanz darin, dass es eine gute und breite Auswahl möglicher Ergebnisse liefert. Dies merkt man schnell in der Streubreite der Anzeige.

Aufgrund der Einschränkungen von Google und der teilweise durch Sourcer sehr intensiven Nutzung nimmt die Bedeutung von Bing für das erfolgreiche Talent Sourcing immer mehr zu. Allerdings sorgen sehr unterschiedliche Algorithmen für eine abweichende Funktionsweise.

3. **Yahoo!** (https://de.search.yahoo.com/)

   Seit Oktober 2011 wird Yahoo Search von Bing betrieben und hält den vierten Platz in der Suche mit einem gesamten Marktanteil von 4,85 %.[26] Zwar basiert die Suche auf Bings Indexierung, aber es gibt einen eigenen semantischen Such-Algorithmus mit spezieller Anzeige. So bekommt man sehr häufig zusätzlich andere Ergebnisse bei gleichen bzw. ähnlichen Suchen. Aus diesem Grund ist Yahoo! gerade für spezielle Expertensuchen eine wichtige Suchmaschine, die auch dort noch Spezialisten identifiziert, wo alle anderen Abfragen scheitern.

Abb. 16: Screenshot Eingabefeld Suchmaschine Yahoo!

---

26 Netmarketshare.com, 2018.

4. **AOL** (https://search.aol.com/ **bzw.** https://suche.aol.de/)
   Laut Netmarketshare ist das aus der alten Zeit berühmte AOL immer noch mit einem Marktanteil, der nahe bei 0,04 % beträgt, unter den Top-10-Suchmaschinen.[27] Es ist eine aus dem Blickwinkel des Sourcers sehr beachtenswerte Suchmaschine, weil sie einen speziellen Suchalgorithmus hat, der für die deutsche Sprache angepasst wurde. Er lernt auch anders als die anderen Algorithmen und bringt gerade im Bereich spezieller (deutschsprachiger) Keywords immer wieder interessante Ergebnisse.

Abb. 17: Screenshot Eingabefeld Suchmaschine AOL

   AOL hat keinen eigenen Crawler, sondern bedient sich des Google-Indexes. Aber ähnlich wie bei Yahoo!, das auf dem Bing-Index beruht, ist sowohl die Suche als auch die Anzeige anders als die des Originals. Deshalb hat man auch die Chance, dort weitere interessante Talente zu finden.

5. **DuckDuckGo** (https://duckduckgo.com/)
   Auf ihrer Website verspricht die Suchmaschine DuckDuckGo, »keine persönlichen Informationen zu sammeln« und »niemanden mit Werbung zu verfolgen« sowie auch die Privatsphäre zu wahren. Allerdings ist die Suchmaschine DuckDuckGo nicht werbefrei, aber trackt nach eigenen Aussagen keine Daten auf persönlicher Ebene. Sie erfreut sich deshalb steigender Beliebtheit und hat einen Gesamtanteil im Suchmaschinenmarkt von 0,17 %.[28]

---

27 Ebda.
28 Ebda.

2   Die Voraussetzungen für erfolgreiches Sourcing

Abb. 18: Screenshot des Eingabefeldes der Suchmaschine DuckDuckGo

DuckDuckGo ist ein Hybrid-System: Es aggregiert die Suchergebnisse mehrerer anderer Suchmaschinen wie Yahoo! (und auch Google) über deren technischen Schnittstellen und gibt diese in einer Liste und eigener Sortierung aus. Für das Sourcing bringt die Metasuchmaschine DuckDuckGo durch den Mix der Suchergebnisse immer wieder interessante User-Profile oder Informationen. Der Einsatz ist empfehlenswert. Aber ohne einen expliziten semantischen Such-Algorithmus haben die Suchergebnisse dieser Suchmaschine nicht die Qualität der intelligenten Google-Algorithmen und auch nicht deren Such- und Findekompetenz.

2.6   Die Sourcing Toolbox

Auf dem Weg zum Sourcing-Erfolg gibt es heute im Web 4.0 viel mehr Hindernisse als früher zu überwinden. Die Digitalisierung macht auch Sourcern das Finden nicht leichter, denn die Situation wird komplexer und verändert sich ständig. Durch höheren Zeitaufwand, Fleiß und Geduld allein kann man die Situation oft nicht mehr ausgleichen.

Aber die Digitalisierung hält viele Helferprogramme für Sourcer bereit: Es gibt bezahlte, für Sourcer speziell entwickelte Tools sowie eine Vielzahl kostenloser kleiner Tools, die einzelne Aufgaben im Sourcing-Prozess unterstützen.

2.6.1   Was sind die Basis-Sourcing-Tools?

Das Basisgerät sollte Ihr Laptop oder Ihr Desktopcomputer sein. Dabei gibt es zu beachten, dass einige Suchalgorithmen auf unterschiedlichen Betriebssystemen anders arbeiten. Es kann also sein, dass Sie auf dem Mac andere Ergebnisse haben als auf einem Windows-Rechner. Dies sind in der Regel Nuancen, aber es kann in einer Expertensuche wichtig sein.

Speziell Google reagiert bei Tablets und Mobiltelefonen deshalb anders, weil dort ein anderer Algorithmus eingesetzt wird. Experten vermuten, dass die beiden Algorithmen der Google-Suche (mobil und Desktop) nur zu ca. 60-80 % übereinstimmen. Im Sommer 2018 hat Google weltweit einen neuen einheitlichen Algorithmus ausgerollt. Kollegen aus den USA, die ihn schon nützen, konnten das bisher nicht bestätigen.[29] Augenblicklich ist es deshalb nicht empfehlenswert, mit einem Tablett oder Mobiltelefon zu sourcen.

Basis-Tools sind auch alle wichtigen Suchmaschinen – das sind die Websuchmaschinen und die Suchmaschinen der Erweiterten Suche von XING und LinkedIn (erklärt in Kapitel 3.3.4 und 5.3).

2.6.2 Die Texteditoren – Ihre zentralen Produktivitätstools

Die meisten Sourcer schreiben ihre Suchanfragen direkt in das jeweilige zentrale Suchfeld der Suchmaschine. Je professioneller ein Sourcer sucht, umso komplizierter werden seine Suchanfragen. Da Suchmaschinen unterschiedlich auf die gleichen Eingaben reagieren, braucht man oft für jede Suchmaschine unterschiedliche Suchketten. Um diese nicht zu verwechseln und auch nicht ständig neu »erfinden« zu müssen, notieren sich viele Sourcer diese Suchanfragen. Entweder sie werden handschriftlich festgehalten oder in Word oder Excel bzw. One Note oder Evernote notiert. Wenn Sie allerdings von dort diese Suchanfragen wieder in XING oder Google zurückkopieren, dann kopieren Sie diese nicht in gleicher Form zurück. Denn erstens verändert das Microsoftprodukt Word, Excel oder Evernote die Suchanfrage, indem eine Schriftartformatierung hinzugefügt wird: Falls Sie Ihr Worddokument zum Beispiel auf Arial eingestellt haben, kopieren Sie alle Codes von Arial. Zweitens addiert Ihr Keyboard Ihres Computers die sogenannten Unicodes der Tastatur hinzu – das heißt, Microsoft-Produkte interagieren mit der Tastatur.

Dadurch geht die Suchmaschine nicht auf die Suche nach dem Keyword, das Sie eingegeben haben (sie hat keine eigene Intelligenz und ist eine Maschine), sondern sie arbeitet Unicodes ab. Während also die Suchmaschine vorher nach einem allgemeinen A gesucht hat, sucht sie nun nach einem A in Arial geschrieben. In einigen Suchmaschinen bedeutet das, dass sie die Suchanfrage nicht korrekt abarbeiten und

---

29 Sam Gowing. 5 points of emphasis in the new Google algorithm, 2018; https://www.fiftyfiveandfive.com/5-google-algorithm-changes-to-focus-in-2018/.

Sie so unter Umständen gar nicht merken, dass viele Profile oder Informationen nicht angezeigt werden.

> **PRAXISBEISPIEL**
>
> Wenn Sie die nachfolgende Suchanfrage genau so zurück in LinkedIn kopieren, werden die Anführungszeichen und auch die Worte mit »ß« nicht gelesen werden können. LinkedIn kann zwar die meisten Buchstaben auch in unterschiedlichen Schriftarten verarbeiten, die Zeichen und fast alle Sonderzeichen aber nicht.

> **"Außendienst-Mitarbeiter" "Meßtechnik"**

In dieser Suchanfrage finden sich durch das Schreiben in Word oder Kopieren aus Word folgende Fehlerquellen:
- Schriftart wird mitkopiert.
- Ihre Anführungszeichen werden im Unicode der Schriftart mitkopiert.
- Ihre Bindestriche werden im Unicode und ASCI-Code der Schriftart mitkopiert.
- Ihr »ß« wird im Unicode oder ASCI-Code abhängig von Ihrer Schriftart und Tastatur mitkopiert.

Es gibt aber eine einfache Lösung dieses Problems: Sie können in sogenannten Text-Editoren-Programme genauso wie in den Suchfeldern der Suchmaschinen Suchketten ohne Codierung schreiben und in einer wiederverwendbaren Textdatei (.txt) speichern. Es gibt viele verschiedene Editorenprogramme, sie sind alle kostenlos. Meist ist auf Ihrem Windows-Computer das Programm »Editor« bereits vorinstalliert und auf dem Mac das Programm »Textedit«.

Ich empfehle Ihnen allerdings, mit einem Windows-Computer den HTML-Editor »Notepad++« zu installieren bzw. für die Apple-Geräte das Programm »Editra«. Diese beiden Programme sind ebenfalls kostenlos und haben mehrere Vorteile gegenüber den einfachen Editorenprogrammen:
- Sie nummerieren die Zeilen automatisch, sodass Sie immer die Übersicht wahren.
- Sie können taggen und damit verschiedene Keywords hervorheben.
- Sie können suchen und Keywords ersetzen.
- Sie können Stellen markieren.
- Sie können in unterschiedlichen Tabs nebeneinander arbeiten.

Nachfolgend sehen Sie, dass eine Übersichtlichkeit durch Zeilennummerierung und Markierung von bestimmten Strings helfen, Ihre Produktivität zu steigern. Mit Notepad++ können Sie an wichtigen Stellen zum Beispiel einen blauen Punkt setzen.

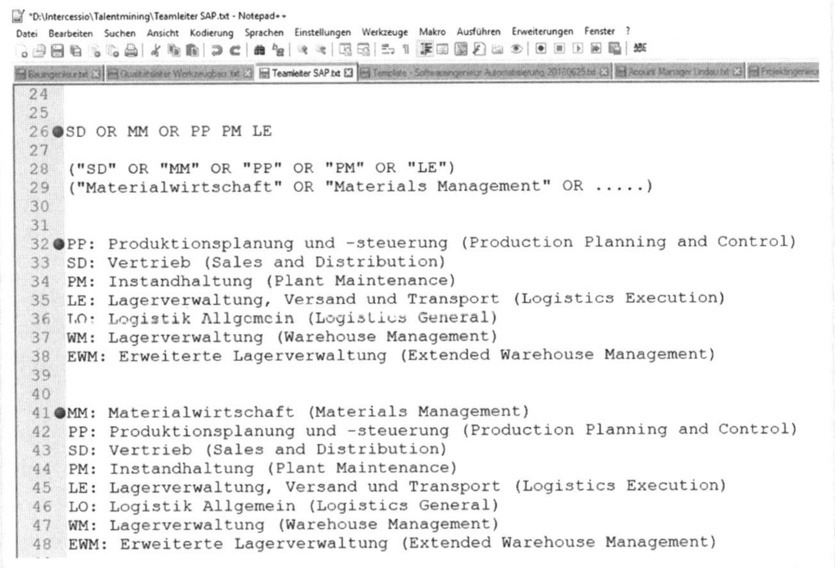

Abb. 19: Screenshot eines Sourcing-Projektes in Notepad++

2.6.3 Die kostenfreien Sourcing Tools und Hilfsapplikationen

1. **Browsererweiterungen**

Browsererweiterungen (englisch: Extensions) sind kleine Zusatzprogramme, die Sie in Ihren Browser installieren können. Sie fügen ihm neue Funktionen hinzu, wie zum Beispiel eine Verlinkung auf ein externes Programm, das dann im Browser durchgeführt wird. Die größte und hilfreichste Zahl an Erweiterungen gibt es für Google Chrome, was diesen Browser so attraktiv für Sourcer macht.
- Die von Google geprüften Erweiterungen finden Sie im Google Chrome Webstore unter https://chrome.google.com/webstore/category/extensions. Darüber hinaus gibt es im Web viele andere Erweiterungen für Chrome.
- Die Browsererweiterungen in Firefox finden Sie unter https://addons.mozilla.org/de/firefox/.
- Auch der neue Browser Edge von Microsoft bietet viele Erweiterungen. Sie finden sie, wenn Sie den Browser Edge öffnen und auf die drei Punkte im oberen rechten Eck des Browserfensters klicken und danach unter Erweiterungen. Dort finden Sie viele Erweiterungen für den Browser, allerdings sind viele von diesen kostenpflichtig.

Die meisten Chrome-Browsererweiterungen, die Sourcer unterstützen, sind Produktivitätstools wie zum Beispiel

- **Multihighlighter** (http://bit.ly/MultiHighErw): Er bietet die Möglichkeit, mehrere Worte in jeweils unterschiedlichen Farben in einem Webtext oder einem Profil zu kennzeichnen. Durch dieses Tool erkennt man schneller, ob die Suchergebnisse die gewünschten Suchbegriffe enthalten.
- **Google Dictionary** (http://bit.ly/GoogleDictionaryErw): Ein Multitalent ist das Sourcing-Produktivitätstool Google Dictionary. Es kann in viele Sprachen übersetzen und bietet sogar direkt mit einem einzigen Klick Erklärungen. Besonders hilfreich ist dieses Tool bei internationalen Sourcing-Projekten oder bei komplexen Experten- und Spezialistensuchen.
- **Search Preview** (http://bit.ly/SearchPreview1): ein sehr praktisches Tool für die Google-Suche, denn wenn man mit der Maus über einen Websitelink fährt, wird in einem extra Fenster diese Website vorab angezeigt und man muss diese Website nicht anklicken. Funktioniert sogar mit XING-Profilen, die man in Google sieht. Aber man sieht dort nur die öffentliche, indexierte Website-Version.
- **Extensity** (http://bit.ly/ExtensityErw) ist eine Erweiterung, die hilft, die anderen Erweiterungen zu managen, auf einfache Weise an- und auszuschalten. Einige der Extensions vertragen sich aktiv nicht, so kann man jeweils für die Suchen die passenden Erweiterungen aktivieren.
- **Infinity Scroll** für Google (http://bit.ly/InfinityScrollGoogle): Wenn Sie viel mit Google sourcen, werden Sie diese Erweiterung sehr zu schätzen wissen, denn wenn sie aktiviert ist, müssen Sie nicht immer auf die nächste Seite klicken und blättern, sondern können einfach scrollen.

Es gibt eine besondere Firefox-App, die ausgesprochen hilfreich ist, da sie ermöglicht, die meisten der Chrome-Erweiterungen und sogar die Opera Apps auch in Firefox zu benützen:

- **Chrome Store Foxified** (https://addons.mozilla.org/de/firefox/addon/chrome-store-foxified/): Es verbindet direkt Firefox mit dem Chrome Webstore, danach können Sie alle Chrome-Erweiterungen direkt in Firefox installieren. Zur Installation müssen Sie den Firefox Browser aufrufen und dort entweder unter den Erweiterungen suchen oder auf den Link klicken.

2. **Kostenfreie Applikationen, Test- und Beta-Versionen**

Es gibt einige Applikationen, die Sourcern helfen, entweder zu suchen, Strings zu schreiben oder den Talent Pool aufzubauen und zu managen. Hier drei ausgewählte Vorschläge:

1. **Recruit'em** (https://recruitin.net/) ist ein Sourcing Tool, das komplexe Boolesche Suchstrings erstellen kann. Es ermöglicht Ihnen, die öffentlichen Profile der User in LinkedIn, Xing und Twitter zu durchsuchen. Es gibt eine kostenlose Version, die Sie testen können. Sehr empfehlenswert ist auch die Keyword Suche dieses Tools.

2. **Hiretual** (https://www.hiretual.com/) ist ebenso ein Tool, das hilft, Boolesche Suchketten zu schreiben, was auch mit der Freemium Version möglich ist. Es gibt darüber hinaus die Möglichkeit, mit dem Tool Projekte zu managen – dazu ist der bezahlte Account notwendig.
3. **HelloTalent** (https://www.hellotalent.com/) ist ein Candidate Relationship Management Tool. Das ist ein Tool, mit dem Sie Ihre gesourcten Talente in Sourcing-Projekten mit einem Klick über eine Browsererweiterung speichern können. Ein Projekt können Sie kostenlos durchführen. Das Besondere dieses Tools ist: Es ist DSGVO-konform, da es keine Daten extern speichert, sondern in den jeweiligen Portalen belässt und nur einen Link zu den öffentlichen Profilen festhält. Dennoch bietet es sogar eine eigene semantische Suchfunktion und in der bezahlten Version viele Monitoringmöglichkeiten. Es kann mit sehr vielen Bewerbermanagementsystemen verbunden werden.

2.6.4 Die kostenpflichtigen Sourcing Tools und Premiumsoftware

Im Grunde bieten die meisten der für das Sourcing zu Verfügung stehenden Plattformen, Communities und Datenbanken neben den einfachen Suchfunktionen auch kostenpflichtige Premiumtools.[30] Die Premiumtools unterscheiden sich sehr und bieten so umfangreiche Suchmöglichkeiten, dass ich sie im Rahmen dieses Buches nicht ausführlich besprechen kann.

Aus meiner Erfahrung möchte ich pauschal festhalten, dass alle diese Premiumtools bei professioneller Nutzung gezieltere Suchen ermöglichen und Sie damit »bessere« Talente finden. Sie steigern Ihre Produktivität, erleichtern Ihnen die Arbeit und sparen Zeit. Einen deutlichen Nachteil gibt es bei allen: Das wahre Potenzial der Tools entfaltet sich immer erst durch eine professionelle Nutzung, denn sie sind nur so gut wie der User, der sie einsetzt. Da sie alle unterschiedlich sind, ist es für das professionelle Sourcing nötig, deren Nutzung zu lernen, sie lassen sich nicht alle intuitiv erfolgreich einsetzen. Nachfolgend finden Sie einige Beispiele:
- Social Media Plattformen
  - **TalentManager** von XING
  - **Recruiter** von LinkedIn
- Vertikale Netzwerke und Foren
  - **Stack Overflow Talent**
- Lebenslaufdatenbanken und Aggregatoren
  - **Talentwunder** – Aggregator
  - **TalentBin** von Monster – Aggregator

---

30 Alle Plattformen und Datenbanken finden Sie ausführlicher in Kapitel 3.1 beschrieben.

- **Open Web** von Dice – Lebenslaufdatenbank und Aggregator
- **Monster** – Lebenslaufdatenbank
  - **Experteer** – Lebenslaufdatenbank
  - Stepstone **DirectSearch** Database

> **Praxistipp**
>
> Bitte beachten Sie, dass es auch bei den bezahlten Tools kein sogenanntes **One-fits-all-Tool** gibt, also ein einziges Tool, das alles kann. Es ist daher Ihre Aufgabe als effizienter und erfolgsorientierter Sourcer, die für Sie passenden Tools zu finden und zu kombinieren. Beziehungsweise sich auch ständig auf dem Laufenden zu halten, denn besonders die kostenlosen Tools verändern sich ständig und kommen und gehen. Deshalb sind kontinuierliches Tool-Management und -Pflege besonders wichtige Aufgaben des erfolgreichen Sourcers.

2.6.5 Die Entscheidung für die richtigen Sourcing Tools

Wenn man vorliegenden Studien Glauben schenkt, dass Unternehmen im Durchschnitt sogar bis zu 24 Rekrutierungs- und Sourcingtechnologien nutzen und zusätzlich die größte Herausforderung deren schlechte Integration ist[31], dann kann man daraus ableiten, dass es vor allem darum geht, nicht mehre singuläre und situative Entscheidungen zu treffen. Das heißt, der Weg zu Ihren richtigen Sourcing Tools beginnt damit, den Fehler zu vermeiden, Investitionsentscheidungen ohne ein strategisches Konzept zu treffen, das auch die neuen und sich schnell wandelnden Prozesse berücksichtigt.

Denn die Technologie und Tools von morgen unterscheiden sich von den heutigen ganz wesentlich, sie sind flexibler, haben oft andere Sicherheitsanforderungen und neue Schnittstellen zu neuen, sich ständig verändernden Plattformen und Datenbanken. Sie sind schon allein deshalb nicht nahtlos mit den bisherigen kombinierbar, weil sie zu starr und auf veraltete lineare Prozesse ausgerichtet sind. Diese kann man heute nicht mehr durch noch weitere Software-Schnittstellen oder Tools lösen.

---

31 HRWINS, The Future of HR-Technology Report, 2018; https://library.namely.com/2018-future-of-hr-technology-report/.

2.6 Die Sourcing Toolbox

	Traditioneller SOURCING PROZESS – Proaktives Recruiting	Effizienter, Technologie gestützter SOURCING PROZESS
1.	Einzelarbeitsplatz	In verschiedenen Systemen integriert
2.	Lokaler Fokus und Bezug	Globales Denken kombiniert mit lokalem Handeln
3.	Fokus auf ein Kommunikationsmittel oder eine Plattform	Kluger Multimedia-Einsatz
4.	Silodenken	Collaboration
5.	Viele zeitfressende, manuelle Prozesse und Tätigkeiten	Fokus auf möglichst hohe Effizienz
6.	Limitierte Datenauswertung, da Fokus auf Profile und Abbildung des realen Recruiting Prozesses	Business Intelligence durch Daten Analyse sowie entsprechende Tools und Techniken
7.	Eingeschränkter Zugang zu Talent Informationen	Umfassende Informationen zu potenziellen Kandidaten
8.	Candidate Experience unbekannt	Touchpoint Management entlang der Candidate Journey sowohl für passive als auch aktive Talente
9.	Experimentelles, fehlerbehaftetes Arbeiten mit vielen Wiederholungen	Geschäftstüchtig und sicher in Administration & Management
10.	Sehr technologieaffin und stark im Handling von unterschiedlichen Tools	Besonders menschenorientiert und stark im Beziehungsmanagement
11.	Aufbau einer Talent Pipeline	Umsetzung der Talent Pipeline in Einstellungen
12.	Research / Search durchführen und Conversation vorbereiten	Einstellungen begleiten und Closing

© intercessio.de

Abb. 20: Evolution des Sourcing-Prozesses durch Technologie

Die Problematik beginnt oft mit kleinen Details: Neue Jobs entstehen und Kandidaten werden anhand neuer Kriterien bewertet. Das bisherige Recruiting- und Sourcing-System kann dies nicht abbilden. Die Recruiter und Sourcer versuchen durch noch weitere fraktale Tools und Systeme Arbeitserleichterungen zu finden, brauchen dadurch aber noch weitere Schnittstellensoftware, die das System noch unflexibler und unübersichtlicher macht.

Praxistipp

Vor einer Investitionsentscheidung sollten Sie die mögliche Sourcing-Technologie hinsichtlich ihrer Integrations-, Verwaltungs- und Leistungsmerkmale prüfen. Letztlich benötigen Recruiting, Talent Acquisition und Sourcing-Experten Technologien, die es ihnen leichter machen, Talente nicht nur zu finden, sondern mit ihnen auf einfache Weise in Kontakt zu bleiben und einen eigenen Talent Pool zu managen. Mit anderen Worten: Ihre moderne Sourcing-Technologie-Strategie muss agil sein, um sich an schnelle Veränderungen sowohl auf dem Talentmarktplatz als auch auf dem Markt anzupassen.

Besonders wichtig ist es, den häufigen Fehler zu vermeiden, Tools oder Technologien zu kaufen oder zu lizenzieren, weil sie gut vermarktet werden oder weil sie kostengünstiger erscheinen.

ARBEITSHILFE ONLINE Im Downloadbereich habe ich Ihnen einen Fragenkatalog mit den Themenfeldern zusammengestellt, die Sie sich vor einer Investitions- oder Integrationsentscheidung (also auch bei kostenlosen Tools) stellen und beantworten sollten.

2.6.6 Die Rolle der Sourcing Tools in der Praxis

Die besten Technologie-Tools sind nur in den Händen von Sourcern wirksam, die wissen, wie man sie benutzt. Eine weitere wichtige Sourcing-Erfolgsvoraussetzung ist das Relationship Management, das heißt, die Beziehungen zu Talenten zu systematisieren. Deshalb berichten Unternehmen mit sehr erfolgreichen Sourcing-Abteilungen, dass die besten Sourcer ihrer Teams von Natur aus neugierig sind und sowohl leidenschaftlich gern netzwerken, Kontakte pflegen wie auch sehr systematisch sourcen, also nachhaltig suchen und effizient finden.

Dabei müssen gute und erfolgreiche Sourcer keine technischen Experten sein. Was zählt, ist, dass sie die Fähigkeiten haben, neue Chancen durch Technologien zu erkennen, indem sie ihren Sourcing-Prozess beherrschen und gleichzeitig kreativ denken und sich stetig selbst weiterbilden und lernen. Die gute Nachricht ist, dass ein Großteil des Lernens wenig kostet (wie kostenlose oder kostengünstige Webinare, Blogs oder Produktdemos). Der Schlüssel dazu ist, Sourcer bzw. Recruiter mit Sourcing-Kompetenz zu finden, die Spaß daran haben, sich an diese ständig ändernde Online-Welt anzupassen und konstant weiterzuentwickeln.

Um neue Technologien zu planen und einzuführen, sollten sie alle Ansätze, konservative, aber auch moderne, berücksichtigen – von kostenlosen Tools, softwarebasierten Subskriptionsmodellen bis hin zu experimentellen Tests oder Pilotprojekten.

Einige der effektivsten Sourcing-Plattformen können Sie in einer Pilotphase bereits kostengünstig einsetzen, wie z. B. in LinkedIn mit dem Premium bzw. Business Account zu arbeiten. Der Schlüssel zu Ihrem Sourcing-Erfolg liegt vonseiten der Technologie darin, eine Mischung und Verbindung der Technologie-Tools nicht nur zu planen, sondern zu pflegen, indem man sie immer up-to-date hält.

2.7 Die »Ethical Sourcing«-Grundsätze

Bevor wir im nächsten Kapitel 2.8 auf die rechtlichen Rahmenbedingungen eingehen, ist es notwendig, den weiteren Rahmen der Dos and Don'ts der Online-Personalsuche zu definieren. Solange noch wenige Sourcer wenige Kandidaten kontaktiert hatten, war die Regelung des Miteinanders nicht notwendig gewesen oder bereits durch andere Gemeinschaftsvorgaben wie Social-Media-Nettikette oder die AGBs (Allgemeine Geschäftsbedingungen) der Social-Media-Portale vorgegeben.

Ethik und Verantwortungsbewusstsein spielen im Sourcing nicht nur in der Beziehung zu Ihren Kunden oder Kandidaten bzw. potenziellen Kandidaten eine Rolle, sondern es ist, wie auch im Recruiting, ein moralisches 360-Grad-Beziehungsmanagement. Sourcer müssen sich bewusst machen, dass Ethik nicht mit der realen Mensch-zu-Mensch-Beziehung endet. Es geht auch online um Beziehungen zwischen Usern und damit ist das Bewusstsein erforderlich, dass der Digitale Zwilling eines Menschen die gleiche Wertschätzung verdient hat wie der Mensch selbst, da es seine Abbildung ist.

Sourcer nutzen mitunter Tools und Technologien, von denen sie nicht genau wissen, was diese wirklich tun, da sie sich stetig ändern und auch geändert werden. So ist oftmals nicht einmal den Entwicklern und Anbietern bekannt, welche Auswirkungen die Benutzung ihrer Tools letztlich online und auch in der realen Welt haben werden. Wir müssen uns daher gerade in Zeiten der Digitalisierung die Frage stellen: Welche Regeln gelten bereits online, die auch für das Sourcing gelten, und welche Grundsätze müssen besonders Sourcer vorleben, die so gezielt nach Daten von Menschen suchen und sie entweder selbst beurteilen oder durch Technik beurteilen lassen?

Faktisch ist jede Suchanfrage gleichzeitig eine Selektion und damit eine Bewertung. Jedoch ist es, solange es hauptsächlich von Menschen durchgeführt wird, noch kein gezieltes Profiling im klassischen Sinne einer Diagnostik. Denn da der Sourcer manuell auf die unterschiedlichen Gegebenheiten der Suchmaschinen Einfluss nimmt und individuell und persönlich über den nächsten Schritt entscheidet, indem ein paar Keywords eingegeben werden, fehlt das Ziel der Automatisierung und es wird auch keine einzelne Person direkt beurteilt.

Aber Sourcer dürfen nicht die Augen verschließen: Auch die beste Methodik enthebt sie nicht der Verantwortung, dass durch die Suchanfrage selbst Wertungen stattfinden, ebenso in der darauffolgenden Anzeige (bei Google z. B. durch das Ranking) und anschließend durch die Auswahl der passenden Talente.

Der verantwortungsvolle Einsatz von Technik und Tools spielt im Sourcing folglich immer eine Rolle. Besonders bezogen auf AI/KI (Künstliche Intelligenz) sind das Wirken und die Konsequenzen dieser Technologien in der Kritik. 2015 hat ein Zeitungsartikel in der New York Times beispielsweise eine große Debatte losgetreten, wie künstliche Intelligenz, die hauptsächlich von Männern geschrieben wird, deren Weltbild abbildet – und damit sehr häufig diskriminiert und nur teilweise nicht einmal durch bewusstes Eingreifen ausgeglichen werden kann.[32]

---

32 Claire Cain Miller, When Algorithms Dicriminate, The New York Times, 2015; https://www.nytimes.com/2015/07/10/upshot/when-algorithms-discriminate.html.

2.7.1 Was versteht man unter »Sourcing Ethik«?

In der Wirtschaftsethik geht es darum, ethische Werte auf das Geschäftsverhalten anzuwenden.[33] Im Grunde ist es das Ziel, auch dort »das Richtige zu tun«, wo es keine expliziten Regeln gibt. Doch die Digitalisierung hat neue ethische Fragen gestellt und so die bisherigen Grenzen zwischen der realen Welt und der Onlinewelt aufgebrochen. Die Grenzen der beiden Welten verschwimmen, deshalb spricht man auch immer wieder von »blended« (englisch für vermischt) auch in ethischen Fragen. Denn was online das Richtige ist, ist nicht mehr direkt erkennbar. Deshalb rufen bereits viele nach einer »Digitalethik«[34].

Wenn wir nun die Personalbeschaffung in den Fokus stellen, haben wir das Problem, dass wir hier keine zentrale Entscheidung unter ethische Grundsätze stellen können. Der Einstellungsprozess ist selten eine einzelne Entscheidung, sondern bereits eher eine Reihe kleinerer, aufeinanderfolgender Entscheidungen, die zum Vertragsangebot führen – oder zu einer Absage. Hier ethisch korrektes oder unkorrektes Verhalten zu definieren, scheint erstmal fast unmöglich.

Noch schwerer ist es im Sourcing, das »Richtige« zu definieren, da die Profession so jung sowie der effiziente Sourcing-Prozess wenig bekannt und äußerst komplex ist. Es gibt im Sourcing eine lange Beziehungskette mit Besonderheiten: vom Geschäftsinteresse der Unternehmen über die der Sourcer oder Recruiter und die der Technikanbieter hin zu dem Einzelinteresse der User. Durch diese Interaktionskette ist es nicht leicht, einen allgemeingültigen Rahmen zu definieren.

Es ist aber möglich, bestimmte Handlungen, die im Sourcing-Prozess immer wieder durchgeführt werden und nicht allgemeingültig oder gesetzlich geregelt sind, in einen moralischen Kontext zu stellen. Beispiele hierfür sind:
1. Auswirkungen der Ansprache in einem Social-Media-Portal auf alle User und die weiteren Recruiting- und Sourcing-Kollegen im Kontext der Social Responsibility: Regelungsbedarf besteht, wenn zum Beispiel durch exzessive Kontaktaufnahme zeitgleich in einem Unternehmen (das sogenannte »Wildern«) gehäuft Übertritte stattfinden.
2. Auswirkung des verantwortungsvollen Umgangs mit Daten und Versprechungen an Talente auf die HR-Compliance: Regelungsbedarf gibt es zum Beispiel in Grauzonen wie dem »intensiven Notieren« von Daten von Talenten, die keine Erlaubnis dazu erteilt haben, weil der Sourcer vorhat, die Daten schnell wieder zu löschen, aber dazu weder Zeit hat oder es einfach auch vergisst.

---

33 Wikipedia, Wirtschaftsethik, Zugriff: 1.9.2018; https://de.wikipedia.org/wiki/Wirtschaftsethik.
34 Marina Lordick, Zukunftsinstitut – Moral im Netz: Wir brauchen eine Digitalethik, 2016; https://www.zukunftsinstitut.de/artikel/moral-im-netz-wir-brauchen-eine-digitalethik/.

3. Auswirkungen in der Vorauswahl durch Erstellung der Suchanfragen oder Nutzung von Tools im Kontext einer Diversity bzw. um Diskriminierungen oder Ungerechtigkeiten zu vermeiden: Regelungsbedarf gibt es zum Beispiel im Einsatz der meisten Berufsbezeichnungen. Sie sind männlich und in der Anzeige werden weibliche Kandidaten deutlich weniger berücksichtigt. Die Lösung ist die explizite Suche mit weiblichen Berufsbezeichnungen.
4. Der Einsatz von Personalbeschaffungs- und Sourcingtechnologien kann im Prozess eine sehr unterschiedliche Rolle spielen. Wir können uns auf die Unterstützung der Technologie verlassen, solange wir diese tatsächlich steuern können. Aber bei Systemen zur Automatisierung der Kandidatensuche und der Unterstützung im Einstellungsprozess müssen wir uns – vorher – fragen:
   - Welche Annahmen über Werte, Fähigkeit und Potenzial, welches Menschenbild spiegeln und reproduzieren diese Systeme?
   - Wer war daran beteiligt, als diese Annahmen verschlüsselt wurden?
   - Und welche Möglichkeiten haben User darauf, eine Korrektur durchzuführen, bzw. ist eine Korrektur überhaupt erwünscht?

2.7.2 Die Basis einer Ethik-Checkliste der Dos and Don'ts

Es ist wichtig, sich umfassende Gedanken in diesem Bereich zu machen: Ethik spielt im Sourcing und auch im Recruiting nicht nur in der Beziehung zu Kunden, Fachbereichen oder Kandidaten eine Rolle. Ethische Prinzipien sollten im gesamten 360-Grad-Beziehungsmanagement präsent sein. Es geht folglich in der Digitalisierung nicht nur um die Mensch-Mensch-Beziehung, sondern auch um die Mensch-Maschine- und Maschine-Maschine-Beziehung, die wir als Menschen anstoßen. Denn gerade Sourcer benützen Tools und Techniken, von denen sie nicht immer genau wissen, was sie wirklich technisch tun und damit bewirken.

> **Praxistipp: 360-Grad-Beziehungsmanagement der Sourcing-Ethik**
>
> Die Vorgesetzten von Sourcern, aber auch die Sourcer selbst sollten heute ihre Beziehungen und Einstellungen zu nachfolgenden Gruppen definieren und Verhalten(sregeln) ableiten:
> 1. zu Kunden/Fachbereichen,
> 2. zu Kollegen im eigenen HR-Bereich,
> 3. zu Kollegen im Unternehmen,
> 4. zu Talenten (unbekannte User, angesprochene Kandidaten, Bewerber),
> 5. zur eigenen Berufsgruppe: Sourcing- und Recruiting Kollegen,
> 6. auf den Metaebenen wie
>   a) Unternehmen oder
>   b) Branche oder
>   c) gesamte Wirtschaft oder
>   d) Land,
> 7. zu Technologien, Tools und deren Einsatz.

ARBEITSHILFE ONLINE

Auf Arbeitshilfen online finden Sie eine Checkliste, die Ihnen helfen soll, ein eigenes ethisches System zu entwickeln und Ihre Do's und Don'ts zu definieren.

2.7.3 Der Browser – das Tor zum Web

Der Browser ist ein Programm. Sie brauchen ihn, um Internetseiten aufrufen und betrachten zu können. Der Browser sucht für Sie die Webseiten bzw. surft diese für Sie an, zu denen Sie ihn beauftragen. Dabei ist er der Rahmen und das Werkzeug, um überhaupt Inhalte im Web für Sie darstellbar zu machen. Der Browser versteht die Programmiersprachen, mit der eine Internetseite geschrieben wurde, und zeigt Ihnen diese Page an. Er kann Texte, Farben, Bilder oder auch multimediale Inhalte (Musik, Videos etc.) darstellen.

Wenn Sie als Sourcer nach Spezialisten und Ausnahmetalenten suchen, finden Sie manches Mal mit derselben Lebenslaufsuche andere Lebensläufe bzw. andere Profile in den unterschiedlichen Browsern. Denn die Browser interagieren mit Ihrer Suchmaschine und haben so Einfluss auf den Algorithmus Ihrer Suchanfrage – und damit auf die Ergebnisanzeige. Das heißt, es ist als Sourcer nicht egal, welchen Browser Sie nützen, denn alle Browser bieten unterschiedliche zusätzliche Funktionalitäten und beeinflussen den Inhalt der Darstellung.

Die Gründe sind vielfältig:
1. Sie setzen und arbeiten mit verschiedene(n) Cookies, die Informationen, wie Ihr Surfverhalten bzw. Ihre Klickwege, melden und unterschiedlich interagieren. Cookies können Ihren Browser schneller machen, aber auch Ihre Anzeige beeinflussen.
2. Sie bieten unterschiedliche Möglichkeiten, ohne Tracking zu surfen, wie zum Beispiel der Inkognito-Modus (in Chrome) oder der Privat-Modus (in Firefox), was Ihre bisherigen Suchen mehr oder weniger neutralisiert.
3. Sie arbeiten mit Deep Linking, d. h., sie merken sich Klickwege und deren Speicherung nach dem Prinzip: »Wohin klicken Menschen, wenn sie auch auf x geklickt haben?«
4. Sie haben verschiedene Speicher und Anzeigeformen (Google Chrome ist dabei sehr genau: Zum Beispiel wird der Klickweg in jedem Tab (Reiter) extra gespeichert)
5. Sie können als User je nach Browser Apps und Browsererweiterungen installieren, die Sie bei Ihrem Sourcing-Prozess unterstützen können.

Tatsache ist also, dass Ihr Browser Ihre Ergebnisanzeige während der Sourcing-Suchanfragen mit Google oder Bing beeinflusst. Es kann daher bei präzisen Suchen Sinn machen, den jeweiligen Suchvorgang in unterschiedlichen Browsern parallel laufen zu lassen. Ich habe selbst auf diese Weise in mehreren Projekten zusätzliche Kandidaten gefunden.

Es gibt folgende Browser, die für Sourcer in der nachfolgenden Reihenfolge empfehlenswert sind:
- **Google Chrome:** Obwohl er stark trackt, bietet er eine große Zahl von Tools, die kein anderer Browser bietet. Auch ist er sehr schnell und interagiert mit Google perfekt. Leider ist der Inkognito-Modus nicht inkognito. Dennoch ist er für alle Sourcer der zentrale Browser.
- **Firefox:** Auch Firefox bietet, wenn allerdings eingeschränkt, Tools. Aber unschlagbar ist hier der Privatmodus, der dennoch die Funktionalitäten von Google oder Bing nicht einschränkt; deshalb sollte jeder Sourcer auch zusätzlich mit Firefox arbeiten.
- **Internet Explorer/Edge:** Bitte nutzen Sie den Browser Internet Explorer nicht mehr, denn er erhält von Microsoft keine Updates mehr und ist deshalb nicht sicher und sehr langsam. Microsoft bietet aber mit dem neuen **Edge** einen guten und besonders schnellen Browser an, der auch viele Apps bietet – allerdings nicht alle kostenlos.
- **Opera/Safari:** Diese beiden weiteren Browser haben einige Nachteile für Sourcer, da die Websuchmaschinen wie Google oder Bing nicht immer gut mit ihnen harmonieren. Bei beiden kann es sein, dass durch die längere Ladezeit Ergebnisanzeigen abgebrochen oder teilweise einfach nicht geladen werden.

2.8 Die Übersicht der rechtlichen Grundlagen im Talent Sourcing

Nachfolgend möchte ich Ihnen einen kurzen Überblick über die rechtlichen Bestimmungen geben, in denen sich das praktische Sourcing bewegt. Diese Zusammenfassung hat weder einen Anspruch auf Vollständigkeit, noch ist es eine Rechtsberatung. Da jedes Unternehmen unterschiedlichen Bedingungen unterliegt, ist es besonders dort, wo kritische Bedingungen vorliegen, empfehlenswert, einen Experten zu konsultieren.

Neben den allgemeinen gesetzlichen Regelungen wie den Grundrechten, dem Vertragsrecht und dem Zivil- und Strafrecht unterliegt das im Wesentlichen online stattfindende Sourcing den Besonderheiten des Internetrechts. Dieses ist kein eigenes abgeschlossenes Rechtsgebiet mit klarer Strukturierung, sondern basiert auf einer Fülle verschiedener Gesetze, Regelungen und Rechtsprechungen aus Querschnitt- und Fachthemen.

Alle Online-Aktivitäten sind in einem dreidimensionalen Spannungsfeld zu sehen. Auf der einen Seite sind es die stetig voranschreitende und sich disruptiv verändernde Digitalisierung und die meist der Technologie nachhinkenden rechtlichen Regelungen. Die zweite Dimension geht vom kompletten Schutz sämtlicher personenbezogener

Daten bis hin zur sogenannten »Post-Privacy Bewegung« – der Gesellschaft ohne Privatsphäre. Parallel gibt es noch ein drittes Spannungsfeld: der Datenexhibitionismus, der dem Grundsatz der Datensparsamkeit gegenübersteht.[35]

2.8.1 Der gesetzliche Rahmen im Talent Sourcing

Auch das Talent Sourcing bewegt sich in diesen Spannungsfeldern. Doch besonders wichtig sind die drei nachfolgenden rechtlichen Regelungsbereiche:

1. **Privatrecht** – hier besonders das Persönlichkeitsrecht aus dem Grundgesetz (GG), das Bürgerliche Gesetzbuch (BGB) mit dem Vertragsrecht und die entsprechende Rechtsprechung[36].
   Hervorzuheben sind die:
   - Nutzungsbedingungen der Plattformen und Foren und die
   - Haftung für nutzergenerierte Inhalte
2. **Datenschutzgesetze**, besonders aber das Bundesdatenschutzgesetz (BDSG), die Landesdatenschutzgesetze[37] und natürlich die Datenschutzgrundverordnung (DSGVO)
3. **Wettbewerbsrecht** – hier das Gesetz gegen den unlauteren Wettbewerb (UWG)[38]

Der rechtliche Rahmen ist folglich mehrdimensional und wird zusätzlich durch die sich ständig weiterentwickelnde, komplexe und technologiegetriebene Umgebung beeinflusst. Man muss also davon ausgehen, dass die rechtlichen Veränderungen und Anpassungen ständig weitergehen, wohl sogar noch intensiver werden.

2.8.2 Das Suchen aus rechtlicher Sicht

Die größte Herausforderung ist neben dem Suchen und Finden der potenziellen Kandidaten die professionelle Verwendung der gewonnenen Daten. Denn ein Sourcer sucht gezielt und hauptsächlich nach personenbezogenen Daten von Online-Usern, die mehrheitlich passiv sind. Das heißt, zum Zeitpunkt der Suche haben diese dem Sourcer meist keine direkte Erlaubnis erteilt, ihre Daten »zu verarbeiten«. Es sei denn, der Sourcer durchsucht seine eigene Bewerberdatenbank oder seinen Talent Pool, der

---

35 Haug, Grundwissen Internetrecht: mit Schaubildern und Fallbeispielen, 2016.
36 Meggle-Freund, 2018; https://www.ipwiki.de/grundrecht:allgemeines_persoenlichkeitsrecht.
37 Datenschutz.de, Gesetze und Verordnungen, 2018; https://www.datenschutz.de/category/grundlagen-datenschutz/gesetze-und-verordnungen/.
38 Wikipedia, Gesetz gegen den unlauteren Wettbewerb, 2018; https://de.wikipedia.org/wiki/Gesetz_gegen_den_unlauteren_Wettbewerb.

auf der Basis beruht, dass alle in dieser Datenbank der Speicherung ihrer Daten zugestimmt haben.

Die Diskussion beginnt somit bereits mit der Definition, was ein »Verarbeiten« von Daten im Sourcing bedeutet. Es gibt die Position, dass bereits das »Ansehen von Profilen«, das heißt, wenn diese auf dem Bildschirm des Sourcers angezeigt werden, einen datenschutzrechtlich relevanten Vorgang darstellt.[39]

Bezogen auf die Business-Netzwerke herrscht hierzu aber im Wesentlichen die Meinung, dass man diese Informationen auch in XING oder LinkedIn ansehen und verarbeiten kann.[40] Was private Netzwerke betrifft, so ist man sich nicht immer einig. Es gibt auch hier einen Interpretationsspielraum. Da man auch in privaten Netzwerken öffentlich posten, also Posts oder Profile öffentlich stellen und in Google gefunden werden kann, kann man sich, wenn man sicherstellt, dass man ausschließlich diese öffentlichen Informationen nützt, auf ein berechtigtes Interesse stützen.[41]

2.8.3 Das Finden und Identifizieren aus rechtlicher Sicht

Dieses berechtigte Interesse tritt im Rahmen der Diskussion um die weitere Verarbeitung der Daten im nächsten Schritt in den Hintergrund. Denn schnell geht es bei den gefundenen Profilinformationen oder anderen persönlichen Daten im Sourcing darum, wie ein Sourcer diese Information festhalten bzw. wie lange er diese speichern kann und darf.

Die DSGVO regelt die Datenerhebung und Verarbeitung über das Bundesdatenschutzgesetz hinaus. Aus datenschutzrechtlicher Sicht stellt sich die Frage, ob Kontaktdaten und Informationen über potenzielle Kandidaten in einem Talent Pool der Software gespeichert werden dürfen. Allerdings setzt das Sourcing schon früher an: Sourcer suchen gezielt nach sensiblen Daten, um diese letztlich für die Ansprache zu verwenden. Um dies effizient zu machen, werden schon vor der Ansprache Informationen und sensible Daten gesammelt, bewertet und – eben teilweise gespeichert.

Dabei haben Sie im Sourcing heute diese Möglichkeiten,
- die gefundenen Talentinformationen entweder in einem Sourcing Tool wie z. B. dem TalentManager von XING oder dem Recruiter von LinkedIn festzuhalten. Diese

---

[39] Scharff, Bettina, Rechtliche Spielregeln des Active Sourcings, 2014; https://www.humanresourcesmanager.de/news/die-rechtlichen-spielregeln-des-active-sourcing.html.
[40] Ulbricht, Carsten, Social Media Recruiting & Recht in Praxishandbuch Social Media Recruiting, 2017.
[41] Datenschutz-Mauß, Active Sourcing, 2017; https://datenschutzbeauftragter-hamburg.de/2017/07/active-sourcing/.

Tools sind DSGVO-konform, da die Daten XING bzw. LinkedIn nicht verlassen und auf den Allgemeinen Geschäftsbedingungen der Portale basieren, die die User beim Anmelden akzeptiert haben.
- Oder der Sourcer kann zum Beispiel zur Vermeidung von doppelten Ansprachen oder mehrfachen Profilbesuchen in einer Notiz diese Informationen »kurz festhalten«, wenn sein Ziel ist, diese Daten direkt bzw. kurzfristig wieder zu löschen. Hierzu gibt es wieder zwei Rechtsauffassungen: die eine, dass das kurze Festhalten einzelner Infos zu einzelnen Personen in nicht automatisierter Form nicht als »Verarbeitung« in großem Umfang gezählt werden kann, was wiederum Gegenstimmen verneinen, da es sich um personenbezogene Daten handelt. Doch bis ein Richter entscheidet oder es eine Durchführungsbestimmung gibt, in welcher Form eine solches »zwischenzeitliches Festhalten« durchgeführt werden darf, dürfte dies eine Grauzone bleiben.
- Keinen Interpretationsspielraum bietet das echte Verarbeiten, also das Speichern mit einem dauerhaften Ziel, zum Beispiel in einem Bewerbermanagementsystem. Hier müssen Sie nach dem Herstellen des ersten Kontakts die Einwilligung der Kandidaten erhalten, deren Daten weiterzuverarbeiten, das heißt, diese zu speichern.
- Ebenso sind dem automatisierten Profiling klare Grenzen gesetzt. Hier gibt es keinen Interpretationsspielraum – es unterliegt den allgemeinen Regelungen der DSGVO (z. B. Artikel 6).
- Aber für den manuellen Bereich sieht das etwas anders aus. Denn weder im BDSG noch in der DSGVO findet man den Begriff des Profiling. Es wird die manuelle Auswertung von personenbezogenen Daten explizit nur in §28b BDSG erwähnt, wo bestimmt wird, dass eine automatisierte Vorselektion unter bestimmten Voraussetzungen (»Wahrscheinlichkeitsberechnung«) auch manuell erfolgen kann.[42]

Dies darf auf keinen Fall als Persilschein gesehen werden, sondern jeder Sourcer sollte sich auch im Sinne der Gemeinschaft bewusst machen, dass dies eine Grauzone ist. Sie bleibt es solange, bis entweder ein Richter eine Entscheidung trifft, weil es Überschreitungen gegeben hat, oder eine explizite gesetzliche Regelung in Kraft tritt (siehe auch Kapitel 2.7 Die »Ethical Sourcing«-Grundsätze).

2.8.4 Das Kontaktieren aus rechtlicher Sicht

Soweit die im Active Sourcing gewonnenen Daten auch zur Kontaktaufnahme genutzt werden, sind nicht nur die Regeln des Datenschutzrechts, sondern vor allem die des Wettbewerbsrechts einzuhalten. Nimmt ein Sourcer Kontakt zu einem User auf, sind seine Möglichkeiten also von zwei Seiten eingeschränkt: einerseits durch die

---

42 RAE Schürmann, Rosenthal, Dreyer, Profiling: Das sind die Neuerungen durch die Datenschutzgrundverordnung, 2017; https://www.swd-rechtsanwaelte.de/blog/profiling-neuerungen-dsgvo-bdsg/.

notwendige Erteilung einer Erlaubnis, eine Nachricht zu schreiben, und andererseits durch das Wettbewerbsrecht, bezogen auf den Inhalt und die Art und Weise der Kommunikation.

Wobei im Sourcing nur die praxisrelevante elektronische Nachricht betrachtet wird: Denn während zur Sicherung der Berufsfreiheit den Personalberatern und -vermittlern die telefonische Direktansprache am Arbeitsplatz in sehr engen Grenzen erlaubt ist, ist eine ungefragte Übersendung einer Nachricht nach § 7 Abs. 2 Nr. 3 des Gesetzes gegen den unlauteren Wettbewerb (UWG) unzulässig. (Diese telefonische Kontaktaufnahme ist auch einem Corporate Sourcer oder Recruiter zur Berufsausübung in den gleichen engen Grenzen erlaubt.) Aber in der Praxis vermutet man durch die Anmeldung auf XING oder LinkedIn regelmäßig eine Einwilligung in die Nutzung der im Active Sourcing gewonnenen Daten für die Direktansprache, sodass diese dann trotz § 7 möglich ist. Auch wenn auf diesen Plattformen auf einem Profil ein private E-Mail-Adresse öffentlich mit dem Vermerk zu finden ist, dass diese E-Mail-Adresse bitte zur Kontaktaufnahme eingesetzt werden soll, kann man annehmen, dass dies eine Direktansprache erlaubt.

Bei Lebenslaufsuchen im Web sieht die Situation etwas anders aus. Immer mehr potenzielle Kandidaten haben Websites oder Blogs. Sie haben dort entweder öffentlich eine »Über mich«-Page eingerichtet, auf der sie sich vorstellen, oder sie haben ihren Lebenslauf sogar zum Download zur Verfügung gestellt. Wer in dieser Kontaktaufnahme rechtlich auf Nummer Sicher gehen will, muss anrufen (siehe oben »Personalberatung«).

Eine Kontaktaufnahme per E-Mail bei einem öffentlich zur Verfügung gestellten Lebenslauf ist sicherlich im grauen Bereich und unterliegt der UWG-Regelung (siehe Kapitel 2.8.1). Dennoch kann auch hier angenommen werden, dass der Aufwand, eine Webpage einzurichten plus einen kompletten Lebenslauf aktualisiert ins Web zu stellen, in der Regel mit dem Interesse an einer interessanten Karriereentwicklung verbunden ist.

Das große Aber liegt im Ton und Inhalt jeder Nachricht an potenzielle Kandidaten: Liegt in der Kontaktaufnahme eine Abwerbung vor, so kann dies eine Unlauterkeit aus § 4 Nr. 7, 10 UWG ergeben. Ein Beispiel für eine Abwerbung ist, dass man den aktuellen Arbeitgeber herabsetzt oder unverhältnismäßige Konditionen in Aussicht stellt.[43]

---

43 Ulbricht, Carsten, Social Media Recruiting & Recht in Praxishandbuch Social Media Recruiting, 2017.

2.8.5 Der Datenschutz im Talent Sourcing

Die DSGVO regelt– über das Bundesdatenschutzgesetz hinaus – die Datenerhebung und Verarbeitung. Aus datenschutzrechtlicher Sicht stellt sich nicht erst seit der Einführung der DSGVO die Frage, ob Kontaktdaten und Informationen über potenzielle Kandidaten durch eine Software und damit automatisiert in einem Talent Pool gespeichert werden dürfen. Allerdings setzt das Sourcing schon früher als die ausführliche Datenspeicherung an: Sourcer suchen gezielt nach sensiblen Daten, um diese letztlich für die Ansprache zu verwenden. Um dies effizient zu machen, werden schon vor der Ansprache Informationen und sensible Daten gesammelt, bewertet und auch nicht nur »festgehalten«, sondern

- durch Softwaresysteme bewertet (zum Beispiel mit Online-Diagnostik gematcht),
- ver- und bearbeitet (zum Beispiel »geparst« – das heißt, zur Weitergabe zwischen zwei Computerprogrammen durch die Programme ver- oder bearbeitet) und
- danach tatsächlich in einem Bewerbermanagementsystem gespeichert.

Alles drei, Bewertung, Verarbeitung und Speicherung, ist ohne ausdrückliche persönliche Erlaubnis der Betroffenen nicht gesetzeskonform. Hier zeigen sich deutlich die Grenzen vieler Sourcing Tools und die Verantwortung der User, diese auch legal einzusetzen.

Insgesamt kann man den aktuellen Stand aber so zusammenfassen, dass das Talent Sourcing und die Online-Direktansprache von passiven Kandidaten auch unter der DSGVO weiterhin möglich ist:

- Sourcer und Unternehmen können ein berechtigtes Interesse anbringen, Online-User zu kontaktieren, da sie ein berechtigtes Interesse daran haben, ihr Unternehmenswachstum durch Recruitingmaßnahmen zu unterstützen.
- Gleichzeitig haben die potenziellen Kandidaten ein berechtigtes Interesse daran, neue und gute Jobangebote auch persönlich zu erhalten und damit angesprochen zu werden.

Dennoch sollten Sourcer sensibel und umsichtig vorgehen und die Grenzen des professionellen Suchens, Findens und der Sourcing-Kommunikation genauso lernen wie den klugen und dennoch effizienten Umgang mit der Datenarchivierung und den zur Verfügung stehenden Sourcing Tools.

3 Das Know-how eines professionellen Sourcers

3.1 Die Sources: Wo kann man online Talente finden?

In der Theorie kann man überall dort, wo Menschen online kommunizieren, auch sourcen, da man entsprechende Datenspuren finden kann. Fast jedes Online-Portal hat eine Suchfunktion und viele Informationen kann man auch über Web-Suchmaschinen finden. Allerdings gibt es neben den rechtlichen Einschränkungen in der Nutzung der Sources (siehe Kapitel 2.8) auch weitere Regeln: die Dos und Don'ts der Social-Media-Portale oder Online Communities inklusive der Social-Media-Etikette. Auf die jeweiligen Spezifika und Regularien gehe ich in den nachfolgenden Sources ein.

3.1.1 Die Übersicht der wichtigsten Sources

Da sich die Online-Welt ständig ändert und dies auch die Online-Sources betrifft, in denen sich die gesuchten Talente aufhalten, ist es für einen erfolgreichen Sourcer wichtig, nicht nur die Übersicht über mögliche Portale, Datenbanken oder Foren zu wahren, sondern auch deren Veränderungen zu monitoren und immer darauf vorbereitet zu sein. Denn es ist für das effiziente Sourcing zentral, die Aktivitäten auf die Online-Sources zu konzentrieren, in denen die passenden Talente durch Ihre entsprechenden Maßnahmen identifiziert werden können. Zielgruppen können Orte wechseln, genauso wie sich Social-Media-Websites ändern können oder die Suchmöglichkeiten der Portale geändert werden.

Deshalb ist es empfehlenswert, sich eine Übersicht der Möglichkeiten und Alternativen zu verschaffen, um sich nicht selbst auf Sources zu limitieren, die allgemein bekannt sind. Nachfolgend habe ich Ihnen eine Auswahl der beliebtesten Netzwerke und Communities erstellt, um einen Einblick in die Breite der Möglichkeiten zu geben, kann aber im Rahmen dieses Buches diese weder detailliert darstellen, noch ist diese Auswahl oder umgekehrt das Nicht-Erwähnen eine Bewertung. Deshalb empfehle ich Ihnen, sich je nach Spezialisierung eine eigene Liste der für Ihre Sourcing-Aufgaben besten Sources zu erstellen. Dabei helfen Ihnen die Einteilungen der Social Websites in Gruppen.

Die allgemeine Einteilung und Kategorisierung von Social Websites wird in Portale, Netzwerke, Communities oder Foren vorgenommen. Dabei sind für Sourcer die grundsätzlichen Unterschiede wichtig, um einschätzen zu können, ob diese Online-Dienste für die eigene Suche interessant und hilfreich sein könnten.

Es gibt leider keine einheitliche Begriffsdefinition und damit auch keine universelle Kategorie. Zum Beispiel werden die Begriffe Netzwerk und Community teilweise gleich eingesetzt. Sie finden daher in der nachfolgenden Übersicht kurze Definitionen der üblichen Klassifizierungen der Sources sowie meiner Definitionen, die ich diesem Buch zugrunde gelegt haben.

Die Mehrheit der Social Networks ist offen für die Allgemeinheit. Das klassische Social Network ist deshalb meist ein öffentliches Netzwerk, in dem sich jeder mit jedem »als Freund« verbinden kann – »Socializing« braucht folglich in diesen Networks keinen Grund. Typisch sind deshalb auch Postings mit »Status-Updates« und persönlichen Informationen und Meinungen. Das bekannteste offene Soziale Netzwerk ist Facebook, aber auch Youtube gehört zu den offenen Netzwerken ebenso wie XING oder LinkedIn.

Man unterscheidet zwischen **horizontalen und vertikalen Social Networks**. Alle offenen Netzwerke nennt man horizontal, weil sie eine sehr heterogene User-Gemeinschaft haben, die sich zu einer sehr großen Breite an Themenfeldern austauscht. Vertikale Netzwerke sind meist nur für eine Fachgruppe geöffnet. Gerade die vertikalen Networks werden gern auch als **Community** bezeichnet, weil sie sich als eine Gemeinschaft von Usern mit den gleichen Interessen empfinden, die auch unter sich bleiben möchten. In diesen vertikalen Netzwerken teilen sich in der Regel nicht nur alle User einen Fokus, sondern sie sind meist sogar selbst Spezialisten, wie zum Beispiel im Netzwerk Sermo (http://www.sermo.com/), einem der größten Social Networks für Ärzte aus aller Welt und zu allen medizinischen Fachbereichen.

Die Gruppen in Facebook, XING und LinkedIn haben alle Eigenschaften **vertikaler »Online Communities«**: Oft sind sie Gemeinschaften mit einem festen Interessen- oder Fachfokus, denen nicht jeder beitreten kann, weil sie in der Regel geschlossen sind. In XING oder LinkedIn finden Sie nicht nur viele unterschiedlich strukturierte und spezialisierte Gruppen, sondern auch weitere Möglichkeiten des Austausches, wie zum Beispiel durch Postings im Nachrichtenstrom oder Unternehmensprofile. Solche vielschichtigen horizontalen Netzwerke werden auch **Plattformen** oder, wenn sie sehr groß sind und noch weitere Interaktionsbereiche wie Shopping oder Blogs bieten, sogar **Ecosysteme** genannt. Die Grenzen hier sind fließend.

Für Sourcer ist es entscheidend, ob man direkt unter Experten oder Personen mit besonderen Spezialistenskills »auswählen« kann (vertikale Netzwerke) oder ob man aufwendiger zuerst die besten Orte suchen und dann die passenden Talente identifizieren muss (horizontale Netzwerke).

Folgende Netzwerk-Gruppen gibt es:
1. Private Netzwerke wie Facebook
2. Micro-Blogging-Netzwerke wie Twitter
3. Business-Netzwerke wie XING, LinkedIn
4. Bilder-Netzwerke wie Pinterest, Flickr, Instagram
5. Video-Netzwerke wie YouTube und Vimeo
6. Dokumenten-Netzwerke wie Slideshare, Scribd, Issue
7. Blog- und Medien-Netzwerke wie Tumblr, Medium, Torial, Bloglovin'
8. Social-News-Netzwerke wie Reddit

3.1.2 Die Business-Netzwerke

Heute hat jeder mehrere Social-Media-Profile, also ist davon auszugehen, dass diese auch bei Business-Netzwerken nicht alle up-to-date gehalten werden. Aus Sicht der User sind Profile keine Lebensläufe, sondern Möglichkeiten, sich individuell zu präsentieren – auch wenn sie ähnlich aussehen. Sie werden je nach Persönlichkeit und Aktivitätsgrad der Jobsuche von den Usern nicht (mehr) so gesehen, ausgefüllt und gepflegt.

Daher bedeutet Sourcing heute nicht mehr, Profile zu suchen und zu finden, sondern Digitale Footprints, also Datenspuren und Informationen über mögliche Kandidaten, zusammenzutragen. Dabei helfen die Suchmaschinen der Portale als Sourcing Tools und deren Qualität spielt eine große Rolle, ob Sie finden können oder nicht. Nachfolgend finden Sie die beiden wichtigsten Portale (weitere Details zur jeweiligen Sourcing-Praxis in Kapitel 3.3.4 sowie 5.3):

1. **XING**
   XING ist das in D-A-CH größte Business-Netzwerk mit über 15,8 Millionen Mitgliedern. Davon entfallen auf Deutschland knapp 11 Millionen und je 1 Million Mitglieder in der Schweiz und Österreich.[44]
2. **LinkedIn**
   LinkedIn ist mit 610 Millionen[45] das weltweit größte Business-Netzwerk. Es ist in Europa mit 185 Mio. Usern[46] sehr präsent und wächst auch in D-A-CH stetig (derzeit 13 Millionen User[47]). Damit ist Aufholjagd von LinkedIn beendet: Seit Februar 2019 liegen bei den D-A-CH-Mitgliederzahlen beide Netzwerke XING und LinkedIn erstmals mit rund 13 Millionen gleichauf.

---

44 XING, eigene Angaben Januar 2019.
45 LinkedIn, Januar 2019, https://news.linkedin.com/about-us#statistics.
46 LinkedIn, Januar 2019, https://news.linkedin.com/about-us#statistics.
47 LinkedIn Insider Erhebung Deutschland, Februar 2019, https://linkedinsiders.wordpress.com/2019/01/02/linkedin-vs-xing-deutschland-2019/.

3.1.3 Die Lebenslaufdatenbanken

Lebenslaufdatenbanken sind, wie der Name schon sagt, statische Datenbanken und damit nicht vergleichbar mit Social Media: Menschen nützen diese nicht mit dem Fokus des aktiven Austauschens, der Aktualisierung oder Selbstdarstellung. Die Erwartung, dort »aktuelle Profile« zu finden, wird meist enttäuscht, aber dafür ist der Fundus an möglichen interessanten Kontakten und Informationen über diese Kontakte und deren Historie weit überdurchschnittlich interessant.

Gibt es dort Profile, sind diese im Gegensatz zu Social Media viel ähnlicher zu Lebensläufen und werden auch so ausgefüllt und gesehen. Sie werden mehrheitlich von aktiven Talenten angelegt, aber, wenn deren Jobsuche vorüber ist, nicht weiter gepflegt. Bei genauem Hinsehen und einem Vergleich mit Social-Media-Profilen derselben User findet man viele semi-aktive Kandidaten und das macht diese Datenbanken besonders attraktiv.

1. **Stepstone**
   Die Lebenslaufdatenbank DirectSearch Database von Stepstone enthält nach eigenen Angaben im Durchschnitt 450.000 Lebensläufe[48]. Stepstone bietet in seiner Datenbank die Suchmöglichkeit mit einer Semantischen Suchmaschine, in der Sie mit Booleschen Befehlen und Suchketten suchen können. Die Benutzung ist kostenpflichtig.

2. **Monster**
   Offizielle Gesamtzahlen der vorhandenen Lebensläufe in der Monster-Datenbank sind schwer zu finden, allerdings melden sich nach eigenen Angaben auf ihrer Website pro Jahr rund 190.000 Personen neu an. Auch in Monster können Sie mit einer Semantischen Suchmaschine und Booleschen Befehlen bzw. Suchketten nach Talenten suchen. Die Benutzung ist kostenpflichtig.

3. **Experteer**
   Experteer nimmt eine besondere Position unter den Lebenslaufdatenbanken ein. Dort finden Sie nur Lebensläufe von Personen in Führungsfunktionen oder Fachkräften, die ein Gehalt von mehr als 60.000 Euro im Jahr erhalten. Dort suchen sowohl 8000 Unternehmen also auch 10.000 geprüfte Personalberater. Nach eigenen Angaben kann die Datenbank pro Jahr 5 Millionen Profile/Lebensläufe vorweisen. Die Suche ist auch hier semantisch und kostenpflichtig. Da viele User dort für einen Premium Account bezahlen und einen Lebenslauf hochladen können, sind die Informationen und die Such- und Findemöglichkeiten sehr umfassend.

4. **Talentbin**
   Monster's Talentbin ist eine große Datenbank mit Millionen von Profilen, die dieses System aus den öffentlichen Informationen der Social-Media-Portale zusammen-

---

48 2015.

getragen hat. Man nennt dies einen People Aggregator. Aggregatoren werden Software oder Dienstleister genannt, die Daten zu bestimmten Themen sammeln und aufbereiten[49]. Sie haben dort einen semantischen Suchalgorithmus, mit dem Sie Talente durch Suchstrings suchen und finden können.

5. **Careerbuilder Resume Database**
Ähnlich wie Monster's Talentbin hat die Lebenslaufdatenbank von Careerbuilder eine Fülle von Kandidatenprofilen und Lebensläufen aggregiert. Sie können effektive Boolesche Suchen in dieser Datenbank durchführen, die von der semantischen Technologie von Careerbuilder unterstützt werden.

6. **Sourcing.io**
Sourcing.io hat eine große Aggregator-Datenbank für Software-Ingenieure, die Sie mit Filtern durchsuchen können. Sie legen ein anderes Suchsystem zugrunde, indem sie sich auf öffentliche Team-Empfehlungen und öffentliche Online-Verbindungen von Teams konzentrieren.

3.1.4 Die horizontalen Social Networks und Communities

Horizontale Netzwerke werden als öffentliche Online-Netzwerke definiert. Menschen in diesen Portalen kommen als Freunde zusammen, es geht nicht um spezielle oder gar Nischeninteressen. Ein Beispiel ist Youtube, dort werden Videos aller Art zu allen Themen hochgeladen, um den Inhalt mit allen zu teilen.

Der Ursprung dieser Netzwerke ist, dass sie für den persönlichen Austausch von User zu User gedacht und keine Business-Beziehungen gepflegt wurden. Die Suchmöglichkeiten sind in der Regel auch darauf fokussiert, das persönliche Beziehungsnetz zu erweitern und nach Freunden, Bekannten mit ähnlichen oder gleichen Interessen zu suchen. Deshalb ist die Teilnahme kostenlos.

Die Profile in diesen Portalen können ganz oder teilweise für die Öffentlichkeit freigeschaltet oder aber »privat« gestellt werden.

Facebook
Sourcing mit Facebook ist in D-A-CH nicht ausgeprägt, obwohl das Netzwerk eine beachtliche Größe hat: nach eigenen Angaben 1,86 Milliarden User, davon sind 1,23 Milliarden täglich aktiv[50]. Zwar haben sich viele mit Employer Branding auf Facebook auseinandergesetzt, aber da Facebook ein privates Netzwerk ist und hier die Regelungen der DSGVO greifen, ist eine Ansprache im klassischen Sourcing-Sinne

---

49 Wikipedia, Aggregator, Zugriff 2.9.2018; https://de.wikipedia.org/wiki/Aggregator.
50 Dezember 2016.

nicht möglich. Obendrein sind das Suchen und Finden nach geeigneten Kandidaten rein technisch sehr schwer. Viele Profile, vermutet sogar in Deutschland 50 %, sind gar nicht mit ihrem echten Namen (Klarnamen) ausgefüllt, die Berufsbezeichnungen fehlen ebenso oft.

Dennoch beweisen einige Pioniere, dass Sourcing in Facebook auch in Deutschland legal und erfolgreich geht. Die einzige funktionierende Methode ist über eine Karrierepage oder eine Gruppe (also das Bilden einer Community). Dort kann man Content so zur Verfügung stellen, dass sich, davon angezogen, die richtige Zielgruppe meldet und Sie mit diesen in Austausch treten können.

Facebook ist also gerade für das Passive Sourcing eine attraktive Plattform und kann dort sehr erfolgreich integriert werden, da in diesem Fall keinerlei persönliche Daten erhoben oder gespeichert werden (mehr zu Passive Sourcing in den Kapiteln 1.4 und 8.3.4).

3.1.5 Die vertikalen Social Networks und Communities

Im Grunde sind wie bereits beschrieben vertikale Netzwerke Communities, in denen sich die Mitglieder gemeinsam auf Nischeninteressen fokussieren. Im Gegensatz zu den horizontalen Netzwerken ist man in diesen Gemeinschaften nicht einfach nur »connected«, weil man Mitglied ist oder sein möchte, sondern teilt Interessen. Deshalb sind Social Networks meist geschlossene Communities. Rein technisch definiert ist damit zum Beispiel eine fachlich spezialisierte, geschlossene Facebook- oder Googleplus-Gruppe eine vertikale Community in einem horizontalen Netzwerk.

Nachfolgend ein paar Beispiele:
1. **Netzwerke für IT und EDV**
   - **Stack Overflow** (IT)
     Stack Overflow ist ein schnell wachsendes Netzwerk für Programmierer mit über 100 Frage- und Antwort-Websites zu verschiedenen Themen von der klassischen Software-Programmierung bis hin zu Kochen, Fotografie und Gaming. Stack Overflow erhält monatlich mehr als 26 Millionen Unique Visitors und hilft Entwicklern, Antworten auf jede Programmierfrage zu finden. Stack Overflow hat einen eigenen Bereich für Jobsuchende: Stack Overflow Careers. Stellensuchende legen Profile an, laden dort ihren Lebenslauf hoch und tauschen sich aus. Diese können Sie mit dem Sourcing Tool »Stack Overflow Talent« kostenpflichtig mit semantischer Suchtechnologie durchsuchen.
   - **Github (Coders)**
     GitHub ist ein webbasierter Git-Repository-Hosting-Service. Das heißt, dort wird gemeinsam programmiert oder entwickelt oder über Programmierthemen disku-

tiert und zusammengearbeitet. Über 4 Millionen Menschen nutzen es, um sich über ihr Know-how auszutauschen und zusammenzuarbeiten oder sich gegenseitig zu helfen. GitHub ist einer der weltweit größten Code-Hosts, die das Teilen von Codes vereinfachen. Damit ist es aber nur eine Plattform, auf der man Talente identifizieren kann, wenn man sich auf die Ebene der Codes einlässt. Direktansprachen von Sourcern sind ausdrücklich unerwünscht. Dies ist aber nicht problematisch, da die gutausgefüllten Profile dort sehr häufig Links zu anderen Social Networks, eigenen Blogs oder anderen Kommunikationsmöglichkeiten aufzeigen.

2. **Creative Networks**
   - **Behance**
   Die große Plattform Behance gehört zur Adobe Gruppe – dort kann man sich und seine kreativen Arbeiten präsentieren. Designer aller Bereiche haben dort Profile erstellt, um mit Kunden in Kontakt zu kommen. Auch Sourcer können leicht auf der Plattform suchen und finden – und ansprechen, da das Netzwerk einen eigenen Messenger hat. Es ist sogar eine eigene Suchfunktion vorhanden, um Profile zu finden.
   - **Dribbble**
   Dribble wurde bereits 2009 gegründet und hat das Ziel, nicht allein fertige Werke zu präsentieren, sondern auch die Frage zu beantworten: »Woran arbeiten Sie?« Es ist also auch wie Instagram ein soziales Bildernetzwerk. Derzeit sind 10 Millionen Menschen auf dieser Plattform aktiv und suchen visuelle Inspiration oder nach ihrem nächsten Projekt bzw. einen neuen Job. Es ist eine eigene Suchfunktion mit verschiedenen Suchfeldern vorhanden, um Profile zu finden.

3. **Event-Management-Plattformen**
   - **Eventbrite**
   Eventbrite ist eine Website, auf der Nutzer Veranstaltungen nach Kategorie und Standort hosten, bewerben und durchsuchen können. Mit Eventbrite können Sie Events suchen und finden, bei denen Sie wahrscheinlich Kandidaten finden, die an Jobs interessiert sind.
   - **Meetup**
   Meetup.com ist ein Mischnetzwerk zwischen Veranstaltungsorganisation und Themenaustausch. Es werden viele Fachgruppen gegründet, die dann Treffen, Meetings, Konferenzen in der realen Welt organisieren und dort über die Themen, aber auch online, diskutieren. Dazu müssen die User Profile anlegen, die immer öffentlich sind. So kann man interessante Kontakte und damit Talente finden oder Fachgruppen beitreten. In Deutschland erfreut sich Meetup steigender Beliebtheit.

Sie finden darüber hinaus:
1. **Netzwerke für Mediziner,** zum Beispiel Doximity oder Sermo
2. **Netzwerke für Wissenschaftler,** zum Beispiel AmScientist oder ResearchGate

3. **Netzwerke für Juristen,** zum Beispiel LawPivot, RocketLawyer, Avvo
4. **Netzwerke für Einkauf und Materialwesen:** Procurious – Procurement & Supply Chain Professional Network
5. **Netzwerke für Marketingexperten** wie zum Beispiel Shocase

3.1.6 Die Spezial- und Fachforen

Es gibt zu allen Themenbereichen Fachforen. Foren oder besser Diskussionsforen sind virtuelle Plätze für den Austausch. Google hilft beim Finden. Die großen Internetforen findet man in einer Liste in Wikipedia[51].

Da die Forenbetreiber in den meisten Bundesländern für Inhalte haftbar sind, gibt es für die Mitgliedschaft in diesen Foren in Deutschland sehr klare und enge Regelungen der Dos und Don'ts. Dort ist meist festgelegt, dass eine direkte Ansprache nicht gewünscht oder nicht erlaubt ist. Außerdem gibt es viele Foren, die einen privaten Charakter haben. In diesen Foren ist schon die Recherche nicht erlaubt und deshalb nicht empfehlenswert. Lesen Sie als Erstes die Regelungen der Foren und halten Sie diese unbedingt ein. Sie sollten sich, um Talente zu identifizieren, auf die Fachforen stützen, die viele oder die meisten Beiträge auch öffentlich stellen. Alternativ können Sie sich auf die öffentlichen Beiträge der Foren stützen, also die Beiträge, die man ohne Anmeldung sieht. Dann sind Sie auf der sicheren Seite.

Ein gutes Beispiel ist das Frage- und Antwort-Forum Quora[52], in dem Sie sogar selbst eine Frage stellen können, um mit entsprechenden Experten in Kontakt zu kommen. Einige Sourcing-Kollegen aus den USA nützen Quora auf diese Art und Weise. Die User haben Profile und können sie mit Social-Media-Portalen verlinken. Die Ansprache ist im Zweifel über Social Media besser.

3.1.7 Die Company Search mit Zielfirmenlisten

Personalberatungen erstellen für die Direktansprache sogenannte Zielfirmenlisten, die aus den Wettbewerbern oder auch weiteren Unternehmen der gleichen Branche bestehen oder aus Unternehmen, die Mitarbeiter mit der gleichen Funktion haben, die man besetzen möchte. Dort werden dann die Abteilungen identifiziert, wo diese Mitarbeiter arbeiten beziehungsweise diese Mitarbeiter selbst. Im ersten Schritt wird also diese Zielfirmenliste oder auch Targetliste erstellt.

---

51 https://en.wikipedia.org/wiki/List_of_Internet_forums.
52 https://www.quora.com/.

Man kann dies auf mehrere Arten durchführen:
1. Suche in Business Directories/Firmenverzeichnissen wie Creditreform
2. Suche in Fachverzeichnissen wie zum Beispiel »Wer liefert was?«
3. Googeln
4. Firmensuchen in Social Media
5. Angaben des Kunden

Bitte beachten Sie in diesem Fall, dass Sie mit Ihrem Fachbereich oder Kunden parallel eine NoGo-Liste erstellen und dort die Unternehmen aufführen, die verbunden sind, wie z. B. Tochterunternehmen oder Partner-, Lieferanten oder Dienstleister, um diese aus dem Prozess zu nehmen.

Im nächsten Schritt identifizieren Sie Personen, die bei der Firma arbeiten, und möglicherweise entweder tatsächlich bereits Talente sind, Kollegen sein konnten oder Empfehler bzw. Informanten werden könnten. Wichtig ist auch herauszufinden, wie Abteilungsbezeichnungen sind oder an welchen Standorten die richtigen Talente arbeiten.

Sie können dazu direkt in Social Media suchen oder Googeln oder eine professionelle X-Ray-Suche auf der Website der Unternehmen durchführen.

3.1.8 Das Web und Google

Sie können im Web nicht nur weitere Netzwerke oder Plattformen finden, auf denen Menschen Lebensläufe hochgeladen haben, sondern auch direkt nach Lebensläufen suchen. Viele haben heute eine Website oder einen Blog und dort im Bereich »Über mich« oder »About me« mit »Mein Profil« Informationen über sich hochgeladen, die es möglich machen, sie als Talente zu identifizieren.

Sie können direkt nach Lebensläufen in Pdf Format suchen, zum Beispiel mit dem folgenden String:

```
Lebenslauf filetype:pdf Keyword1 Keyword2 Keyword3
```

oder nach Verzeichnissen:

```
intitle:"employee directory" "software development"
```

Die Möglichkeiten sind breit – mehr Informationen über das professionelle Googeln von Talenten finden Sie in Kapitel 3.3.5.

3.2 Wie Sie passende Keywords mit System suchen und finden

Die Keyword-Suchmaschinen haben es Sourcern einfach gemacht: Man gab den Jobtitel, ein paar Skills und den Ort in unterschiedlichen Varianten in die Suchanfrage, zum Beispiel bei XING, ein und bekam passende Profile angezeigt. Doch die wesentlichen Suchen der für das Sourcing interessanten Portale, Websites und Datenbanken wurden bereits vor einiger Zeit auf semantische Technologien umgestellt. Diese haben viele Vorteile, unter anderem, dass man mit ihnen leichter passive Talente finden und identifizieren kann sowie dass sie Suchbegriffe interpretieren und damit die Suchintention des Sourcers »verstehen« können. Ein deutlicher Nachteil ist aber, dass diese heutigen Semantischen Suchmaschinen nicht mehr nach einzelnen Keywords, sondern nur nach Keyword-Kombinationen suchen. Dabei führen sie in der Regel in unterschiedlicher Stärke eine Autokorrektur durch und berechnen anschließend entsprechend der Suchbegriffs-Suchbefehlskombinationen, welche Ergebnisse in ihrem Index ähnlich der Begriffs-Befehls-Kette der Suchanfrage sind.

Da sowohl die Autokorrektur als auch die Berechnung auf Basis der eingegebenen Keyword-Booleschen-Befehls-Verbindungen geschieht, ist jeder einzelne Begriff in dieser Suchkette wichtig. (siehe Kapitel 2.5.3).

> **Praxistipp**
>
> Durch die starke Interpretation sind die Begriffskombinationen in der Mehrheit der Suchanfragen wichtiger als ihre Verbindungen durch die Booleschen Befehle. Gleichzeitig ist es durch das lernende System des semantischen Algorithmus zentral, in welcher Reihenfolge man nicht nur die Suchbegriffe in der Suchkette setzt, sondern auch der genaue Ablauf der einzelnen Suchanfragen, der vom Sourcer faktisch eine Vorbereitung und Regie erfordert.

Jeder Sourcer muss deshalb vor seinen einzelnen Suchanfragen planen und prüfen, welche Keywords er einsetzt und mit welchen weiteren Keywords er diese kombiniert. Deshalb müssen nicht nur die Reihenfolge der Suchbegriffe geplant, sondern zusätzlich die Schreibweisen und deren jeweiliger Einsatz in den Suchfeldern einbezogen werden. Da dies zusätzlich für jede Suchmaschine unterschiedlich ist, erfordert es einen klugen Plan und ein praktisches Konzept und ebenso eine bedachte Umsetzung.

3.2.1 Was sind die richtigen Keywords?

Das englische Wort Keyword sollte man im Sinne des Talent Sourcings besser mit Suchbegriff bzw. Suchbegriffe als mit Schlüsselbegriff[53] oder Suchwort übersetzen. Denn es hat im Englischen nicht nur die Bedeutung, dass es sich um ein Wort handelt, sondern es bedeutet gleichzeitig auch eine Wortfolge oder Wort- bzw. Zeichengruppe wie zum Beispiel »Senior B2C Sales Manager« oder »Digital Transformation Consultant« oder »Senior Human Resources Business Partner«.

In der Theorie kann eine Semantische Suchmaschine zu jedem Suchbegriff ähnliche Suchbegriffe finden – dafür wurde sie geschrieben. Ebenso versprechen uns die Anbieter der Suchmaschinen, dass sie dies auch im Fall der Begriffskombinationen können. Eine Semantische Suchmaschine kann in der Theorie sogar Rechtschreibfehler korrigieren und weibliche Jobtitel finden.

Nachfolgend finden Sie eine Aufstellung der theoretisch möglichen Schreibweisen eines Suchbegriffs:
- Originalwort(e)
- Weibliche Form(en)
- Englische Schreibweisen
- Umdrehen der Wortgruppen
- Rechtschreibfehler der deutschen Versionen
- Rechtschreibfehler der englischen Versionen
- Fachtitel, offizielle Abschlüsse
- Denglisch[54]
- Spezialausbildungen/Branchen oder Berufe
- Weitere Sprachen (Schweiz)
- Trunkieren (in der Programmierung Einsatz von Platzhalterzeichen wie z. B. * oder ~)
- Wortende (Abkürzungen am Ende eines Wortes z. B. Demo anstatt Demonstration)

Soweit zur Theorie – nun zur Praxis: Leider reagieren die Suchmaschinen auf die unterschiedlichen Keywords nicht gleich. Es gibt nur dann erfolgreiche Suchanfragen, wenn Sie wissen, welche Keywords welche Reaktion einer Suchmaschine auslösen.

Da Semantische Suchmaschinen unterschiedlich programmiert sind und jeweils anders lernen, bleiben auch deren Ergebnisse nicht gleich, sondern verändern sich. Deshalb ist es wichtig, genau zu wissen, welche Keyword-Kombination man wie und

---

53 Wikipedia, 2018; https://de.wikipedia.org/wiki/Schl%C3%BCsselwort.
54 Wikipedia, Denglisch, 2018; https://de.wikipedia.org/wiki/Denglisch.

wo eingibt. Auch ist es möglich, dass ein Algorithmus einen Suchbegriff oder eine Suchbegriffskombination nicht erkennt und deshalb nicht oder schlecht verarbeitet.

Deshalb sollten Sie immer zuerst die Wirkung jedes einzelnen Suchbegriffs auf die jeweilige Suchmaschine überprüfen. Eine große Hilfe ist, den Begriff, den Sie einsetzen möchten, in verschiedenen Variationen vorher genau in den Feldern zu »testen«, in denen Sie diese anwenden möchten. Und erst dann sollten Sie Ihre Keyword-Auswahl treffen. Die jeweiligen semantischen Algorithmen helfen Ihnen dabei (mehr dazu auch in Kapitel 2.5).

> **PRAXISBEISPIEL**
>
> Sie suchen einen **Linuxadministrator**. Der Titel Ihres Jobs lautet auch so, also sollten Sie zum Beispiel, wenn Sie in XING suchen wollen, zuerst XINGs Algorithmus befragen, wie er diesen Titel berechnet und potenzielle Kandidaten findet. In der Theorie müsste nun die Semantische Suchmaschine nicht nur Linuxadministratoren finden, sondern auch Profile mit »Linux-Administrator« und »Linux Admins« und »Linux Administrator«.
> Die Ergebnisliste der Erweiterten Suche zeigt zuerst die Ergebnisse an, die aus ihrer Errechnung am häufigsten verwendet werden und gleichzeitig eine besonders »ähnliche« Bedeutung haben. Die Erweiterte Suche bei XING wird bei maximal 10.000+ Treffer gedeckelt – bei einem so häufigen Jobtitel hätte man erwarten können, dass die Trefferliste auch maximal lang ist und diese 10.000+ erreicht. Doch die Ausgabeliste zeigt nur 220 Treffer an. Und es ist deutlich erkennbar, dass der Algorithmus nur ähnliche Ergebnisse anzeigt und nicht die gleichen. In unserem Beispiel ist es das Keyword **Linux-Administrator** (also nicht in einem Wort geschrieben, sondern in einer Wortkombination verbunden mit einem Bindestrich).

3.2 Wie Sie passende Keywords mit System suchen und finden

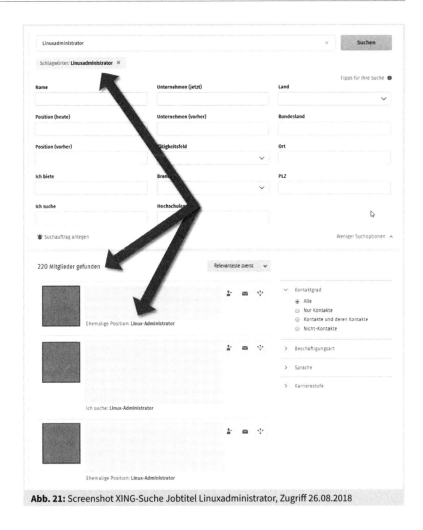

Abb. 21: Screenshot XING-Suche Jobtitel Linuxadministrator, Zugriff 26.08.2018

Die Ursache liegt in der Arbeitsweise eines semantischen Suchalgorithmus. Dieser ist so programmiert, dass er Sie korrigiert und Ihnen damit »hilft« (zum Beispiel, wenn Sie sich vertippen). Sie kennen das, wenn Google Sie fragt: »Meinten Sie?«, und Optionen und damit seine Hilfe anbietet. Hier tritt die Aufgabe des Algorithmus zutage, die Intention des Suchenden zu verstehen und dabei zu lernen, nach was er bei dieser Frage klickt.

3 Das Know-how eines professionellen Sourcers

Der Unterschied zwischen Google und dem XING-Algorithmus ist, dass XINGs Bot zwar analog eine Frage stellt, aber ohne direkt »Meinten Sie?« anzuzeigen. Er korrigiert Ihre Anfrage und zeigt Ihnen das bessere Keyword, von dem er weiß, dass Sie bessere und mehr Suchergebnisse erhalten werden: Linux-Administrator (mit Bindestrich).

In dem Beispiel »Linux-Administrator« wertet der Suchalgorithmus auch, welches die häufigste Schreibweise anderer Suchen ist und schlägt Ihnen diese vor, da er gelernt hat, dass hier viel mehr Ergebnisse angezeigt werden. Wenn Sie Ihre Ergebnisliste überprüfen, sehen Sie, dass er Ihnen einen besseren Vorschlag macht. Wenn Sie diesem entsprechen, dann erhalten Sie deutlich mehr Ergebnisse:

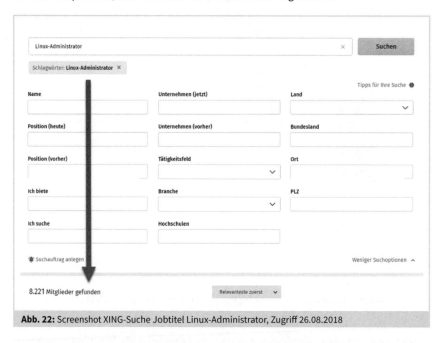

Abb. 22: Screenshot XING-Suche Jobtitel Linux-Administrator, Zugriff 26.08.2018

Alle semantischen Algorithmen arbeiten beziehungsweise »lernen« auf der Basis von Begriffshierarchien. Die Programmierer bringen ihnen bei, Keywords zu klassifizieren und diese in Gruppen zusammenzufassen. Der Fachbegriff in der Semantik für Klassifizierungen lautet Taxonomien[55]. Man kann diese Taxonomien auch vereinfacht als »Suchbegriffsfamilien« oder »Keyword-Klassifizierungen« bezeichnen.

Diese haben Hierarchien und je höher ein Suchbegriff in dieser Keyword-Familie steht, umso mehr Ergebnisse werden angezeigt. Der XING-Algorithmus zeigt in unserem Praxisbeispiel aus Abbildung 11 Verbesserungsvorschläge an, indem er Beispiele mit

---

55 Wikipedia – Taxonomien, 2018; https://de.wikipedia.org/wiki/Taxonomie.

dem nächsthöheren Begriff vorschlägt, anstatt dem User diesen Begriff mit der bekannten Frage »Meinen Sie?« hervorzuheben.

Allerdings ist es so, dass sich Suchanfragen mit Keyword-Kombinationen einer Keyword-Familie sowohl mit Begriffen der gleichen Wortfamilie als auch mit anderen Begriffen in der Ergebnisanzeige nicht linear verhalten. Das heißt, der semantische Algorithmus addiert nur in Ausnahmen das Ergebnis jedes einzelnen Keywords mit einem anderen Keyword, auch dann nicht, wenn es in der gleichen Gruppe höher steht.

So sollten Sie die erste Suche mit dem Suchbegriff »Linuxadministrator« nicht verwerfen oder ignorieren, nur weil weniger Ergebnisse angezeigt wurden. Es könnten Ihnen auf diese Art gute Talente entgehen.

> **PRAXISBEISPIEL**
>
> Das heißt, dass die Lösung nicht automatisch die Kombination des Begriffs »Linuxadministrator« mit dem erfolgreicheren Keyword »Linux-Administrator« ist. Zwar erhoffen sich viele Sourcer durch die Kombination, dass sie so die Semantischen Suchmaschinen dazu bringen, die beste Kombination der beiden Begriffe anzuzeigen:

Linux-Administrator OR Linuxadministrator

Das ist aber eine Denkweise aus der Keyword Suche: Ein weiterer Begriff zwingt keine Semantische Suche zurück in die Keyword Suche und kombiniert das Ergebnis beziehungsweise die Ergebnisanzeige:

3 Das Know-how eines professionellen Sourcers

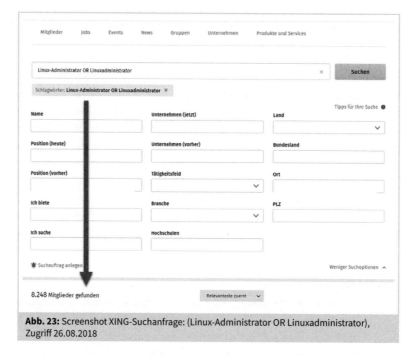

Abb. 23: Screenshot XING-Suchanfrage: (Linux-Administrator OR Linuxadministrator), Zugriff 26.08.2018

Wäre der XING-Algorithmus eine Keyword-Suchmaschine, müsste die Suchmaschine linear die Trefferzahlen addieren und die Summe der Ergebnisse beträgt:

8221 Mitglieder (»Linux-Administrator Suche«)   +
220 Mitglieder (»Linuxadministrator Suche«)   =
8441 Mitglieder

Das ist aber nicht der Fall, sondern die Trefferliste zeigt 8.248 Mitglieder an. Auf diese Weise kann es sein, dass Ihnen möglicherweise die Differenz von mehr als 200 guten Talenten entgeht, wenn Sie die Keywords zwar einzeln getestet – aber nicht deren Zusammenwirken überprüft haben.

> **Praxistipp**
> 1. Prüfen Sie nicht nur Ihre einzelnen Keywords, sondern auch deren Kombinationen.
> 2. Wählen Sie Keywords, die die höchste Wahrscheinlichkeit haben, nicht nur auf der Website bzw. in einem Profil aufzutauchen, sondern auch durch den jeweiligen Crawler indexiert zu werden.
> 3. Die Semantik der Suche und Anzeige bevorzugt Websites, die den gesuchten Begriff in mehreren ähnlichen Formen, also aus einer Wortfamilie, beinhaltet (zum Beispiel nicht nur Java, sondern auch JEE und J2EE).

4. Überprüfen Sie nicht nur die einzelnen Suchbegriffe in jeder Suchmaschine und in der Suchmaschine in jedem Feld, das Sie nützen wollen, sondern auch jede Ihrer Kombinationen genau. Notieren Sie sich die Zahlen der Trefferliste und prüfen Sie die Muster der Reaktionen der jeweiligen Suchmaschine.
5. Aus diesem Grund sollten Sie niemals alle möglichen Schreibweisen eines einzelnen Keywords hintereinander direkt eingeben, sondern jede weitere Version testen. Sie werden überrascht sein, wie viel mehr verschiedene Kandidaten Sie so finden werden.

3.2.2 Die besondere Rolle von Synonymen und anderen Schreibweisen

Viele erklären Sourcern das Suchen mit semantischen Algorithmen so, dass sie dem Algorithmus möglichst viele verschiedene Schreibweisen eines Suchbegriffs anbieten müssen, damit dieser auch Informationen von Talenten findet, die ähnliche Begriffskombinationen enthalten. Sie schreiben Suchketten mit intuitiv aneinandergereihten Variationen eines Keywords, wie zum Beispiel die Schreibweisen für einen »Projekt Manager«

> (Projektleiter OR Projektmanager OR "Projekt Leiter" OR Projectleiter OR "Project Leiter" OR "Project Manager" OR Projectmanager OR Projektmanagerin OR "Projekt-Manager" OR "Projekt-Leiter" OR "Project Lead")

Dieses Anwenden von Suchketten mit vielen Synonymen aller möglichen Schreibweisen ist nicht hilfreich. Denn eine lange Suchanfrage mit theoretisch möglichen Synonymen, die nur intuitiv kombiniert wurden, bleibt im experimentellen Stadium und führt nur zufällig zu guten Ergebnissen.

Wie bereits in Kapitel 2.5.3 über Semantische Suchmaschinen ausgeführt, ist diese Vorgehensweise – zuerst alle theoretisch möglichen Schreibweisen zu suchen und diese dann in einer Suchanfrage aneinanderzureihen – sogar kontraproduktiv und sehr ineffizient, da man dem semantischen Algorithmus keine klare Anweisung gibt, was er tun soll, und die Ergebnisanzeige dem Zufall überlässt.

Fakt ist: Die Zahl der Ergebnisse steigt nicht automatisch mit jedem weiteren Suchbegriff, den der Sourcer in eine Suchmaschine eingibt (das wäre linear gedacht). Somit nimmt auch die angezeigte Trefferqualität nicht linear zu. Und ebenso wird mit mehr Suchworten nicht automatisch die Qualität der Ergebnisse präziser.

Praxistipp
Im Gegenteil: Jeder weitere Begriff in einer Anfrage potenziert die Interpretation der Suchmaschine und führt damit immer weiter weg vom gewünschten Ergebnis.

3   Das Know-how eines professionellen Sourcers

Das Ergebnis ist im Fall einer Suche mit langen Suchketten an Synonymen meist eine Trefferliste mit nur ähnlichen Ergebnissen. Es wird dann schwer bis unmöglich, darin die passenden Talente zu erkennen oder zu identifizieren, denn man kann sie meist nicht mehr herausfiltern. Ein zusätzliches Problem ist, dass Sie die Hindernisse und Einschränkungen der jeweiligen Suchmaschinen (mehr dazu in Kapitel 5.5) bei solchen Ergebnislisten nicht mehr erkennen und so Ihre Suchanfrage nicht korrigieren oder verbessern können.

> **Praxistipp**
>
> Je komplexer die Suchstrings, umso höher ist die Interpretation des Algorithmus. Deshalb zeigt der Algorithmus sehr häufig bei einer komplexen Suche eine Ergebnisliste, die weit am Thema vorbeiführt – mit entweder zu vielen oder zu wenigen passenden Talenten.

Da man die Autokorrektur selten ausschalten kann, macht es immer Sinn, das Lernsystem der Semantik aktiv zu nützen. Um einer Semantischen Suchmaschine beizubringen, welche Suchintention man hat, ist es wichtig, ihr eine kluge Auswahl von wenigen, verschiedenen Suchbegriffen anzubieten, sie zur Interpretation anzuregen, aber diese noch unter Kontrolle zu halten und durch engverwandte Begriffe einzuengen.

> **Praxistipp**
>
> Es geht folglich in der Vorbereitung des Sourcing-Prozesses darum, die besten Suchbegriffskombinationen für jede einzelne Suchmaschine zu finden. Das heißt, die Kombinationen, die die meisten passenden Talent-Profile oder -Informationen anzeigen.

3.2.3   Die richtigen Keyword-Kombinationen in der Praxis

Bevor Sie eine Suchanfrage schreiben, empfehlen wir Ihnen nicht nur, die einzelnen Keywords in den Suchmaschinen zu testen, die Sie benützen wollen, sondern in einem zweiten und getrennten Schritt auch die wichtigsten Suchbegriffskombinationen. Nur so können Sie, wenn Sie mit dem Identifizieren der für Sie passenden Talente starten, in den Suchergebnissen erkennen, ob die Suchanfrage in die richtige Richtung geht. Oder ob Sie Anpassungen vornehmen müssen, weil zum Beispiel die Suchmaschine nicht wie gewünscht auf Ihren Suchbegriff reagiert.

> **PRAXISBEISPIEL**
>
> Im Folgenden suchen wir einen Entwicklungsingenieur Wasserstrahlschneidetechnik. Der Suchbegriff »Wasserstrahlschneidetechnik« ist eine große Herausforderung für jeden semantischen Algorithmus, also auch für XINGs und in LinkedIns Suchmaschinen, denn beide Algorithmen reagieren nicht sehr gut auf deutsche sogenannte Longtail-Keywords

3.2 Wie Sie passende Keywords mit System suchen und finden

(der deutsche Fachbegriff wäre »Komposita«, d. h., Worte, die aus mehreren Worten zusammengesetzt werden[56]).

XING findet mit diesem Begriff nur 15 Mitglieder. In diesem Fall ist LinkedIns Semantik besser, aber kommt ebenso an ihre Grenzen und zeigt auch durch ihre Frage, dass sie Verständnisprobleme hat: »Meinten Sie ›wasserstrahl schneider technik‹? Gibt man diese angebotene Suchbegriffskombination in LinkedIn wieder ein, nach der LinkedIn fragt, findet XINGs Suchalgorithmus ein einziges Mitglied mit dieser Begriffskombination.

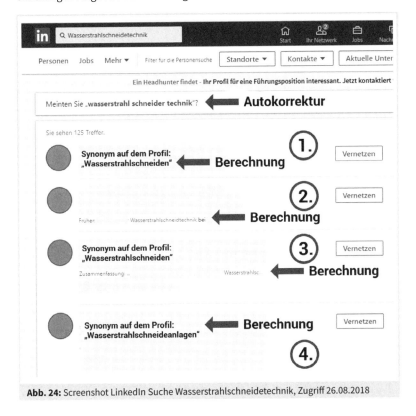

Abb. 24: Screenshot LinkedIn Suche Wasserstrahlschneidetechnik, Zugriff 26.08.2018

Ist man nun in den Business-Netzwerken limitiert, kann oft Google weiterhelfen, indem man dort nach den öffentlichen Profilen sucht. (Diese Vorgehensweise wird in den folgenden Kapiteln 3.6.3 und 3.7 ausführlich beschrieben). Aber bevor man eine Google-Suche durchführt, sollte man ebenso dort die Wirkung eines Suchbegriffs bzw. einer Keyword-Kombination prüfen:

---

56 Deutsch als Fremdsprache, Zusammengesetzte deutsche Nomen: Die Komposita, 2018; https://www.deutsch-als-fremdsprache-lernen.de/deutsche-substantive-zusammengesetzte-nomen-komposita/.

3 Das Know-how eines professionellen Sourcers

Abb. 25: Screenshot Google.de-Suche Definition Wasserstrahlschneidetechnik, Zugriff 26.08.2018

Es ist deutlich erkennbar, dass auch Google dieses Longtail-Keyword nicht richtig einordnen kann und bereits nach vier Ergebnissen mit der Autokorrektur startet. In der Konsequenz findet der Google-Algorithmus mit diesem Suchbegriff sogar weniger Profile, als man in LinkedIn findet:

3.2 Wie Sie passende Keywords mit System suchen und finden

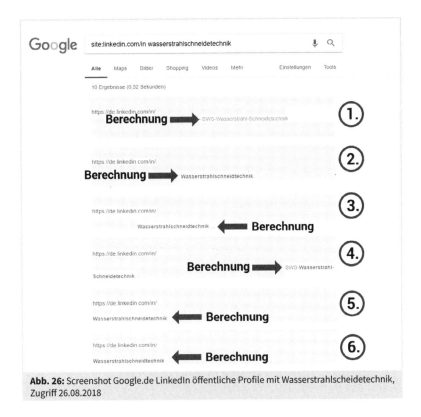

Abb. 26: Screenshot Google.de LinkedIn öffentliche Profile mit Wasserstrahlscheidetechnik, Zugriff 26.08.2018

Spätestens an diesem Punkt ist erkennbar, dass man andere Keywords als Basissuchbegriff in allen Suchmaschinen einsetzen muss. In unserem Fall sind das die Begriffe Wasserstrahlschneiden und die englische Version »Waterjet Cutting«.

(Wasserstrahlschneiden OR "Waterjet Cutting")

In XING erhalten Sie damit 545 Ergebnisse, in LinkedIn 2411 Ergebnisse. Ergänzen Sie jetzt den Begriff Wasserstrahlschneidetechnik,

(Wasserstrahlschneiden OR "Waterjet Cutting" OR Wasserstrahlschneidetechnik)

erhalten Sie in XING 552 Profile (also anstatt 15 nur 7 Profile mehr, es werden dementsprechend einige Profile nicht angezeigt, dazu wird aber die Anzeige neu sortiert) und in LinkedIn erhalten Sie nicht 125 Profile mehr, sondern mit 2497 angezeigten Profilen fehlen 39 Treffer von denen, die Sie erhalten haben, als Sie ausschließlich nach dem Wort Wasserstrahlschneidetechnik gesucht haben.

> **Praxistipp**
>
> Führen Sie besonders bei Fachbegriffen eine detaillierte Keyword-Analyse durch und notieren Sie sich bei jedem Schritt nicht nur die Zahl der Ergebnisse, sondern auch die Qualität und Reaktion der Suchmaschine auf jede der Testläufe. So vermeiden Sie Wiederholungen sowie Fehler, werden effizienter und erkennen die Reaktionsmuster der Suchmaschinen auf Ihre Fachbegriffe. Diese Muster wiederholen sich und helfen Ihnen bei anderen Suchen.

3.2.4 Die systematische und effiziente Umsetzung

Die richtigen Suchbegriffskombinationen einer Suchanfrage sind nicht nur Synonyme, sondern auch alle »ähnlichen« Schreibweisen. Die »Ähnlichkeit« bestimmt die Semantik der jeweiligen Suchmaschinen. Sie wird durch die Interpretation bzw. Berechnung und Autokorrektur der Keywords und Keyword Kombinationen definiert,

- die die Suchmaschine sowohl erkennt
- als auch lernen kann,
- beziehungsweise die sie auch zuvor indexiert hat und
- die folglich tatsächlich auf den zu durchsuchenden Websites oder Profilen existieren.

Zur Erinnerung: Man kann nur das finden, was auch auf den Profilen und gleichzeitig im Index der Suchmaschine steht (siehe Kapitel 2.5.1).

Wie in Kapitel 3.2.1 beschrieben, möchte ich hier nochmals auf die besondere Effizienzsteigerung hinweisen, alle Schreibweisen erst einzeln und dann in Kombinationen zu testen, bevor man sie in eine Suchanfrage übernimmt. Wenn man eine Stelle sourct, die einen Jobtitel mit sehr vielen möglichen Schreibvarianten hat, empfehle ich Ihnen, sich zuerst Gedanken über alle alternativen Ausdrücke des Suchbegriffes zu machen und diese zu notieren. Im nächsten Schritt sollten Sie diese Begriffe einzeln testen und dies Ergebnisse aufschreiben. Sie werden schnell sehen, dass viele Variationen nur wenige oder keine passenden Talente bringen. Dies sollten Sie sich ebenso notieren – am besten mit der Zahl der Ergebnisse und dem Vermerk, welche Qualität diese haben.

Auch Profis führen die Tests für die unterschiedlichen Schreibweisen nicht zufällig durch, sondern setzen sie systematisch zusammen. Denn auch wenn sie analoge Suchbegriffskombinationen so oft durchgeführt haben, dass sie sogar die Hierarchie und Klassifizierung der passenden und damit möglichen Begriffe kennen und ihnen auch deren Verhaltensmuster in der jeweiligen Suchmaschine bewusst ist: Ein Profi rechnet mit disruptiven Veränderungen der Algorithmen und braucht deswegen Vergleiche.

3.2 Wie Sie passende Keywords mit System suchen und finden

Es gibt zwei systematische und pragmatische Vorgehensweisen, die richtigen Suchbegriffe und Suchbegriffskombinationen zu finden, um damit von einem Experimentieren wegzukommen:

- **Über Candidate Personas die besten Suchbegriffe finden:**
  Man überprüft die Profile von passenden Talenten, zum Beispiel von Kollegen des zukünftigen Stelleninhabers, von Bewerbern oder Mitarbeitern von Wettbewerbern, erstellt in diesem Rahmen eine Candidate Persona (Kapitel 4.4) und macht sich eine Aufstellung der wichtigsten Suchbegriffe, die man dann in den jeweiligen Suchmaschinen testet. Diese Aufstellung speichert man ab und kann sie so bei nachfolgenden Suchen wiederverwenden.

  Diese Vorgehensweise macht dann Sinn, wenn man vergleichbare Stelleninhaber oder Personen aus dem Wettbewerb kennt, die auch online sind, sodass man sie leicht finden und die Profile prüfen kann:

PRAXISBEISPIEL

Sie suchen immer wieder Softwareingenieure mit der Spezialisierung Automatisierungstechnik. Dann sollten Sie jeden Test auch entsprechend der Plattform, in der Sie suchen, speichern, damit Sie ihn immer wieder verwenden können. Sie prüfen, um die besten Keywords zu finden, wie die Kollegen des zukünftigen Stelleninhabers, die den gleichen Job machen, ihre Profile ausfüllen. Ebenso prüfen Sie die Online-Profile der Mitarbeiter der Wettbewerber oder Bewerber, die eine passende Position innehaben. Das könnte dann zum Beispiel so aussehen (die Zahl der Ergebnistreffer steht in Klammern vor dem Keyword).[57]

```
Test / Unterschiedliche Reaktion auf Keywords:

(5001)    Softwareingenieur
(10.000+) Software Ingenieur
(10.000+) Software Engineer

(10.000+) Automatisierungstechnik
(10.000+) Automatisierung

(245)  Softwareingenieur Automatisierungstechnik
(2030) Software Ingenieur Automatisierungstechnik
(2780) Software Engineer Automatisierungstechnik
(4174) Software Engineer Automatisierung
```

Der Vorteil der Suche über Candidate Persona ist, dass man nicht so viele Keywords überprüfen muss. Das sieht man an diesen Trefferzahlen des Beispiels, das ein Auszug aus einem realen Projekt ist. Sie zeigen eindeutig, auf welche

---

[57] Sie können in Ihren Ergebnissen leichte Abweichungen vom nachfolgenden Beispiel haben, dieser Test wurde am 10.02.2019 durchgeführt.

Suchbegriffskombination der Sourcer sich in XINGs Erweiterter Suche zuerst konzentrieren sollte: Die beste Version für den Start der Suche ist die englischsprachige Keyword-Kombination »Software Engineer Automatisierung«. Dabei sollte man aber nicht vergessen, dass alle anderen Versionen unter Umständen nicht nur gute, sondern andere Ergebnisse anzeigen können und im nachfolgenden Schritt auch eine Prüfung wert sind.

- **Direkt über Synonyme und ähnliche Keywords die besten Suchbegriffe finden:**
Wenn man keine Candidate Persona erstellen kann, weil keine vergleichbaren Stelleninhaber online sind (neu erschaffene Funktionen) oder so viele gleiche Personen online (Funktionen mit geringer Spezialisierung) oder viele gleiche Profile (zum Beispiel bei Hochschulabsolventen), macht es Sinn, zuerst den Schwerpunkt auf die wichtigsten zentralen Fachbegriffe zu legen und diese einzeln in den jeweiligen Suchmaschinen zu testen und zu prüfen, welche Suchbegriffe diese findet und anzeigt. Entsprechend sollte man danach im zweiten Schritt die gleichen Tests mit Begriffskombinationen durchführen. Da Suchmaschinen logische Systeme sind, reagieren sie immer im gleichen Muster. Das Ergebnis sollte man sich aufschreiben und als Template speichern. So muss man diese Vorbereitung nur einmal machen und kann sie immer wieder verwenden (siehe Kapitel 7.2 Der Effizienz-Turbo – Ihre Sourcing Bibliothek).

> PRAXISBEISPIEL
>
> Sie suchen einen Senior Ingenieur Fertigungstechnik. Bevor Sie alle Bachelor- und Master-Versionen und Schreibweisen durchtesten, macht es Sinn, sich zuerst auf die User mit Diplomabschlüssen zu konzentrieren. Denn die Wahrscheinlichkeit ist hoch, dass diese eine Berufserfahrung von 7 oder mehr Jahren haben. Auch im nachfolgenden Beispiel[58] ist die Anzahl der Profile in der Ergebnisliste in Klammern dargestellt:

---

58 Sie können in Ihren Ergebnissen leichte Abweichungen vom nachfolgenden Beispiel haben – dieser Test wurde sowohl im Sommer 2018 als zuletzt am 10.02.2019 durchgeführt, Abweichungen und Besonderheiten habe ich in jedem Test vermerkt. Finden Sie keinen Vermerk, hat sich nichts geändert.

```
Test / Unterschiedliche Reaktion auf Keywords:

Erweiterte Suche XING:

(10.000+) Diplomingenieur
(10.000+) Diplomingenieurin --> zeigt auch häufig diese Schreibweise: Diplom-Ingenieur oder Diplom-Ingenieurin, keine andere Sortierung 1. Seite, danach ja
(10.000+) Diplomingenieur* --> wieder Ankündigung, dass die Boolesche Befehle bald nicht mehr wirken, dennoch werden + 10.000 Kontakte mit zuerst Kontakte
             1. Grades, mit anderer Sortierung, dann "ich suche: Diplom-Ingenieure von Recruitern" werden angezeigt, auch viele Frauen

(10.000+) Diplom-Ingenieur --> andere Sortierung, zeigt auch Diplom Ingenieur
(10.000+) Diplom-Ingenieurin --> gleiches Ergebnis wie „Diplom-Ingenieurin"- Frauen
(10.000+) Diplom-Ingenieur* --> wieder Ankündigung, dass die Boolesche Befehle bald nicht mehr wirken, dennoch werden + 10.000 Kontakte in neue Sortierung
             angezeigt und auch viele Profile von Frauen

(10.000+) Diplom Ingenieur --> zeigt vor allem Diplom-Ingenieur, auch Ingenieur, Diplom-Ingenieurin
(10.000+) Diplom Ingenieurin --> gleiche Sortierung auf den ersten Seiten
(10.000+) Diplom Ingenieur* --> wieder Ankündigung, dass die Boolesche Befehle bald nicht mehr wirken, dennoch werden + 10.000 Kontakte mit zuerst Anzeige
             der Kontakte 1. Grades (Ingenieurleistungen, Ingenieurbüro etc.) aufgelistet

(10.000+) Dipl.-Ing. --> findet mit und ohne Bindestrich
(10.000+) Dipl. Ing. --> alle Schreibweisen, mit und ohne Bindestrich, auch Dipl.-Wirt.-Ing. sowie anfangs gleiche Sortierung, ab ca. Seite 7 nicht mehr
             (Stichprobenprüfung)

(2217)    Diplom-Ing
(10.000+) Diplom Ing (vgl. (533) "Diplom Ing")
(10.000+) Dipl Ing (vgl. (10.000+) "Dipl Ing", mit und ohne Bindestrich)
--------------------------------------------------
Anwendung mit dem zweiten Keyword Fertigungssteuerung:

(67)  Diplomingenieur Fertigungssteuerung
(17)  Diplomingenieurin Fertigungssteuerung (davon 3 Frauen)
(64)  Diplomingenieur* Fertigungssteuerung (davon 5 Frauen)

(84)  "Diplom-Ingenieur" Fertigungssteuerung -->andere Sortierung
(20)  "Diplom-Ingenieurin" Fertigungssteuerung --> davon nur 4 Frauen (keine Änderung seit Sommer 2018)
(90)  "Diplom-Ingenieur*" Fertigungssteuerung --> wieder Ankündigung, dass die Boolesche Befehle bald nicht mehr wirken, dennoch werden 90 Profile angezeigt,
             davon 6 weibliche

(99)  Diplom Ingenieur Fertigungssteuerung --> wenig Änderung seit Sommer 2018, damals insgesamt leichte Abweichung auf 97 Profile
(40)  Diplom Ingenieurin Fertigungssteuerung (davon 5 Frauen) --> (identisch wie im Sommer 2018)
(99)  Diplom Ingenieur* Fertigungssteuerung --> wieder Ankündigung, dass die Boolesche Befehle bald nicht mehr wirken, dennoch werden 99 Profile angezeigt,
             davon 6 Frauen (Bitte beachten: bei diesem Test waren es im Sommer 2018 128 Profile und darunter 7 Frauen
             - also kaum ein Unterschied zum Algorithmus Update)

(516) Dipl.-Ing. Fertigungssteuerung -->(gleichgeblieben seit Sommer 2018)
(10.000+) Dipl. Ing. Fertigungssteuerung (Anzeige ist schon im Einzelkeyword-Test ungewöhnlich anders als die restlichen Trefferlisten gewesen)
(6)   Diplom-Ing Fertigungssteuerung --> gleichgeblieben seit Sommer 2018
(75)  Diplom Ing Fertigungssteuerung --> Sommer 2018 waren es 60 Profile
(699) Dipl Ing Fertigungssteuerung --> Sommer 2018 waren es 580 Profile
```

Auch in diesem Beispiel ist deutlich zu sehen, dass eine effiziente Suche am besten mit der Suchbegriffskombination »Dipl. Ing. Fertigungssteuerung« fortgeführt werden sollte. Es ist aufwendiger, da mehr Begriffe geprüft werden müssen, deshalb ist es schwerer, die besten Schreibweisen zu erkennen, auf die ein Algorithmus gut reagiert. Sobald man das Muster in der Reaktion und Anzeige erkennt, spart man Zeit. Und kann nachfolgend in allen Anwendungen und Suchen die Suchmaschine gezielt steuern, Probleme erkennen und vermeiden sowie später den Sucherfolg wiederholen.

3.3 Die Verbindung von Suchbegriffen: die Booleschen Befehle

Die Boolesche Suche oder auch Boolesche Algebra ist für die Personal-Sourcing-Methode eigentlich ein etwas irreführender Name. Der Brite **George Boole** (1816-1864) ist der Begründer der mathematischen Logik durch seine Schrift über die **Boolesche Algebra**.[59] Diese erlangte Berühmtheit als **binäre Schaltalgebra** und besagt, dass Eingangssignale und Ausgangssignale in einer ganz bestimmten Logik zusammenhängen. Binär bezeichnet, dass diese Eingangs- und Ausgangssignale nur zwei Werte haben können: 0 (kein Signal) oder 1 (Signal vorhanden). Die Grundverknüpfung aller Schaltungen basiert auf deren Verknüpfungen – genannt **Boolesche Operatoren**. (In der Binären Suche heißen alle Befehle Operatoren.)

---

59 Wikipedia, Boolesche Algebra, 2018; https://de.wikipedia.org/wiki/Boolesche_Algebra.

3 Das Know-how eines professionellen Sourcers

Diese Vorgehensweise wurde für das Talent Sourcing übernommen. Diese Suchkommandos, die Keywords zur Eingabe in die Suchmasken verbinden, werden **Boolesche Befehle** genannt. Die Anwendung von Booleschen Befehlen in Kombination mit Suchbegriffen für die Suchmaske wird **Boolesche Suche** genannt. Als Eigennamen werden Boolesche Suche (englisch: Boolean) wie auch Boolesche Befehle großgeschrieben. Es gibt im Talent Sourcing drei Gruppen von Booleschen Befehlen:

- die Booleschen Operatoren,
- die Booleschen Modifikatoren,
- die Booleschen Feldkommandos.

Der Sourcer hat beim Einsatz dieser Booleschen Befehle das Ziel, seine Keywords zu Suchketten zusammenzusetzen und zu verbinden, um eine gezielte Suchanfrage zu stellen. Ziel dieser Suchanfrage ist, nach Eingabe dieser Suchketten (auch Suchstrings genannt) in verschiedene Suchmaschinen oder Suchfelder einer Suchmaschine die entsprechend gesuchten Informationen über mögliche talentierte Kandidaten zu erhalten.

Es gibt mehrere hundert verschiedene Boolesche Suchbefehle. Um im Sourcing bzw. Recruiting erfolgreich Talente zu finden, reichen für die Grundlagen und für Anfänger die zentralen 9 Booleschen Befehle aus. In diesem Buch werden Ihnen aber darüber hinaus noch weitere Boolesche Befehle vorgestellt und erklärt.

ARBEITSHILFE ONLINE
- Auf Arbeitshilfen online finden Sie die 9 wichtigsten Booleschen Befehle zusammengefasst in einer Liste.

Mit der Kombination von Keywords mit Booleschen Befehlen wird folglich die Programmierung oder besser Umprogrammierung eines Algorithmus vorgenommen.

Ein Computer braucht eine exakte Anweisung, welche Art von Verknüpfung er zwischen den Wörtern eines Lebenslaufs oder Stellenprofils oder z. B. zwischen Titeln und Autor vornehmen soll.

3.3 Die Verbindung von Suchbegriffen: die Booleschen Befehle

Befehl	Einsatz	Anwendung	Beispiel
OPERATOREN			
AND oder Leerzeichen	Kombiniert Suchbegriffe	Keyword1 Keyword2	Key Account
OR	Alternative Kombination von Suchbegriffen	Keyword1 OR Keyword2	Java OR JEE
NOT oder Minuszeichen	Suchbegriffe ausschließen	-Keyword	-Manager
MODIFIKATOREN			
" "	Phrasen (mehrere Begriffe) oder Zeichenfolge innerhalb der Anführungszeichen in dieser Folge suchen	"Keyword1 Keyword2"	"Senior Manager"
*	Trunkieren: Autovervollständigung oder Ersatz für ein Suchbegriff	Keyword*	Manager*
( )	Gruppierung von Suchbegriffen mit einem OR (es sind mehrere Keywords möglich) – Ausnahme: Bing – hier funktioniert nur AND	(Keyword1 OR Keyword2)	(München OR Freising)

© Intercessio.de

Abb. 27: Die wichtigsten Booleschen Operatoren und Modifikatoren

Praxistipp

Jede Suchmaschine bzw. jeder Algorithmus wurde unterschiedlich geschrieben, sogar mit unterschiedlichen Programmiersprachen. Dadurch hat auch jede dieser Suchmaschinen eine eigene Interpretation sowohl der Keywords als auch der Booleschen Befehle bzw. der Wirkung der Booleschen Befehle auf die Keywords. Kurz: Suchanfragen können nur in Ausnahmefällen und bei genauer Kenntnis dieser unterschiedlichen Funktionsweisen von einer Suchmaske in die nächste kopiert werden.

3.3.1 Die Booleschen Operatoren

Es gibt ca. 10 sogenannte Boolesche Operatoren, die Grundbefehle für Suchmaschinen. Wir konzentrieren uns auf die drei wichtigsten:

3.3.1.1 AND = Verbindung von Ergebnissen (Verbindung zweier Keywords)

Die Verknüpfung AND zwischen zwei Suchbegriffen ermöglicht dem Sourcer, diese Begriffe in die Suche einzufügen, und verbindet so z. B. Skills, Titel, Orte oder auch Know-how, nach dem gesucht wird. Allerdings sucht der Algorithmus nur nach den Suchbegriffen, die man verbindet. Er sucht nach Informationen, die sowohl den ersten als auch den zweiten Begriff enthalten.

Deshalb wird AND auch der zentrale *Filterungs-Operator* genannt. Für das Sourcing bedeutet das: Wird der Befehl AND eingesetzt, dann konzentriert sich die Suche *nur* auf die Talente, die alle Anforderungen der Suche erfüllen. Je mehr AND, umso genauer sucht die Suchmaschine, aber umso weniger Ergebnisse hat man. Der AND-Operator

ist somit maßgeblich entscheidend für die Präzision Ihres Suchergebnisses – er führt somit Ihre Suche an und zum gewünschten Ziel.
- SCHREIBWEISE

*Der Befehl **AND** wird immer in Großbuchstaben und mit einem Leerzeichen zwischen dem Suchbegriff vor dem AND und einem Leerzeichen danach vor dem zweiten Suchbegriff geschrieben. Er kann theoretisch auch als **+** dargestellt werden.*

*Beide Schreibweisen wurden in den letzten Jahren für die meisten aktuellen Suchmaschinen abgeschafft. Dafür lesen derzeit alle aktuellen Suchmaschinen ein **Leerzeichen** zwischen zwei Suchbegriffen (wie zum Beispiel bei »Key Account«) als ein AND und wenden es direkt an. In LinkedIns und XINGS Erweiterter Suche wurde Ende 2018 das AND abgeschafft.*

Deshalb funktioniert auch das einfache Googeln nach zum Beispiel:

> **Job Vollzeit Kfz-Mechaniker München**

mit einer Aneinanderreihung von Begriffen ohne einen weiteren Befehl.

> **!** **Praxistipp**
>
> Schreiben Sie am besten Ihre Suchanfragen anstatt mit einem **AND** mit einem **Leerzeichen** zwischen den Suchbegriffen. So stellen Sie sicher, dass alle Suchmaschinen diese Verbindung korrekt verarbeiten und richtig interpretieren.

Technisch entspricht allerdings der Boolesche Befehl AND in seiner Wirkung einer Schnittmenge:

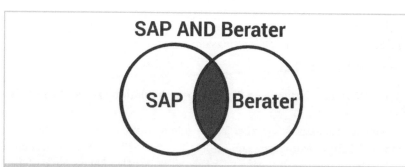

Abb. 28: Darstellung der Wirkung des Booleschen Befehls AND

In der Abbildung wird durch die graue Fläche gezeigt, welche Ergebnisse Sie bei einer Anfrage von

> **SAP Berater**

angezeigt bekommen. Sie erhalten ausschließlich Informationen bzw. Kandidaten sowohl mit dem Begriff Berater als auch mit dem Begriff SAP – also die Begriffskombinationen.

Das AND erteilt der Suchmaschine die Anweisung, gezielt nur nach den passenden Profilen oder Informationen zu suchen, die beide Begriffe, die durch das AND verbunden sind, enthalten soll.

> **PRAXISBEISPIEL**
>
> Wir suchen nach einem Einkäufer mit Mechatronik-Kenntnissen, der einen Ingenieur-Studienabschluss besitzt und bei BMW arbeitet:
>
> **Einkäufer Mechatronik Ingenieur BMW**
>
> Sie beauftragen die Suchmaschine folglich, nur Talente auszugeben, die alle Anforderungen erfüllen.

Praxistipp
- Wenn Sie zu viele Suchergebnisse haben, die nicht mit Ihrem Suchziel übereinstimmen, dann hilft ein AND, die Suche zu limitieren beziehungsweise zu spezifizieren.
- Je mehr ANDs in Ihrer Suchabfrage auftauchen, je weniger Ergebnisse, das heißt Kandidaten, bekommen Sie. Die AND-Befehle limitieren also Ihre Suche. Denn sie fokussieren die Suche auf die auf Ihre Suchanfrage passenderen Talente.
- Aber richtig gemacht haben Sie, je mehr ANDs in Ihrer Suche sind, nur die passenden Kandidaten in der Ergebnisliste. Denn so zielen Sie genau auf die richtigen Talente.

3.3.1.2 OR = Erweiterung von Ergebnissen (Erweiterung jeweils um ein Keyword mehr)

Der Befehl OR zwischen zwei Suchbegriffen hat zwei Wirkungen: Er erweitert die Kandidatensuche um mehr Kandidaten – und er sucht je nach Suchbegriffsverbindung auch nach ähnlichen Kandidaten.

OR ist deshalb der zentrale *Verarbeitungs-Operator*. **Kurz:** Der OR-Befehl gibt Alternativen an, die synonym in der Suche verwendet werden können.
- SCHREIBWEISE:
  Der Befehl **OR** *wird immer mit einem Leerzeichen zwischen dem Suchbegriff vor dem OR und einem Leerzeichen danach vor dem zweiten Suchbegriff geschrieben. Die Suchmaschine kann ihn nur verstehen und verarbeiten, wenn er in Großbuchstaben geschrieben*

3   Das Know-how eines professionellen Sourcers

ist. Er kann theoretisch auch als | (genannt Pipe) geschrieben werden. Allerdings wirkt die Pipe nur in Google und nicht in XING und Bing und schlecht in LinkedIn.

> **Praxistipp**
>
> Schreiben Sie am besten alle Ihre Suchanfragen immer mit dem in Großbuchstaben beschriebenen **OR** in der beschriebenen Art und Weise. So stellen Sie sicher, dass alle Suchmaschinen diese Verbindung korrekt verarbeiten und richtig interpretieren.
>
> Wichtig in der Praxis ist zu wissen, dass XING im Dezember 2018 das OR faktisch in der Erweiterten Suche abgeschafft hat. Es funktioniert nicht mehr im zentralen Suchfeld. Hier haben Sie keinerlei Ergebnisse mehr. Aber in einigen der Filterungssuchfelder wie »Ich suche« oder »Vorherige Position« erhalten Sie einige wenige Ergebnisse, wenn Sie maximal 1 bis 2 OR-Befehle eingeben.
>
> LinkedIn hat den Einsatz der OR-Befehle in der Erweiterten Suche (das ist die Suchmaske des kostenlosen und des Business Accounts) im November 2018 eingeschränkt. Sie können nun nur noch Suchanfragen mit maximal fünf OR-Befehlen schreiben. Bei mehr OR-Befehlen erhalten Sie einen weißen Bildschirm.

PRAXISBEISPIEL

Diese Eingabe kann für die Suche nach einem Kandidaten genutzt werden, der Kenntnisse in der Programmiersprache Java oder speziell für die Vermittlungssoftware Java Enterprise Edition (JEE) besitzt.

```
Java OR JEE
```

Der Befehl OR wird gern benützt, um mehr Kandidaten zur Auswahl zu erhalten, und ist dort, wo es wenige Kandidaten gibt, eine Erweiterungsmöglichkeit. Bei Suchen mit vielen möglichen Kandidaten ist der Einsatz von OR allerdings sehr problematisch, da viel zu viele nur ähnliche und ungefähre Ergebnisse erscheinen können. Aus diesem Grund sollte man diesen Operator sehr bewusst und vorsichtig zurückhaltend einsetzen.

Abb. 29: Darstellung der Wirkung des Booleschen Befehls OR

3.3 Die Verbindung von Suchbegriffen: die Booleschen Befehle

In der Abbildung wird durch die graue Fläche gezeigt, welche Ergebnisse Sie bei einer Anfrage von

> **SAP OR Berater**

angezeigt bekommen. Das ist die Summe aller Möglichkeiten, folglich

- Informationen bzw. Kandidaten allgemein mit dem Begriff SAP und
- Informationen bzw. Kandidaten allgemein mit dem Begriff Berater **und**
- Informationen bzw. Kandidaten sowohl mit dem Begriff Berater als auch mit dem Begriff SAP.

Es ist erkennbar, dass Sie durch den Operator OR wie ein deutsches »und« weitere Möglichkeiten verbinden und so das Ziel einer Erweiterung erreichen. Das OR funktioniert also nicht wie das »oder« in der deutschen Sprache. Zur Versinnbildlichung: Wir erwarten, wenn wir in einem Restaurant einen Teller Suppe bestellen oder eine Schüssel Salat, dass die Bedienung eines von beiden bringt. Im »Booleschen Restaurant« erhalten Sie dann aber:

- einen Teller Suppe **und**
- eine Schüssel Salat **und**
- einen Mix von beiden: eine »SchüsselTeller SalatSuppe«

Dieser Mix wird umso unpräziser und faktisch irrelevanter bezogen auf die Ergebnisse, je mehr OR man eingibt. Dies kann man dann nicht mehr durch andere Boolesche Befehle korrigieren.

PRAXISBEISPIEL

Wir suchen nach Kandidaten, die im Großraum München wohnen. Sie beauftragen die Suchmaschine, folglich nur Talente auszugeben, die im Umkreis von München wohnen (Umkreissuche), indem Sie München durch alternative Orte ergänzen.

> **München OR Starnberg OR Dachau OR Freising OR Eching**

Praxistipp

- OR wird immer großgeschrieben – bei Kleinschreibung funktioniert der Befehl nicht, da die Suchmaschine ihn nicht als Befehl erkennt.
- Wenn Ihre Suche viel zu wenige Ergebnisse anzeigt, dann hilft der OR-Befehl, die Suche zu erweitern und mehr Ergebnisse anzuzeigen bzw. mehr Ergebnisse passend zu Ihrer Suche zu finden.

3   Das Know-how eines professionellen Sourcers

- Je mehr ORs Sie in Ihrer Suchabfrage einsetzen, je mehr Ergebnisse, das heißt, Kandidaten bekommen Sie. Aber umso unpräziser wird Ihre Suche.
- Wenn Sie allerdings ausschließlich oder nur einige »falsche« Keywords und damit für die Suchmaschine unverständliche Keywords kombinieren, beauftragen Sie die Semantische Suchmaschine, nur ähnliche Kandidaten für diese falschen Keywords zu suchen. Das heißt, die Suchmaschine kann Ihre Suchintention so nicht »verstehen«. Sie wird sich in ihrer Ergebnisanzeige an diesen Keywords orientieren und sich somit weiter von Ihrem Ziel entfernen.

Es gibt zusammenfassend die Sourcing-Faustregel: Je mehr Suchbegriffe mit OR verbunden werden, je weiter entfernen Sie sich von Ihrem Suchziel und umso unpräziser werden Ihre Suchergebnisse.

3.3.1.3   NOT = Ausschluss von Ergebnissen (Verbindung zweier Keywords)

Der Operator NOT (korrekt müsste es sogar AND NOT heißen) zwischen zwei Suchbegriffen schließt ungewollte Ergebnisse aus der Ergebnisliste aus.

Der Befehl NOT ist der zentrale Korrektur-Operator. NOT wird eingesetzt, um bestimmte Personen oder Personen mit bestimmten Eigenschaften oder Personen mit bestimmten Eigenschaften aus bestimmten Orten nicht anzuzeigen. Der NOT-Operator kann so dort wirken, wo das AND alleine nicht hilft, und Ergebnisse um nicht gewünschte Anzeigen bereinigen.

- SCHREIBWEISE:
  Der Befehl **NOT** wird immer mit einem Leerzeichen vor dem NOT sowie zwischen dem weiteren Suchbegriff und dem NOT geschrieben. Die Suchmaschine kann ihn nur verstehen und verarbeiten, wenn er in Großbuchstaben geschrieben ist. Man kann den Befehl NOT in der Theorie auch als **Minuszeichen –** schreiben. Dieses sollte allerdings ohne Leerzeichen vor dem Suchwort geschrieben werden, das heißt, **direkt mit dem Suchwort verbunden** werden.

Wenn Sie nur Recruiter sehen wollen, die auf keinen Fall etwas mit Sourcing zu tun haben sollen, sieht dies für unser Beispiel so aus:

Recruiter NOT Sourcer NOT Sourcing

Sie können dies aber auch so in die Suchmaschine eingeben:

Recruiter -Sourcer -Sourcing

3.3 Die Verbindung von Suchbegriffen: die Booleschen Befehle

> **Praxistipp** !
>
> Schreiben Sie am besten alle Ihre Suchanfragen immer mit dem **Minuszeichen** – anstatt dem NOT. Google hat schon 2011 das NOT abgeschafft, ebenso Bing. In XING funktionierte das NOT schon lange (seit 2-3 Jahren) nicht mehr zuverlässig und auch in LinkedIn funktionierte das Minus oft sehr viel besser als das NOT.
>
> Bitte beachten Sie, dass trotz aller semantischen Interpretationen der NOT-Befehl (auch in der Schreibweise des Minuszeichens) immer ohne Interpretation dort, wo er wirkt und funktioniert, präzise mit genau diesem Suchbegriff durchgeführt wird. Aber es gibt Semantische Suchmaschinen, die den NOT- oder Minus-Befehl ignorieren. Denn im Fall des NOT-Befehls gibt es keine Ähnlichkeitsberechnungen.
>
> Allerdings gibt für den NOT- bzw. in Minuszeichen geschriebenen Befehl schlechte Nachrichten für die beiden Business-Netzwerke, da diese deren Nutzung verkomplizieren bzw. sogar abgeschafft haben:
>
> - In LinkedIn wurde das NOT im November 2018 abgeschafft und funktioniert nicht mehr. Obendrein müssen Sie, damit der Minusbefehl weiter funktioniert, den Minusbefehl in Klammern schreiben wie zum Beispiel: (-Recruiter).
> - In XING wurde der NOT-Befehl und der Minusbefehl faktisch in der Erweiterten Suche im Dezember 2018 abgeschafft. Geben Sie den NOT-Befehl ein, erhalten Sie keine Ergebnisanzeige, setzen Sie den Minusbefehl ein, wandelt die Suchmaschine diesen in ein AND um, aber limitiert die Ergebnisanzeige auf ein paar wenige Profilvorschläge. Sie sehen also nur noch genau die Ergebnisse, die Sie nicht sehen wollen – und davon nur eine Auswahl.

Das SAP-Berater-Beispiel sieht in der Darstellungsform der Schnittmengen folgendermaßen aus:

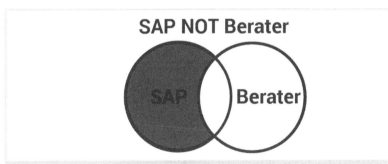

Abb. 30: Darstellung der Wirkung des Booleschen Befehls NOT

In der Abbildung wird durch die graue Fläche gezeigt, welche Ergebnisse Sie bei einer Anfrage von

SAP -Berater

angezeigt bekommen: Informationen bzw. Kandidaten allgemein nur mit dem Begriff SAP und nicht mit dem Begriff Berater.

Im Gegensatz zu den anderen beiden Booleschen Operatoren AND und OR macht der Boolesche Befehl NOT genau das, was das deutsche Wort »nicht« in der Sprache bewirkt: Es schließt das aus, was nach dem »nicht« kommt.

> **PRAXISBEISPIEL**
>
> Wir suchen in LinkedIn nach einem Einkäufer mit einem Ingenieurstudium und mit Mechatronik-Kenntnissen. Dieses Mal sollte er aber nicht bei Siemens arbeiten.

> **Einkäufer Mechatronik Ingenieur (-Siemens)**

Sie beauftragen die Erweiterte Suchmaschine von LinkedIn folglich, nur Talente auszugeben, die alle Anforderungen erfüllen, und filtern am Ende alle Personen aus, die bei Siemens arbeiten und dadurch nicht angezeigt werden.

> **Praxistipp**
>
> - Der Befehl NOT sollte als Korrektur immer am Ende einer Suchanfrage stehen. Es kann sein, dass man, wenn man NOT in der Mitte einer Suche schreibt, der Befehl wie ein Stoppwort und nicht wie ein Befehl wirkt.
> - Deshalb ist es besonders in Social-Media-Suchen zu empfehlen, NOT nicht in den einzelnen Suchfeldern der Suchmaske, sondern nur in der zentralen Suchmaske einzusetzen.

3.3.2 Die Booleschen Modifikatoren

Zusätzlich zu den Booleschen Operatoren gibt es die zweite Gruppe der Booleschen Befehle, die sogenannten Modifikatoren. Die meisten von ihnen können auch in Verbindung mit den Booleschen Operatoren verwendet werden. Umgekehrt bedeutet dies allerdings auch: Nicht alle Booleschen Modifikatoren sind mit allen Booleschen Operatoren (AND, OR, NOT) verträglich und wirksam.

In den Keyword-Suchmaschinen halfen die Booleschen Modifikatoren, die Suche leistungsfähiger und effizienter zu gestalten sowie zu präzisieren. Durch das Ziel der Semantischen Suchmaschinen, die Absicht der Suchenden zu erkennen und dadurch in der Umsetzung die Suchanfrage zu interpretieren, funktionieren fast alle Modifikatoren in den meisten Semantischen Suchmaschinen nicht mehr zuverlässig.

Einige Modifikatoren, wie zum Beispiel die Tilde ~, wurden offiziell kurz nach der Einführung der semantischen Suche abgeschafft.[60] Zusätzlich gibt es Modifikatoren, die in bestimmten Suchmaschinen nie eingeführt wurden, also auch nicht angewendet werden sollten. Deshalb sollte der Einsatz von Booleschen Modifikatoren genau überlegt und geplant werden, da oft die Wirkung nicht zuverlässig ist.

Es gibt ungefähr 20 verschiedene Modifikatoren – allerdings muss ein Sourcer, um erfolgreich zu arbeiten, nur die wichtigsten drei kennen (siehe Abbildung 17 Übersicht über die wichtigsten Booleschen Operatoren und Modifikatoren).

Da sich Semantische Suchmaschinen ständig weiterentwickeln und auch technischen Updates unterliegen, sind die nachfolgenden Informationen nur eine Momentaufnahme aus dem Januar 2019. Sie können sich jederzeit weiter verändern oder verändert werden. Es ist aber auch möglich, dass neue Befehle eingeführt werden oder alte wieder funktionieren. Diese Veränderungen werden nur in Ausnahmefällen von den Suchmaschinenbetreibern angekündigt. Deshalb ist meine Empfehlung, besonders die Booleschen Modifikatoren in Ihren Suchanfragen immer genau in ihrer Wirkung zu überprüfen.

3.3.2.1 Klammern ( ) = Gruppierungsbefehl

Klammern ermöglichen es dem Sourcer, Suchbegriffe in Gruppen zu organisieren und so nach verschiedenen Begriffen, Schreibweisen und Kriterien suchen können. Mithilfe der Klammern als Gruppierungsbefehl ist es möglich, strategisch zu planen und ganze Suchketten in Gruppen zu bilden. Allerdings muss der Recruiter genau überlegen, wie und zu welchen Gruppen er kombiniert.
- SCHREIBWEISE:
  Die Klammern ( ) werden immer ohne ein Leerzeichen vor dem ersten Wort der Gruppe geschrieben und ebenso ohne Leerzeichen nach dem letzten Wort der Gruppe geschlossen. Die Suchmaschine kann sie nur verstehen und verarbeiten, wenn die Klammern vor und nach Gruppen mit Kombinationen des Operators OR stehen und auch geschlossen sind (einzige mir bekannte Ausnahme ist in LinkedIn das Minus).
  Eine Suchmaschine liest von links nach rechts und ignoriert jede Klammer, wenn innerhalb der Klammer ein AND-Befehl (oder Leerzeichen) oder ein NOT-Befehl (oder Minus) vorkommt (siehe oben: Ausnahme LinkedIn beim Minus).

---

60 Search Engine Watch, Google Kills Tilde Search Operator, 2013; https://searchenginewatch.com/sew/news/2277383/google-kills-tilde-search-operator.

3 Das Know-how eines professionellen Sourcers

> **PRAXISBEISPIEL**
>
> Wir suchen gezielt nach einem Senior Einkäufer mit Ingenieurstudium und Mechatronik-Know-how in LinkedIn

> Senior (Einkäufer OR Purchaser) (Ingenieur OR Engineer) Mechatronik

Sie beauftragen die Suchmaschine, folglich nur Talente auszugeben, die alle Anforderungen erfüllen.

> **! Praxistipp**
>
> - Vom Prinzip her gibt es keine Klammer in der Klammer (in der Booleschen Suche wird das »Nesting« genannt). Klammern kann man nur einfach einsetzen. Das heißt, innerhalb einer Gruppierung kann die Suchmaschine keine weitere Klammer lesen. Sie sollten allerdings wissen, dass LinkedIn und Google immer wieder das Nesting besonders bei den Minusbefehlen testen oder getestet haben. Bleiben Sie also hier wachsam.
> - Bitte achten Sie immer darauf, dass die Zwischenräume exakt geschrieben sind. Denn falls Sie ein Leerzeichen zu viel schreiben, wird die Suchmaschine ein AND annehmen. In diesem Fall löst sie die Klammern auf und stellt Ihren Suchstring infrage. Sie führt somit eine Autokorrektur der gesamten Suche durch und zeigt Ihnen sehr wahrscheinlich mehrheitlich ungewollte Ergebnisse an.
> - Achtung: Wie auch die OR's wurden die Klammern in XING im Dezember 2019 abgeschafft. Ebenso sollten Sie in Google umsichtig mit dem Einsatz von Klammern sein. Immer wieder experimentiert Google mit der vorübergehenden Abschaffung oder auch Einschränkung von OR-Gruppen in Klammern. Mal funktionieren sie alle nicht, mal können Sie nur eine OR-Gruppe in Klammern nützen. Zuletzt waren im Sommer 2018 für 2 Monate nur 2 OR-Klammer-Gruppen, dann wiederum im September 2018 plötzlich längere Strings mit mehreren Klammer-Gruppen möglich.

3.3.2.2 Anführungszeichen (Phrasensuche)

Die Anführungszeichen haben die Funktion, der Suchmaschine mitzuteilen, dass diese genau nach dem Inhalt zwischen den Anführungszeichen suchen soll. Die Anführungszeichen waren zentrale Befehle in der Keyword Suche, denn mithilfe der Anführungszeichen als Präzisionsbefehl kann die Suche nach speziellen Phrasen, besonderen Schreibweisen oder Wortkombinationen gezielt eingesetzt werden.

Das heißt, Anführungszeichen helfen, eine gezielte Suche durchzuführen. Mit den Anführungszeichen teilt man der Suchmaschine mit, dass man keine Interpretation des Ergebnisses wünscht, sondern exakt das, was man abgesendet hat.

Die gute Nachricht ist: Alle bisherigen Updates haben die Anführungszeichen bestehen lassen, das heißt, sie sind in XING, LinkedIn und auch in Google wirksam.

Allerdings darf man nicht davon ausgehen, dass eine Semantische Suchmaschine diesen Booleschen Befehl der Anführungszeichen immer exakt ausführt. In manchen Fällen arbeiten die Suchmaschinen die Anführungszeichen korrekt ab, in anderen Fällen werden sie komplett ignoriert. Deshalb sollte man dies überprüfen und auch die Schreibweisen mit und ohne Anführungszeichen testen.

- SCHREIBWEISE:
  Bitte beachten Sie, dass alle Suchmaschinen nur die gerade geschriebenen Anführungszeichen oben akzeptieren und erkennen: " ".

> **PRAXISBEISPIEL**
>
> Wir suchen in LinkedIn nach einem Senior HR Business Partner für die Pharmaindustrie in München

> **("Senior HR Business Partner" OR "Senior Human Resource Business Partner")**
> **Pharma München**

Gerade bei Begriffskombinationen wie zum Beispiel Funktionstiteln, die in unterschiedlichen Schreibweisen existieren, sind die Anführungszeichen die Hilfe, genau und präzise zu filtern oder zu finden.

> **Praxistipp**
>
> Wenn bei den für Sie guten Suchbegriffen für Ihre Suchen zum Beispiel Worte mit einem Bindestrich oder Abkürzungen dabei sind, sollten Sie diese besondere Schreibweise in Anführungszeichen setzen, wie z. B. auch mit oder ohne Punkt nach Dipl.-Ing. Theoretisch können Sie durch die Anführungszeichen auch nach ganzen Satzteilen oder Phrasen suchen, praktisch kommt es darauf an, ob Ihre Suchmaschine diesen Booleschen Befehl um Ihre Phrase korrekt abarbeitet.

3.3.2.3 Sternchen * = Streuungs- oder Autokorrekturbefehl

Das Sternchen, auch Asterisk (engl.) bzw. Wildcard genannt, hat je nach Programmierung der Suchmaschine eine unterschiedliche Wirkung, das heißt, sie sucht je nach Suchmaschine bzw. Portal anders. Es gibt drei verschiedene Wirkungsweisen:

- Entweder wirkt das Sternchen als **Platzhalter** eines anderen Zeichens bzw. einer Zeichenfolge oder
- es sucht nach **alternativen oder ähnlichen Schreibweisen** im Wort oder am Ende des Wortes (wird auch Trunkieren genannt)[61] oder
- es wirkt in Form einer **Autovervollständigung** des Begriffes.

Allerdings wirkt in allen Fällen der Befehl des Sternchens immer nur ungefähr und im Näherungsverfahren. Deshalb nennt man das Sternchen auch einen Näherungsbefehl.

- SCHREIBWEISE:
Setzt man das Sternchen als Platzhalter ein, sucht die Suchmaschine an dieser Stelle nach allen möglichen alternativen Buchstaben, Zeichen oder Ziffernfolgen. Diese Vorgehensweise funktioniert in Google. Es bittet faktisch Google zum Beispiel darum, nach einem Begriff zu suchen, den man vergessen hat oder nicht mehr genau kennt.

PRAXISBEISPIELE

Beispiel für Google: Sie suchen Vertriebsmitarbeiter, Ihr Wettbewerber hat seine Gebietsleiter alle so benannt, dass sie nach Regionen eingeteilt sind, wie z. B. Sales Manager Gebiet Norddeutschland, Sales Manager Gebiet Nord-Ost usw. Dann könnten Sie dies in der Suche so schreiben:

Sales Manager Gebiet *

Oder auch in Google sehr gut funktionierend: Wir suchen einen Behavior Analyst, der sich aber in US-englischer Schreibweise auch Behaviour Analyst schreiben kann:

behavi*r analyst

! Praxistipp
- Bei Keyword-Suchmaschinen hat die Suchmaschine mit einem Sternchen an einem Wortende nach allen Varianten mit diesem Wortstamm gesucht. Aber: Da alle Suchmaschinen seit 2011 keine Keyword-Suchmaschinen mehr sind, sondern Semantische Suchmaschinen (also auch die von XING, LinkedIn und Google), können Sie das Sternchen nicht (mehr) am Wortende gezielt einsetzen.
- Diese Vorgehensweise funktionierte bis in den Dezember 2018 in XING, wurde nun aber für die Erweiterte Suche im neuen Algorithmus abgeschafft. Gibt man den Stern ein,

---

61 Wikipedia, Wildcard, Informatik, 2018; https://de.wikipedia.org/wiki/Wildcard_(Informatik).

sehen Sie keine Ergebnisse mehr oder der Befehl wird ignoriert, aber dann die Suchergebniszahl stark limitiert.
- Bitte beachten Sie, dass das Sternchen nicht in LinkedIn wirkt (es hat noch nie in LinkedIn gewirkt).

3.3.3 Die Booleschen Feldkommandos

Die dritte und größte Gruppe der Befehle in der Booleschen Suche sind die sogenannten »Booleschen Feldkommandos«. Oft werden sie auch im Englischen und aus der Welt der Programmierung (in der die Booleschen Befehle auch eine große Rolle spielen) »Advanced Operators« genannt (englisch: fortgeschrittene Operatoren), was schon viele im Talent Sourcing verwirrt hat. Deshalb unterscheidet man im Talent Sourcing diese Gruppe der Feldkommandos. Sie sind sehr speziell und können entweder nur in Web-Suchmaschinen (Google, Bing usw.) oder in besonderen Datenbanken angewendet werden. Und nur in seltenen Ausnahmefällen kann man sie im Social Sourcing einsetzen – hier ist mir persönlich nur LinkedIn bekannt, wo man mehrere sehr spezielle Feldkommandos nützen kann. Da bisher noch wenige Sourcer in Google, Bing oder Ausnahmedatenbanken nach Talenten suchen, sind die Feldkommandos vielen nicht bekannt.

Auch sind die Anwendungsregeln dieser Befehle sehr viel komplexer. Die Wirkung der Feldkommandos ist abhängig von allen anderen Befehlen der Suchanfrage, aber auch von den passenden Suchbegriffen und bei einigen Feldkommandos sogar von den Suchbegriffskombinationen und der Reihenfolge der Booleschen Operatoren. Eine ganz hohe Zahl der Feldkommandos ist »anti-social« – das heißt, sie sind mit anderen Booleschen Befehlen nicht oder nur beschränkt wirksam. Das macht deren gezielten Einsatz auch für Fortgeschrittene manches Mal sehr trickreich und schwierig.

Einige Feldkommandos werden von den Websuchmaschinen exakt ausgeführt, andere Feldkommandos unterliegen der Autokorrektur. Es gibt auch Feldkommandos, die von der Semantik beeinflusst werden. In diesem Fall ändert sich trotz gleichem Einsatz der Suchbefehle die Suchergebnisanzeige immer wieder – was je nach Suche sogar ein Vorteil sein kann. Da die Hierarchie und die genauen Beziehungen unter den Operatoren niemandem bekannt ist und erkennbar auch immer mal wieder von den Programmierern der Suchmaschinen geändert wird, obliegt es dem Sourcer, deren Wirkung vor dem Sourcing zu prüfen.

In den nachfolgenden Abschnitten habe ich Ihnen die jeweils aktuellen Regeln und Erkenntnisse zusammengefasst und mit Beispielen belegt. Es kann aber sein, dass sich einige dieser Regeln schon wieder nach dem Druck des Buches geändert haben, daher ist auch hier eine vorherige Überprüfung unabdingbar.

3 Das Know-how eines professionellen Sourcers

ARBEITSHILFE ONLINE

Auf Arbeitshilfen online finden Sie nach Änderungen den jeweils aktuellen Stand.
- SCHREIBWEISE:
  Alle Feldkommandos
  - *werden immer in Kleinbuchstaben geschrieben,*
  - *haben am Ende des Befehls einen Doppelpunkt und*
  - *nach dem Doppelpunkt darf kein Leerzeichen stehen (bis auf die Kommandos, die mit allin beginnen).*
  - *Feldkommandos sollte man tendenziell an den Anfang oder in den Anfangsbereich einer Suchanfrage setzen. Doch auch von dieser Regel gibt es Ausnahmen, wie zum Beispiel das im Nachfolgenden beschriebene Feldkommando site:, das an jeder Position in einer Suchkette sogar unterschiedliche Ergebnisse bringen kann.*

In der Theorie und der Welt der Programmierung gibt es hunderte verschiedener Feldkommandos. Da auch Algorithmen immer nur für eine kleine Zahl Feldkommandos geschrieben wurden, muss sich kein Sourcer um alle möglichen Suchkommandos bemühen, sondern nur um diejenigen, die häufig vorkommen und in den Suchmaschinen, die er einsetzt, besonders hilfreich sind.

Faktisch nützen auch Profi-Sourcer meistens nur diese elf nachfolgenden Suchkommandos:

Feld-kommando	Einsatz	Anwendung	Beispiel
define:	Zeigt Erklärungen des eingegebenen Suchbegriffs an	define:Keyword	define:Linux
site:	Limitiert die Suche auf eine spezielle Domain oder Website	site:Domain oder site:Domain/Website	site:xing.com oder site:xing.com/jobs
related:	Zeigt andere Websites an, die ähnlich zur Suche sind	related:Domain	related:wikipedia.org
filetype:	Fokussiert die Suche auf einen speziellen Dateityp eines festgelegten Formates	filetype:Dateityp	filetype:pdf
inurl:	Limitiert die Ergebnisse auf Websites mit dem gesuchten Keyword in der URL-Adresse	inurl:Keyword	inurl:UX-Design
allinurl:	Zeigt Ergebnisse an, die die gesuchten Keywords in der URL haben (es sind mehrere Keywords möglich)	allinurl:Keyword1 Keyword2	allinurl:about me UX design
intitle:	Die Ergebnisse sind fokussiert auf die Website, die das gesuchten Keyword enthalten.	intitle:Keyword1	intitle:Lebenslauf
allintitle:	Die Ergebnisse sind fokussiert auf die Website, die die gesuchten Keywords enthalten (es sind mehrere Keywords möglich)	allintitle: Keyword1 Keyword2	allintitle: Lebenslauf Bauingenieur
intext:	Zeigt nur Ergebnisse an, die im Inhalt der Seite das entsprechende Keyword haben	intext:Keyword	intext:Recruiting
allintext:	Zeigt nur Ergebnisse an, die im Inhalt der Seite die entsprechenden Keywords haben (es sind mehrere Keywords möglich)	allintext: Keyword1 Keyword2	allintext: Social Recruiting Twitter
cache:	Zeigt die Version der Website aus dem Google Cache	cache:Domain	cache:sistrix.de

© intercessio.de

Abb. 31: Übersicht der 11 wichtigen Booleschen Feldkommandos

3.3 Die Verbindung von Suchbegriffen: die Booleschen Befehle

> **Praxistipp**
>
> Im Gegensatz zu allen sonstigen Operatoren, die korrekt geschrieben werden müssen, damit die Suchmaschine sie erkennt und befolgt, kann man die Feldkommandos, die mit allin anfangen, mit einem Leerzeichen zwischen dem Doppelpunkt und dem Beginn der Suchkette schreiben.
>
> Alle Feldkommandos mit allin am Anfang können nicht mit anderen Feldkommandos und auch nicht mit einem Modifikator verwendet werden (sie sind komplett anti-social). Sie erhalten dann in der Regel entweder keine Ergebnisse oder Google springt auf eine Sicherheitsabfrage und dann aus der Suche in eine Autokorrektur ohne sinnvolles Ergebnis.

3.3.3.1 define:

Das Feldkommando define: sucht nach einer Erklärung des Keywords bzw. für einen Begriff und ist eines meiner Lieblingsbefehle, denn es ist sehr vielfältig einsetzbar. Es funktioniert ausschließlich in Google. Zwar ist es auch so, dass Google ohne den Befehl define: für ein einzelnes Wort Erklärungen bringt, wenn man den Begriff eingibt. Aber wenn es sich um ein Keyword handelt, das in Googles Marketing und damit bei der Suchmaschinenoptimierung anderer eine Rolle spielt, dann werden Ihre Ergebnisse bei einer solchen Suche von besonders viel Werbung eingerahmt angezeigt. Der define: Befehl blendet zwar nicht immer alle Werbeanzeigen aus, aber es wird erkennbar weniger, oft findet sich sogar nur eine Anzeige.

define: gehört folglich zu den Befehlen, die Google sehr konsequent durchführt und als solchen Befehl auch akzeptiert. Aber wie auch mit anderen Feldkommandos ist es bei define: so, dass dieser Befehl mit keinem anderen Feldkommando oder Modifikator verwendet werden kann.

Ein weiterer Vorteil dieses Befehls ist, dass er hilft, aktuelle und tatsächlich benützte Keyword-Schreibweisen oder Synonyme und sogar Alternativen oder Verbindungen zu speziellen Wortfamilien zu finden. Die Ausgabe der Ergebnisliste bei Google hilft auch, die Funktionsweise von Google und die Reaktion auf einen Suchbegriff zu erkennen. Findet Google zum Beispiel zu Spezialbegriffen keine oder nur ganz wenige Erklärungen, kann man davon ausgehen, dass er auch Profile oder andere Websites mit dem gewünschten Wort entweder nicht indexiert und/oder nicht anzeigt.

> **PRAXISBEISPIEL**
>
> Wir suchen nach einem Entwicklungsingenieur Wasserstrahlschneidetechnik und kennen uns mit dieser Technologie noch nicht aus. Deshalb suchen wir nach Erklärungen. Gibt man nun

define:Wasserstrahlschneidetechnik

ein, dann sieht man: Google findet keine Erklärung für das Wort »Wasserstrahlschneidetechnik«, sondern zeigt einfach nur Websites mit diesem Wort an.

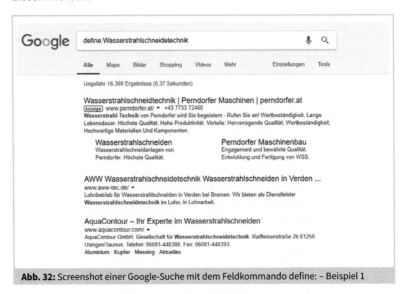

Abb. 32: Screenshot einer Google-Suche mit dem Feldkommando define: – Beispiel 1

Aber schon in der Anzeige findet man eine alternative Schreibweise, die eine Hilfe sein könnte: Wasserstrahl-Technik. Nützen wir diese Information, finden wir noch weitere Ergebnisse:

define:Wasserstrahl-Technik

Aber gleichzeitig verdeutlicht Google nun auch mit der Anzeige einer Karte (was Google nur dann macht, wenn es für viele User von Interesse ist), dass dieser Suchbegriff oder ähnliche Begriffe von sehr viel mehr Usern eingesetzt werden. In meinem Fall zeigt Google automatisch Unternehmen im Umkreis von Bonn:

3.3   Die Verbindung von Suchbegriffen: die Booleschen Befehle

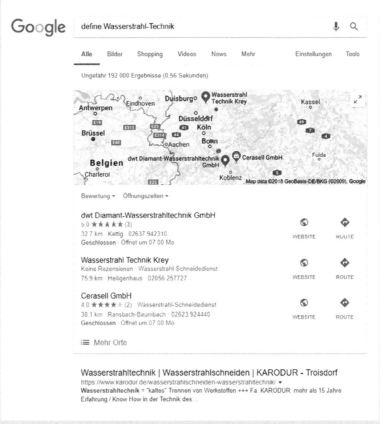

Abb. 33: Screenshot einer Google-Suche mit dem Feldkommando define: – Beispiel 2

Praxistipp

Es ist nicht sinnvoll, mit nur irgendwelchen alternativen Synonymen zu suchen, sondern viel besser, genau die Begriffe einzusetzen, die tatsächlich von Menschen genutzt werden, insbesondere aber diejenigen, die auch vom Google-Algorithmus verstanden wird. Deshalb empfehle ich Ihnen gezielt die Intelligenz des Google-Algorithmus zu nützen, um aktuelle Schreibweisen Ihrer Suchbegriffe zu finden. Sie steigern so die Wahrscheinlichkeit, dass die Suchmaschine Ihre Anfrage mit diesen Suchbegriffen richtig verarbeitet.
Gleichzeitig können Sie so eine höhere Sicherheit erhalten, dass Sie damit mehr Talente aus der Branche und die gesuchten Begriffe auf den Profilen oder Websites finden. Im Umkehrschluss bedeutet dies: Wenn Sie nach Keywords suchen, die eine Suchmaschine nicht indexiert hat, dann werden Sie auch keine passenden Suchergebnisse angezeigt bekommen. Daher finden Sie auch eher die Experten der Branche, wenn Sie wissen, wie deren spezielle Branchenfachsprache gesprochen beziehungsweise geschrieben wird.

3.3.3.2 site:

Unter den Feldkommandos nimmt der Befehl site: eine zentrale Position ein. Er zeigt nur Suchergebnisse einer bestimmten Website an und ist einer der wenigen Befehle, die der Web-Suchmaschine einen Auftrag erteilen und bei denen die Suchmaschine den Befehl auch genauso ausführt. Sie arbeitet aber nur diesen Befehl präzise ab und nicht automatisch alle folgenden Befehls-Keyword-Kombinationen der Suchanfrage. Deshalb kann man den Befehle site: auch gezielt an unterschiedlichen Stellen in der Suchanfrage in Google einbauen. Wenn man die Suchanfrage richtig schreibt und auf den site:-Befehl abstimmt, kann man die Suchmaschine sehr genau lenken. Dies macht dieses Feldkommando zwar kompliziert im Einsatz, aber so interessant für das Talent Sourcing.

> **Praxistipp**
>
> Man schreibt die Domain der zu durchsuchenden Website direkt (ohne Leerzeichen) nach dem site:-Befehl. Allerdings immer ohne die Prefixe (also ohne http:// oder https:// oder www).

Der site:-Befehl hat verschiedene Namen erhalten. Man nennt ihn auch X-Ray-Befehl oder Röntgenbefehl. Mit diesem Befehl können Sie faktisch eine Website mit Google oder Bing durchleuchten – vorausgesetzt, diese Website steht im Google- bzw. Bing-Verzeichnis und wurde indexiert. Fachlich korrekt formuliert sucht der Algorithmus nach Ergebnissen für Ihren String im jeweiligen Google- oder Bing-Index der Website.

Die Anwendung des site:-Kommandos kann auf verschiedene Arten durchgeführt werden – deshalb wird diese Vorgehensweise auch Röntgentechnik (englisch: X-Raying) genannt und ist eine eigene Sourcing-Methode. Sie kann in einer großen Zahl von verschiedenen Varianten durchgeführt werden, sodass es in den USA sogar Zwei-Tages-Workshops nur für dieses sogenannte »X-Ray-Training« gibt.

> **Praxistipp**
>
> Obwohl der site:-Befehl nicht in Social Media funktioniert, kommt ihm im Social Sourcing, also im Sourcing in und mit Social-Media-Portalen, eine besonders wichtige Rolle zu. Wenn man in den Portalen wie XING oder LinkedIn nicht mehr weiterkommt, ist oft Google mit dem site:-Befehl die Lösung, indem man nach öffentlichen Profilen sucht.

> PRAXISBEISPIEL
>
> Wir möchten XING von außen durchsuchen. Wenn wir die Röntgen-Technik für die ganze Website von XING anwenden, dann sieht das so aus:

3.3 Die Verbindung von Suchbegriffen: die Booleschen Befehle

```
site:xing.com
```

Aber wir werden in der Ergebnisanzeige alle öffentlichen Informationen finden, sowohl Stellenanzeigen, Posts, Gruppen, Events und auch Profile. Man muss diese ungewünschten Ergebnisse nun mühevoll herausfiltern. Wenn man also nur Profile sehen möchte, sollte man direkt das Unterverzeichnis durchsuchen, in dem die Profile stehen. Das heißt bei XING / profile.

```
site:xing.com/profile
```

Praxistipp
Die Anwendung des site:-Befehls ist legal. Denn Sie können nur die Profile finden und sehen, die von den Usern öffentlich gestellt wurden. Sie finden allerdings nur das, was XING oder LinkedIn von diesen öffentlichen Profilen **technisch** für Google zur Verfügung stellt und was von Google auch indexiert wurde.

Im Fall von LinkedIn, das großen Wert auf die Suchmaschinenoptimierung ihrer öffentlichen Profile in Google oder Bing legt, findet man meist deutlich bessere Informationen (Achtung: Derzeit sind das meist nicht automatisch mehr Ergebnisse, aber dafür bessere) als im Fall von XING. LinkedIn hat sogar bei der Einführung der neuen Profile 2017 im Januar angegeben, dass sie besonders für die Indexierung von Google vorbereitet wurden. Zwar gibt es keine Zahlen, aber Experten nehmen an, dass in LinkedIn deutlich mehr User ihre Profile öffentlich stellen als in XING.

XING hat im Sommer 2018 die Informationen, die aus den öffentlichen Profilen für Google zur Verfügung stehen, auf die Namen und Jobtitel und ein paar wenige Profilinformationen wie Ausbildung begrenzt. Unternehmen, Arbeitsort, Wohnort, detailliertere öffentliche Informationen, die als persönlich gesehen werden könnten, schützt XING, indem sie, wenn Sie das öffentliche Profil anklicken, nur kurz als Bild angezeigt werden. Sie verschwinden dann aber hinter einem grauen Bildschirm, woraufhin die Aufforderung auftaucht, dass Sie sich bei XING anmelden müssen, um mehr zu sehen. So denken viele, ihre Daten sind noch öffentlich, wenn sie nicht in XING angemeldet sind und auf ein öffentliches XING-Profil klicken. Doch diesen Inhalt eines Bildes liest Google nicht.

Faktisch finden Sie deshalb, wenn Sie mit Google nach XING-User-Skills suchen, immer mehr nur alte oder sogar veraltete Profilinformationen. Diese werden somit über die Zeit abnehmen, denn diese alten Informationen werden durch neue Indexierungen und damit durch aktuelle Informationen ersetzt werden. Für Suchmaschinen steht dann nichts Lesbares mehr außer dem Namen und dem Jobtitel zur Verfügung.

3 Das Know-how eines professionellen Sourcers

> **! Praxistipp**
>
> Der site:-Befehl verträgt sich auch mit anderen Feldkommandos. Aber man sollte ihn auf keinen Fall mit einem Feldkommando nützen, das ihn aufhebt, wie zum Beispiel die völlig falsche Schreibweise, die man leider immer wieder liest:
>
> ```
> site:xing.com/profile inurl:xing
> ```

3.3.3.3 related:

Dieses Feldkommando zeigt andere Websites an, die einer Website ähnlich sind. Sie können in einer Anfrage »related:« vor eine Web-URL setzen, um eine Liste der Websites zu erhalten, die Google bezogen auf den Aufbau und Content mit der von Ihnen gesuchten URL als ähnlich berechnet. Kurz: Dieser Operator findet Websites, die ähnlich der Website sind, die nach dem related:-Befehl steht.

> **PRAXISBEISPIEL**
>
> Wir suchen nach ähnlichen Websites wie Wikipedia:
>
> ```
> related:Wikipedia.org
> ```

> **! Praxistipp**
>
> - Allerdings lässt dieser Befehl keine weiteren Booleschen Befehle zu, nicht einmal die Grundoperatoren: das Leerzeichen (AND) und den Minusbefehl (NOT). Deshalb können Sie leider auch keine Websites in der Anzeige ausschließen.
> - Auch wenn die Auflistung zu diesem Befehle related: meist umfangreich ist und erstaunlich genau: Sie werden auf diese Weise nicht alle Websites finden, die ähnlich der bei der Suche eingegebenen Website sind.

3.3.3.4 filetype:

Mit dem Feldkommando filetype:, das nach Dateien eines bestimmten Dateityps sucht, kann man die Suche so eingrenzen, dass alle Dokumente der Anzeige das gewünschte Format haben und nicht Websites im HTML-Format wiedergegeben werden. Dazu benützt Google eine sehr spezielle Syntax, um Dateien eines speziellen Formates zu finden. Dies hat den Vorteil, dass der Befehl filetype: konsequent ohne Interpretation ausgeführt wird, wenn man ihn in den richtigen Zusammenhang setzt und korrekt schreibt. Beispielsweise haben Sie unterschiedliche Ergebnisse, wenn Sie nach filetype:htm oder filetype:html suchen, obwohl dies nur eine unterschiedliche Schreibweise für den gleichen Dateityp ist.

Man kann einerseits nach den von Google offiziell angegebenen, indexierten Dateitypen suchen. Google indexiert weit über 25 Dateitypen[62], wie zum Beispiel Adobe Portable Document Format (.pdf) oder sieben verschiedene Microsoft-Formate wie Microsoft Excel (.xls, .xlsx) oder Microsoft Word (.doc, .docx). Die Syntax verhält sich wie oben: Sie erhalten bei jedem Format unterschiedliche Ergebnisse. Andererseits kann man auch zum Beispiel nach sogenannten statischen Site Generatoren[63] suchen, wie zum Beispiel .asp oder .php.

> **PRAXISBEISPIEL**
>
> Wir suchen nach einem Einkäufer mit Mechatronik-Kenntnissen, der einen Ingenieurstudienabschluss besitzt und bei BMW arbeitet:
>
> **Lebenslauf filetype:pdf Ingenieur Mechatronik**
>
> Sie beauftragen die Suchmaschine folglich, nur Talente auszugeben, die alle Anforderungen erfüllen.

> **Praxistipp**
>
> Besonders im Zusammenhang mit dem Feldkommando filetype: gilt die Regel: Je mehr ANDs in Ihrer Suchabfrage auftauchen, desto weniger Ergebnisse, das heißt, Kandidaten bekommen Sie. Denn Sie fokussieren die Suche auf die passenderen Talente. Deshalb habe ich die Erfahrung, dass mehr als 3 bis 4 Leerzeichen (ANDs) nicht mehr von Google abgearbeitet werden.

3.3.3.5 inurl: bzw. allinurl:

Der Befehl inurl: zeigt Ergebnisse mit dem Keyword in der URL an und grenzt Ihre Suche auf die URLs von Websites ein. Die Suchanfragen mit inurl: oder allinurl: funktionieren in der Regel sehr gut, weil die URL bei der Indexierung eine zentrale Rolle spielt und bei jeder Website genau und ohne Interpretation indexiert wird.

---

62 Hilfe für Google Konsole, Von Google indexierbare Dateitypen, 2018, https://support.google.com/webmasters/answer/35287?hl=de.
63 William S. Vincent, What is a Static Site Generator?, 2016; https://wsvincent.com/what-is-a-static-site-generator/.

> **PRAXISBEISPIEL**
>
> Wir suchen nach einem UX-Designer. Wir gehen davon aus, dass die meisten UX-Designer eine eigene Website haben. Mit dieser Suche wollen wir Websites mit dem Wort Resume und in der URL dem Suchbegriff UX-Design finden. Gleichzeitig möchten wir keine Ergebnisse von Stellenanzeigen oder Jobangeboten, aber auch keine Musterlebensläufe in der Liste sehen.

> `resume inurl:UX-Design -jobs -job -muster`

Wir können diese Suche stattdessen auch mit der Suchbegriffskombination about me durchführen und dies mit UX-Design kombinieren. Da das Feldkommando inurl: nur einen Suchbegriff bearbeiten kann, hilft hier der Befehl allinurl:, der mehrere Begriffe in der URL finden kann:

> `allinurl: about me UX Design`

> **!** **Praxistipp**
>
> - Sie können mit inurl: in der URL einer Website nur einen Begriff finden. Zwar können Sie mit dem Feldkommando allinurl: nach mehreren Begriffen in der URL suchen, da aber wie in einer Keyword Suche genau diese Keyword-Kombination ohne Interpretation gesucht wird, ist die Ergebniszahl bei allinurl: nicht sehr umfassend.
> - allinurl: ist ein Feldkommando, das Sie leider mit keinem Modifikator und keinem weiteren Feldkommando kombinieren können. Selbst ein NOT- bzw. Minus-Befehl funktioniert nicht einwandfrei.

3.3.3.6 intitle: bzw. allintitle:

Dieses Feldkommando zeigt Ergebnisse an, die mit dem Website-Titel übereinstimmen. Der Titel der Website darf nicht mit der Überschrift verwechselt werden, sondern ist das, was im Reiter Ihres Browserfensters steht, wenn Sie die Website aufrufen. Es ist auch nicht die URL.

> **PRAXISBEISPIEL**
>
> Wir suchen nach einem Einkäufer mit Mechatronik-Kenntnissen, der einen Ingenieurstudienabschluss besitzt und bei BMW arbeitet:

```
intitle:lebenslauf
```

```
allintitle:lebenslauf Bauingenieur
```

Dieser Befehl hilft besonders, Lebensläufe bzw. Websites mit Lebensläufen zu suchen und zu finden. Sie können in diesem Beispiel auch nach Resume oder Profil suchen.

3.3.3.7 intext: bzw. allintext:

Mit diesem Feldkommando suchen Sie nach Keywords beziehungsweise Informationen, die mit dem Website-Text übereinstimmen. Die Besonderheit ist, dass Sie nicht in der URL und nicht im Titel suchen, somit finden Sie andere Ergebnisse.

> **PRAXISBEISPIEL**
>
> Wir suchen nach einem Einkäufer mit Mechatronik-Kenntnissen für eine Stelle in München. Google ist hier in der Lage, selbst »lebenslaufähnliche« Websites zu finden wie Social-Media-Profile oder Websites, auf denen »CV« steht. Allerdings werden zuerst Stellenangebote gezeigt oder Musterbewerbungen, die man noch filtern muss:

```
lebenslauf intext:Einkäufer Mechatronik München -jobs -bewerbung
```

3.3.3.8 cache:

Das Feldkommando cache: zeigt die Informationen einer Website aus dem Google-Cache und findet auch dann noch Kopien von Websites, die Google indexiert hat, wenn die Website nicht mehr existiert oder verändert wurde. Der Befehl cache: hilft zum Beispiel, wenn Sie eine Google-Suche mit site: oder inurl: durchführen und Ergebnisse angezeigt bekommen, die wenig mit dem zu tun haben, was Sie suchen. Dann sollten Sie im Cache suchen, ob die Website vielleicht bereits gelöscht wurde.

Der Cache-Befehl ist besonders hilfreich, wenn Sie Informationen von Websites finden wollen, die entweder oft geändert werden, oder wenn man die genaue Änderung einer Website herausfinden möchte.

3 Das Know-how eines professionellen Sourcers

> PRAXISBEISPIEL
>
> Die Firma Sistrix bietet ein Premium SEO Tool für die Suchmaschinenoptimierung von Websites an. Auf ihrem Blog gibt es viele Informationen über kostenlose SEO-Tools, die sie ständig up-to-date halten. Wenn man sehen möchte, welche Tools gelöscht wurden, kann man nach alten Versionen der Website suchen:

```
cache:sistrix.de
```

> [!] **Praxistipp**
>
> Manches Mal hilft das Feldkommando cache:, Updates von öffentlichen Social-Media-Profilen zu finden, auch dann, wenn man nicht das Cache-Zeichen neben einer Website sieht. Nachfolgend ein Screenshot als Beispiel einer Veränderungs-/Cache-Suche:

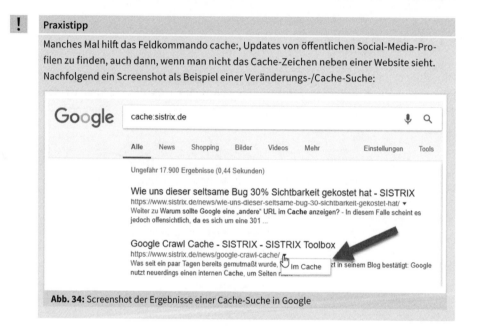

Abb. 34: Screenshot der Ergebnisse einer Cache-Suche in Google

3.3.4 Die Booleschen Befehle in XING und LinkedIn

Nachfolgend habe ich Ihnen die aktuelle Wirkungsweise und Schreibweisen der bekannten Booleschen Befehle in den Business-Netzwerken XING und LinkedIn jeweils für die Erweiterte Suche zusammengestellt.

Wie in den Beispielen besprochen, ist das Active Sourcing in XING mit der Erweiterten Suche nach einem Update im Dezember 2018 nur noch sehr schwer möglich und so eingeschränkt worden, dass die meisten Befehle nicht mehr funktionieren. Gleichzeitig wird in allen Suchen die Anzeige der Suchergebnisse stark limitiert.

Bitte beachten Sie, dass diese aktuelle Situation von den Portalen jederzeit kurzzeitig oder auf Dauer weiter geändert werden kann. Da bisher viele der Änderungen nicht

3.3 Die Verbindung von Suchbegriffen: die Booleschen Befehle

bekannt gegeben wurden, ist zu erwarten, dass auch weitere Änderungen nicht öffentlich gemacht werden.

Befehl	Einsatz	XING	LINKEDIN
OPERATOREN			
AND oder Leerzeichen	Kombiniert Suchbegriffe	Leerzeichen, denn AND wurde im Dezember 2018 abgeschafft bzw. eingeschränkt	Leerzeichen, denn AND wurde im Oktober 2018 abgeschafft
OR oder |	Alternative Kombination von Suchbegriffen	OR wurde im Dezember 2018 abgeschafft bzw. und im Februar 2019 zeitlich befristet, aber mit limitierter Ergebnisanzeige eingeschränkt wieder eingeführt.	Ab Oktober 2018 funktionieren maximal nur 5 OR's
NOT oder - Minus	Suchbegriffe ausschließen	NOT oder das -Minus werden vom Algorithmus seit Dezember 2018 als AND gelesen – NOT ist abgeschafft bzw. durch Ergebnislimitierung eingeschränkt	Das NOT wurde im November von LinkedIn abgeschafft, deshalb - Minus, aber immer in Klammern geschrieben
MODIFIKATOREN			
" "	Sucht nach genau der Phrase oder den Buchstaben- bzw. Ziffern in den Anführungszeichen	Wird sehr häufig von der Semantischen Autokorrektur ignoriert und wurde in seiner Wirkung im Dezember 2018 weiter eingeschränkt	Wird teilweise von der Semantischen Autokorrektur ignoriert
( )	Gruppierung von Suchbegriffen (es sind mehrere Keywords möglich)	Wurde im Dezember 2018 abgeschafft und im Februar 2019 zeitlich befristet, aber mit Ergebnislimitierung wieder eingeführt	Funktioniert nur bei OR Gruppierungen und ist ein Muss für NOT bzw. für –Minus Befehle
*	Ersatz für ein Suchbegriff	Wurde im Dezember 2018 abgeschafft und im Februar 2019 mit Einschränkung der Ergebnisanzeige zeitlich befristet wieder eingeführt	Wird nicht unterstützt
FELDKOMMANDOS			
title:	Sucht im Feld Titel (ehemaliges Feld "aktuelle Position")	Wird nicht unterstützt	Sucht nicht nach Keywords, sondern nach vorgebenen und gelernten Titeln. Existiert ein Titel nicht im Index, findet der Algorithmus ihn nicht.
company:	Sucht im Feld Unternehmen	Wird nicht unterstützt	Sucht nicht nach Keywords, sondern nach vorgebenen und gelernten Unternehmen. Existiert ein Unternehmen nicht im Index, findet der Algorithmus es nicht.
school:	Sucht nach Hochschulen	Wird nicht unterstützt	Sucht nicht nach Keywords, sondern nach vorgebenen und gelernten Hochschulen. Existiert eine Hochschule nicht im Index, findet der Algorithmus sie nicht. Fokus: US-Hochschulen
firstname: lastname:	Sucht nach Vornamen bzw. Nachnamen	Wird nicht unterstützt	Sucht nicht nach Keywords, sondern nach vorgebenen und gelernten richtigen Schreibweisen. Fehler, die nicht im Index stehen, findet der Algorithmus nicht.

© intercessio.de

Abb. 35: Übersicht über die Syntax und Booleschen Befehle der Business-Netzwerke XING und LinkedIn

3.3.5 Die Booleschen Befehle in Google.de

Für Sourcer hat aus diesem Grund Google eine dominante Sonderstellung, besonders weil es eine deutschsprachige Version (google.de) gibt. Man kann direkt in Google nach Personal suchen, aber man kann auch Google nützen, um hier zusätzliche Informationen einzuholen.

Eine besondere Rolle spielen beim professionellen »Talente Googeln« die Feldkommandos, die es ermöglichen, präzise und teilweise auch komplexe Suchanfragen zu stellen. Wie bereits erklärt, sind viele der Feldkommandos »anti-social«, was bedeutet, dass man sie nicht gemeinsam mit anderen Feldkommandos und Modifikatoren einsetzen kann. Eine Aufstellung aller funktionierenden Kombinationen ist nicht nur sehr umfangreich, sondern auch schwer in der Darstellung und würde den Rahmen des Buches sprengen.

Auch wenn es komplexer ist und nicht so einfach zu erklären: Das Sourcing mit Google kann oft Unzulänglichkeiten der Suchmaschinen der Sozialen Netzwerke ausgleichen oder ergänzen.

> PRAXISBEISPIEL
>
> Die Anwendung des Feldkommandos site: in Google-Suchanfragen hilft, Probleme und Einschränkungen einiger Such- bzw. Anzeigefunktionen aufzuheben. Mit der folgenden Eingabe bei Google erstellen Sie zum Beispiel eine Suchanfrage nach LinkedIn-Profilen eines Chief Finance Officer aus Deutschland:
>
> ```
> site:de.linkedin.com/in ("chief finance officer" OR CFO)
> ```
>
> X-Raying hilft auch, viele vertikale Netzwerke zu durchsuchen, zum Beispiel im IT-Bereich eine Suche nach einem Full-Stack-Entwickler mit JavaScript-Kenntnissen aus Köln:
>
> ```
> site:github.* resume developer full stack javascript Cologne
> ```
>
> Das nächste Beispiel zeigt einen Suchstring nach Experten für Erdbeben-Frühwarnsysteme in Google:
>
> ```
> lebenslauf filetype:pdf (Earthquake OR Erdbeben) (Warning OR Warnung OR Frühwarnung) (Engineering OR Engineer)
> ```

3.3 Die Verbindung von Suchbegriffen: die Booleschen Befehle

Befehl	Einsatz	Anwendung	Beispiel
OPERATOREN			
Leerzeichen	Kombiniert Suchbegriffe	Keyword1 Keyword2	Sourcer Recruiter
OR oder |	Alternative Kombination von Suchbegriffen	Keyword1 OR Keyword2	Java OR JEE
- Minus	Suchbegriffe ausschließen	-Keyword	-Recruiter
MODIFIKATOREN			
" "	Sucht nach genau der Phrase oder den Buchstaben- bzw Ziffern in den Anführungszeichen	"Keyword1 Keyword2"	"Sourcer Recruiter"
( )	Gruppierung von Suchbegriffen mit einem OR (es sind mehrere Keywords möglich)	(Keyword1 OR Keyword 2)	(Sourcer OR Recruiter)
*	Ersatz für ein Suchbegriff	Keyword1 * Keyword2	Senior * Manager
FELDKOMMANDOS			
define:	Zeigt Erklärungen des eingegebenen Suchbegriffs an	define:Keyword	define:LINUX
site:	Limitiert die Suche auf eine spezielle Domain oder Website	site:Domain oder site:Domain/Website	site:xing.com oder site:xing.com/jobs
related:	Zeigt andere Websites an, die ähnlich zur Suche sind	related:Domain	related:wikipedia.org
filetype:	Fokussiert die Suche auf einen speziellen Dateityp eines festgelegten Formates	filetype:Dateityp	filetype:pdf
inurl:	Limitiert die Ergebnisse auf Websites mit dem gesuchten Keyword in der URL-Adresse	inurl:Keyword	inurl:UX-Design
allinurl:	Zeigt Ergebnisse an, die die gesuchten Keywords in der URL haben (es sind mehrere Keywords möglich)	allinurl:Keyword1 Keyword2	allinurl:about me UX design
intitle:	Die Ergebnisse sind fokussiert auf die Website, die das gesuchten Keyword enthalten.	intitle:Keyword1	intitle:Lebenslauf
allintitle:	Die Ergebnisse sind fokussiert auf die Website, die die gesuchten Keywords enthalten (es sind mehrere Keywords möglich)	allintitle: Keyword1 Keyword2	allintitle: Lebenslauf Bauingenieur
intext:	Zeigt nur Ergebnisse an, die im Inhalt der Seite das entsprechende Keyword haben	intext:Keyword	intext:Recruiting
allintext:	Zeigt nur Ergebnisse an, die im Inhalt der Seite die entsprechenden Keywords haben (es sind mehrere Keywords möglich)	allintext: Keyword1 Keyword2	allintext: Social Recruiting Twitter
cache:	Zeigt die Version der Website aus dem Google Cache	cache:Domain	cache:sistrix.de

© intercessio.de

Abb. 36: Übersicht der Syntax und Booleschen Befehle in der Suchmaschine Google

3.3.6 Die Booleschen Befehle in Bing

Aufgrund der Einschränkungen von Google und der teilweise durch Sourcer sehr intensiven Nutzung nimmt die Bedeutung von Bing für das erfolgreiche Talent Sourcing immer mehr zu. Allerdings sorgen sehr unterschiedliche Algorithmen für eine abweichende Funktionsweise.

3 Das Know-how eines professionellen Sourcers

PRAXISBEISPIEL

Folgendermaßen lässt sich eine Suche nach Profilen von UX-Experten im Netzwerk Behance für Berlin durchführen:

> UX site:behance.net "work experience" Berlin

Sie können auch in Bing mittels X-Ray einen Kollegen mit Sourcing- oder Recruitingkenntnissen in Bonn in LinkedIn suchen:

> site:linkedin.com/in (Recruiter OR Sourcer) Bonn

Befehl	Einsatz	Anwendung	Beispiel
OPERATOREN			
AND oder Leerzeichen oder &	Kombiniert Suchbegriffe	Keyword1 Keyword2	Sourcer Recruiter
OR oder |	Alternative Kombination von Suchbegriffen	Keyword1 OR Keyword2	Java OR JEE
NOT oder - Minus	Suchbegriffe ausschließen	-Keyword	-Recruiter
MODIFIKATOREN			
" "	Sucht nach genau der Phrase oder den Buchstaben- bzw Ziffern in den Anführungszeichen	"Keyword1 Keyword2"	"Sourcer Recruiter"
( )	Gruppierung von Suchbegriffen mit einem AND (es sind mehrere Keywords möglich)	Keyword1 (Keyword2) Keyword 3	Senior (HR) Recruiter
FELDKOMMANDOS			
filetype:	Fokussiert die Suche auf einen speziellen Dateityp eines festgelegten Formates	filetype:Dateityp	filetype:pdf
site:	Limitiert die Suche auf eine spezielle Domain oder Website, allerdings nur bis zur 2ten Ebene	site:Domain oder site:Domain/Website	site:xing.com oder site:xing.com/jobs
domain:	Limitiert die Suche auf eine spezielle Domain oder Website, allerdings auf alle Ebenen	domain:Domain oder site:Domain/Website	domain:xing.com oder domain:xing.com/jobs
intitle:	Die Ergebnisse sind fokussiert auf die Website, die das gesuchten Keyword enthalten.	intitle:Keyword1	intitle:Lebenslauf
url:	Limitiert die Ergebnisse auf Websites mit dem gesuchten Keyword in der URL-Adresse	url:Keyword	url:UX-Design

© intercessio.de

Abb. 37: Übersicht der Syntax und Booleschen Befehle in der Suchmaschine Bing

3.3 Die Verbindung von Suchbegriffen: die Booleschen Befehle

> **Praxistipp**
>
> Bing hat eine eigene Abfragesprache (Syntax) namens Bing Query Language mit vielen verschiedenen Booleschen Operatoren.[64] Alle von Bing verwendeten Operatoren haben zwar eine sehr ähnliche Syntax wie Google, aber bei genauen Suchanfragen sollte man gerade die unterschiedlichen Kombinationen und Wirkungsweisen von Booleschen Befehlen überprüfen.

3.3.7 Die Booleschen Befehle in Yahoo!

Seit Oktober 2011 wird Yahoo Search von Bing betrieben und hält den vierten Platz in der Suche mit einem gesamten Marktanteil von 4,85 %[65]. Zwar basiert die Suche auf Bings Indexierung, aber es gibt einen eigenen semantischen Suchalgorithmus mit spezieller Anzeige. So bekommt man sehr häufig zusätzlich andere Ergebnisse bei gleichen bzw. ähnlichen Suchen. Aus diesem Grund ist Yahoo! gerade für spezielle Expertensuchen eine wichtige Suchmaschine, die auch dort noch Spezialisten identifiziert, wo alle anderen Abfragen scheitern.

Befehl	Einsatz	Anwendung	Beispiel
OPERATOREN			
AND oder Leerzeichen oder &	Kombiniert Suchbegriffe	Keyword1 Keyword2	Sourcer Recruiter
OR oder |	Alternative Kombination von Suchbegriffen	Keyword1 OR Keyword2	Java OR JEE
NOT oder - Minus	Suchbegriffe ausschließen	-Keyword	
+	Zwingt die Suchmaschine nach Wörtern zu suchen, die sie sonst ignoriert	+Keyword	Sourcer +and Recruiter
MODIFIKATOREN			
" "	Sucht nach genau der Phrase oder den Buchstaben- bzw Ziffern in den Anführungszeichen	"Keyword1 Keyword2"	"Sourcer Recruiter"
FELDKOMMANDOS			
site:	Limitiert die Suche auf eine spezielle Domain oder Website, allerdings nur bis zur 2ten Ebene	site:Domain oder site:Domain/Website	site:xing.com oder site:xing.com/jobs
domain:	Limitiert die Suche auf eine spezielle Domain oder Website, allerdings auf alle Ebenen	domain:Domain oder site:Domain/Website	domain:xing.com oder domain:xing.com/jobs
intitle:	Die Ergebnisse sind fokussiert auf die Website, die das gesuchten Keyword enthalten.	intitle:Keyword1	intitle:Lebenslauf
inurl:	Limitiert die Ergebnisse auf Websites mit dem gesuchten Keyword in der URL-Adresse	inurl:Keyword	inurl:UX-Design

© intercessio.de

Abb. 38: Übersicht über die Syntax und Booleschen Befehle in der Suchmaschine Yahoo!

---

64 Microsoft, 2018.
65 Netmarketshare.com, 2018.

3.3.8 Die Booleschen Befehle in AOL

Als ich das Buch geschrieben haben, war ich selbst völlig überrascht von der Qualität und den Möglichkeiten, die die Suchmaschine AOL Sourcern bietet – war sie auch bis dahin nicht in meinem Fokus gewesen. Seitdem haben wir viele Suchen in AOL getestet und können hier bestätigen: Die gleichen Keywords und Suchabfragen aus Google bringen fast immer andere neue interessante Profile und Talente. Gerade weil sie selten benützt wird und für die deutsche Sprache optimiert ist, ist sie auch in der Lage, deutsche Jobtitel zu finden.

AOL hat keinen eigenen Crawler, sondern bedient sich des Google-Indexes. Aber ähnlich wie bei Yahoo!, das auf dem Index von Bing beruht, ist sowohl die Suche als auch die Anzeige anders als die des Originals. Deshalb hat man gerade in AOL die Chance, weitere interessante Talente zu finden.

> **Praxistipp**
>
> Auch in AOL kann man die Booleschen Befehle zur Spezifizierung der Suche einsetzen. Doch dort funktionieren nur maximal zehn Suchbegriffe in einer Suchanfrage.[66]

Befehl	Einsatz	Anwendung	Beispiel
OPERATOREN			
AND oder Leerzeichen oder &	Kombiniert Suchbegriffe	Keyword1 Keyword2	Sourcer Recruiter
OR oder |	Alternative Kombination von Suchbegriffen	Keyword1 OR Keyword2	Java OR JEE
NOT oder - Minus	Suchbegriffe ausschließen	-Keyword	-Recruiter
+	Zwingt die Suchmaschine nach Wörtern zu suchen, die sie sonst ignoriert	+Keyword	Sourcer +and Recruiter
MODIFIKATOREN			
" "	Sucht nach genau der Phrase oder den Buchstaben- bzw Ziffern in den Anführungszeichen	"Keyword1 Keyword2"	"Sourcer Recruiter"
( )	Gruppierung von Suchbegriffen mit einem OR (es sind mehrere Keywords möglich)	(Keyword1 OR Keyword 2)	(Sourcer OR Recruiter)
FELDKOMMANDOS			
filetype:	Fokussiert die Suche auf einen speziellen Dateityp eines festgelegten Formates	filetype:Dateityp	filetype:pdf
site:	Limitiert die Suche auf eine spezielle Domain oder Website	site:Domain oder site:Domain/Website	site:xing.com oder site:xing.com/jobs

© intercessio.de

Abb. 39: Übersicht der Syntax und Booleschen Befehle in der Suchmaschine AOL

---

66 AOL, 2017; https://help.aol.co.uk/articles/Advanced-Search?guccounter=1.

3.3.9 Die Booleschen Befehle in DuckDuckGo

DuckDuckGo ist eine sehr spezielle Suchmaschine – da sie selbst kaum Daten sammelt, lernt ihr Algorithmus auch nur schwerfällig. Für Sourcer heißt dies, dass ein Algorithmus, wenn er keinen Vergleich hat, wie andere gesucht haben, jede Suche wieder von Neuem ausführt – und dadurch nicht in der Lage ist, Fehler der Suchenden zu korrigieren und damit nur schwerfällig findet.

Dennoch: Als Hybrid-System (Datenaggregation der Suchergebnisse aus mehreren anderen Suchmaschinen wie Yahoo! und auch Google) haben sie eine eigene Suchergebnisanzeige mit eigener Sortierung. Für das Sourcing bringt DuckDuckGo Suchergebnisse mit interessanten User-Profilen oder zusätzlichen Informationen. Dazu kommt, dass die Suchmaschine eigene Boolesche Befehle nützt, die somit zu völlig anderen Ergebnissen führen können. Der Einsatz ist empfehlenswert.

Die Erwartung darf aber nicht zu hoch angesetzt werden: Ohne einen expliziten semantischen und lernenden Suchalgorithmus haben die Suchergebnisse dieser Suchmaschine nicht die Qualität der intelligenten Google-Algorithmen – und auch nicht deren Such- und Findekompetenz.

Befehl	Einsatz	Anwendung	Beispiel
OPERATOREN			
Leerzeichen	Kombiniert Suchbegriffe	Keyword1 Keyword2	Sourcer Recruiter
+	Zeigt **mehr** Ergebnisse des Suchbegriffs an, der nach dem Plus kommt	Keyword1 +Keyword2	Sourcer +Recruiter
- Minus	Zeigt **weniger** Ergebnisse des Suchbegriffs an, der nach dem Minus kommt	Keyword1 -Keyword2	Sourcer -Recruiter
MODIFIKATOREN			
" "	Sucht nach genau der Phrase oder den Buchstaben- bzw Ziffern in den Anführungszeichen	"Keyword1 Keyword2"	"Sourcer Recruiter"
\	Geht direkt zum ersten Suchergebnis Ihrer Suchanfrage und bringt keine Ergebnisliste	\Keyword	\Wikipedia
FELDKOMMANDOS			
filetype:	Fokussiert die Suche auf einen speziellen Dateityp eines festgelegten Formates	filetype:Dateityp	filetype:pdf
site:	Limitiert die Suche auf eine spezielle Domain oder Website – keine Subdomains	site:Domain	site:xing.com
!	Der Bang-Befehl ist ein zusätzlicher site:-Befehl, er durchsucht direkt die Website nach dem ! – es werden tausende Websites unterstützt, dies gilt nicht für alle Websites (mehr hier: https://duckduckgo.com/bang?q)	!Domain	!LinkedIn
intitle:	Die Ergebnisse sind fokussiert auf die Website, die das gesuchte Keyword enthalten.	intitle:Keyword1	intitle:Lebenslauf
inbody:	Sorgt dafür, dass die Suchmaschine Texte mit genau diesem Suchbegriff sucht und anzeigt.	inbody:Keyword	inbody:UX-Design

© intercessio.de

Abb. 40: Übersicht der Syntax und Booleschen Befehle in der Suchmaschine DuckDuckGo

> **Praxistipp**
>
> Die Syntax von DuckDuckGo und damit auch der Einsatz der Booleschen Befehle erfordern vom Sourcer ein Umdenken und genaues Schreiben der Suchanfragen. Besonders hervorzuheben ist, dass nur sehr kurze Suchanfragen mit maximal 4-5 Suchbegriffen und Befehlen funktionieren.

3.4 Wie erstellt man professionelle Suchanfragen?

Suchmaschinen sind logisch arbeitende Algorithmen, die man nur mit Logik verstehen und steuern kann. Unabhängig von Marketingaussagen der Anbieter: Auch wenn man mit allen Semantischen Suchmaschinen einfache Sucherfolge intuitiv erreicht – Talente identifiziert man nur mit klugen und aufeinander abgestimmten Suchanfragen. Diese Suchanfragen müssen die jeweilige Syntax der Suchmaschine berücksichtigen.

Der Begriff »Syntax« im Zusammenhang mit dem Erstellen von Suchanfragen bezeichnet die Beziehung der Zeichen bzw. Wörter eines Textes bzw. einer Website untereinander und die Möglichkeit, diese mit einer gezielten Suchanfrage via Suchbegriffe und Befehlskombinationen zu identifizieren.

In jeder Syntax gibt es sowohl sogenannte Social-Elemente, d. h. Befehl-Suchbegriffskombinationen, die sehr gut mit anderen Befehlen oder Befehls-Suchbegriffskombinationen funktionieren, als auch sogenannte Anti-Social-Syntax-Elemente. Diese Befehls-Suchbegriffskombinationen sollte man nicht mit anderen kombinieren, wenn man die maximale Wirkung der Suchanfrage erreichen möchte.[67]

3.4.1 Die Suchketten genannt Strings

Jede Suchanfrage besteht aus der Zusammenstellung verschiedener Keywords und deren Kombination durch Befehle. Diese Kombinationen werden entweder Suchkette oder auch String genannt. Folglich googeln Sie heute bereits mit Strings.

Hier ein Beispiel: Sie suchen nach einem Reparaturservice für Ihre defekte Miele-Waschmaschine und wohnen in Bonn-Beuel. Dann geben Sie möglicherweise folgende Suchketten in Google ein:

---

[67] Dornfest, Bausch & Calishhain, The AntiSocial Syntax Elements, in: Google Hacks, Tips & Tools for Finding and Using the World's Information, 2006, S. 13-14.

3.4 Wie erstellt man professionelle Suchanfragen?

> **Service Miele Waschmaschine Beuel**

oder

> **Reparatur Miele Waschmaschine Bonn Beuel**

oder

> **Kundendienst Miele Bonn**

oder

> **Waschmaschinenreparatur Beuel**

Privat ist ein solches intuitives Suchen einfach. Sie können beliebige Keywords intuitiv eingeben und verbinden. Und letztlich ist es auch nicht so wichtig, weil Sie auch nur drei Kriterien abrufen: Reparatur, Miele Waschmaschine und Service. Diese Begriffe sind im Index und können so direkt gefunden werden. Auch ist diese Kombination von Suchbegriffen üblich.

Aber wenn Sie im Sourcing gezielt Ergebnisse haben wollen, müssen die vielen speziellen Anforderungen aus der Stellenbeschreibung so in die Suchmaschinensprache übersetzt werden, dass diese Ihnen die passenden Talent-Informationen anzeigt. Da fast alle derzeitigen Suchmaschinen semantisch suchen, geht es nicht mehr um die einzelnen richtigen Keywords, wenn man eine Suchanfrage stellt, sondern um die Suchbegriffskombinationen und deren Wirkung in der jeweiligen Suchmaschine. Semantische Suchmaschinen suchen folglich etwas Ähnliches bezogen auf die Suchbegriffskombinationen.

Das Grundproblem für Sourcer ist, dass diese Ähnlichkeitsberechnung durch lernende, sehr intelligente Suchmaschinen erfolgt. Es wird nicht anhand von Variablen nur berechnet, sondern zuvor die Ähnlichkeit von der Suchmaschine verglichen, ob jemand so oder ähnlich schon einmal gesucht hat. Es wird nachfolgend daraufhin geprüft, wohin dieser nach der Suche geklickt hat. Somit ist jeder von dem Suchverhalten der anderen abhängig, die auch die gleiche Suchmaschine benützt und »ähnlich« oder gleich gesucht haben. Denn die Suchmaschine trackt und lernt daraus.

Aber es ist sogar noch komplizierter: Eine solche Suchmaschine wurde gebaut, um immer etwas »Ähnliches« zu finden, und nicht nur, um mit dem Original zu vergleichen. Und um zu helfen bzw. zu korrigieren, nimmt diese Suchmaschine auch eine große Zahl an (von uns ungewollten) Autokorrekturen vor. Damit hat man im Sourcing das Ergebnis und das Problem, dass man auch meistens etwas findet, eben aber leider meist nur etwas »Ähnliches«, was man als Sourcer nicht wirklich will. Es bleibt bei Sourcern, die diesen Verlauf die ersten Male erleben, das komische Gefühl, dass hier etwas nicht stimmt: Man findet plötzlich weniger gute Kandidaten als zuvor. Die Lösung für eine solche Einschränkung ist der professionelle und systematische Sourcing Workflow, der Veränderungen aufdeckt und Workarounds (englisch für umgehende Tricks) um die Probleme herum bereithält.

> **Praxistipp**
>
> Wenn Sie mit sehr langen Strings arbeiten, besteht die Gefahr, dass Sie die Autokorrektur der Suchmaschine triggern, wenn Sie einen noch so kleinen Fehler in der Suchanfrage schreiben. Fehler können einfach auch unlogische Suchbegriffsfolgen sein. Die Grundregel aller Maschinen gilt ebenso hier: Sie geben aus Sicht der Suchmaschine Unsinn ein – sie hilft und zeigt Ihnen entgegen Ihrer Erwartung Unsinn an. Dies können Sie nur vermeiden, indem Sie gezielt die Autokorrektur vermeidende Suchanfragen schreiben.

> **PRAXISBEISPIEL**
>
> Sie suchen für ein fiktives Energieversorgungsunternehmen aus Großhadern einen Project Ingenieur Opticfibre mit Spezialkenntnissen in der Transmissionstechnologie. Der Jobtitel der Aufgabe ist »Project Engineer Opticfibre Transmissiontechnology«.
> Wenn Sie jetzt alle möglichen Schreibweisen einfach sammeln und aneinanderreihen, könnte das Folgende bei Ihnen stehen:

```
("Project Engineer" OR "Projekt Ingenieur" OR "Projekt Ingenieur" OR
Projektingenieur OR "Project Ingenieur") ("Opticfibre Transmissiontechnology" OR
"Lichtwellenleiter-Übertragungstechnik" OR Lichtwellenleiterübertragungstechnik
OR "Lichtwellenleiter-Übertragungstechnik" OR "Opticfibre
Transmissiontechnology") Großhadern
```

Das Ergebnis hat schon vor 2-3 Jahren in XING oder LinkedIn »keine Mitglieder gefunden«, auch mit der Röntgentechnik finden Sie in Google nichts, entsprechend das Gleiche in LinkedIn – keine Ergebnisse. Obwohl die theoretische Schreibweise des Strings korrekt ist und Sie sogar das Unternehmen und die Branche aus der Suche herausgenommen haben. Auch wenn Sie anstatt Großhadern München einsetzen, wird das Ergebnis nicht besser.

> **Praxistipp**
>
> Semantische Suchmaschinen suchen »etwas Ähnliches«. Genauer gesagt, sie berechnen die Ähnlichkeit zu dem eingegebenen Keyword. Visuell können Sie sich das so vorstellen: Stellen Sie das erste Keyword als Punkt dar und ziehen einen Kreis um diesen Punkt. Der Kreis stellt die »ähnlichen Ergebnisse« dar.

> Bleiben wir bei diesem Beispiel: Gibt man nun ein weiteres Keyword ein, hofft der Sourcer, dass die Suchmaschine um jedes der Keywords (visuell gesprochen) einen Kreis zieht. Und der Sourcer hofft, dass der Algorithmus idealerweise die Schnittmenge der beiden Keywords anzeigt. Dem ist aber nicht so: Die Semantische Suchmaschine berechnet einen »Ähnlichkeitskreis« um alle Keywords gemeinsam.
>
> Kurz: Jeder zusätzliche Begriff lässt somit die Semantische Suchmaschine nach noch »ähnlicheren Lösungen« des gesamten Strings suchen (also weitet den Kreis aus). Und damit entfernt sie sich durch jedes weitere Keyword immer weiter von den ersten Keywords.
>
> Es ist somit eine fatale Fehlerwartung und Hoffnung, dass eine Semantische Suchmaschine durch die Erweiterung mit vielen Suchbegriffen anfängt, wie eine Keyword-Suchmaschine zu arbeiten. Sie wird nicht jedes einzelne Wort nehmen und nach ähnlichen Suchbegriffen suchen – so arbeiten Semantische Suchmaschinen nicht.

Im Gegenteil: Je länger und wilder Ihr String ist, umso eher erkennt die Suchmaschine, dass Sie eigentlich nicht wissen, wie man gezielt sucht, und »hilft« Ihnen mit der Autokorrektur. Sie wird dann die meisten Befehle und Keywords Ihrer Suchanfrage ignorieren und im Zweifelsfall sogar nur das anzeigen, was andere, die so oder ähnlich suchten, geklickt haben. So arbeiten Sie gegen den Algorithmus und gegen Ihr Suchziel!

> **Praxistipp**
> Gehen Sie also nicht davon aus, dass Ihre Suchmethode einzigartig ist. In der Regel haben andere Sourcer schon so wie Sie gesucht und danach alle Profile durchgeklickt.

Die Suche nach dem einen, richtig geschriebenen String führt nur in die Sackgasse. Fakt ist also, dass Sie nur durch konsequente Suchabfolgen von immer anderen Strings erfolgreich Talente identifizieren können. Die richtige Stringlänge einer Suchabfolge ist in der Regel in einer Semantischen Suchmaschine kurz: sehr kurz – nicht länger als 4-5 Keywords – und diese Strings werden alterierend angewendet. Das heißt, es werden immer ein Suchbegriff ausgewechselt und die Ergebnisse überprüft.

Wenn Sie diese Suchabfolge gut vorbereitet haben und hilfreiche Tools zur Filterung nützen, wie zum Beispiel den TalentManager (von XING) oder Recruiter (von LinkedIn), sind Sie maximal schnell. Die systematische, professionelle Vorbereitung ist die Grundlage für Ihren Sourcing-Erfolg

Entscheidend ist der Sourcing-Prozess: die gut vorbereitete und konsequent durchgeführte Abfolge der richtigen und aufeinander abgestimmten Strings. Und das Planen und Durchführen einer solchen gezielten Suche funktioniert nur mit Logik erfolgreich. Mit Intuition versinken Sie im Treibsand ähnlicher Ergebnisse oder erhalten keinerlei Ergebnisse und verlieren den Überblick.

Professionelles Sourcing ist nicht eine Einmal-Aktion idealer einzelner Suchanfragen, die man ein paar Mal intuitiv und frei von Regeln nacheinander durchführt. Sondern ein logischer und strategisch geplanter Suchprozess mit Suchanfragen, die systematisch aufeinander abgestimmte Strings an verschiedenen Orten in unterschiedlicher Form abarbeiten. Denn: Den einen, passenden String gibt es nicht!

3.4.2 Die goldenen Regeln der Booleschen Suche

Wie bei einer Programmiersprache gibt es auch für die Boolesche Suche ein paar allgemeingültige Regeln, die man im Sourcing beachten sollte:

- *1. Die Boolesche Befehle können in jeder Suchmaschine anders wirken.*

  Selbst bei den zentralen Befehlen, die in allen Suchen vorkommen, können wie bereits benannt diese Kommandos unterschiedliche Anweisungen an die Suchmaschine übergeben, auch wenn sie gleich eingesetzt werden. Deshalb ist ein Copy-Paste von XING nach LinkedIn oder von Google nach XING nur erfolgreich, wenn man die jeweils gleiche Wirkung kennt oder entsprechende Anpassungen vornimmt.

> **PRAXISBEISPIEL**
>
> In LinkedIn macht es keinen Sinn, den Booleschen Moderator * (Sternchen) einzusetzen, denn er wird nicht erkannt. In XINGs Erweiterter Suche konnte man bis zum Update im Dezember 2018 damit geschlechtsneutral suchen und finden, auch hier ist[68] der Modifikator * abgeschafft worden. Das Sternchen ist in Google allerdings hilfreich, da es Buchstaben bzw. Ziffernfolgen ersetzt. So können Sie das deutsche Facebook nach öffentlichen Informationen per site:-Befehl und damit mit der Röntgentechnik durchsuchen. Im nachfolgenden Beispiel finden Sie in Facebook öffentliche Posts, Gruppen, Bilder mit den gewünschten Informationen.
>
> `site:de-de.facebook.com/*/* Java Developer`

- *2. Jedes Social Media Portal hat unterschiedliche Suchen bzw. unterschiedliche Suchalgorithmen.*

  Aber zusätzlich kann es sein, dass Sie, je nachdem welchen Account Sie haben, unterschiedliche Ergebnisse bei gleicher Eingabe der Suchbefehle angezeigt bekommen.

---

[68] Das Sternchen ist mit der neuerlichen Update-Korrektur wieder eingeführt worden und funktioniert wieder...

3.4 Wie erstellt man professionelle Suchanfragen?

> **PRAXISBEISPIEL**
>
> Die Erweiterte Suche von LinkedIn zeigt bei jeder Suche in den ersten Ergebnissen tendenziell viel mehr Personen mit dem direkten Kontaktnetzwerk bzw. Kontakte 2. Ebene, während das LinkedIn-Sourcing-Premiumtool Recruiter die Suche in der Regel konsequent berechnet und anzeigt.

- 3. Da Programmiersprachen – auch die der Suchmaschinen – in Englisch geschrieben sind, ist es für das Ergebnis der Suche wichtig, dass die Operatoren der Booleschen Suche korrekt eingefügt werden. Die Befehle müssen *immer in englischer Sprache und der genauen korrekten vorgegebenen Schreibweise* eingegeben werden.

> **PRAXISBEISPIEL**
>
> Wenn Sie den OR-Befehl nicht in großen Buchstaben oder in Deutsch schreiben, kann die Suchmaschine dieses Kommando nicht erkennen und führt die ganze Suche nicht richtig aus. Dabei reicht es, wenn ein einziger Befehl nicht korrekt geschrieben wurde. Im nachfolgenden Beispiel ist ein falsches, kleingeschriebenes »or« der Fehler im String (im String kursiv markiert).

> **(Ingenieur OR Engineer) (Mechatronik OR Mechatronics OR Mechanik *or* Elektronik)**

- 4. Es kommt deshalb aber auch auf den präzisen Abstand vom Kommando zum Suchbegriff an.

> **PRAXISBEISPIEL**
>
> Wir möchten mit dem X-Ray-Befehl UX-Designer aus Berlin im Personalbranding Portal about.me finden. Die korrekte Schreibweise bringt 100 Ergebnisse, bei denen alle auch in Berlin wohnen.

Abb. 41: Screenshot korrekte Schreibweise X-Ray-Befehl für about.me

Wenn Sie aber zwischen site: und about.me ein Leerzeichen zu viel haben und auch site: mit einem Großbuchstaben beginnen wie im nachfolgenden

Beispiel, dann erhalten Sie viel zu viele und davon auch nicht passende Ergebnisse:

Abb. 42: Screenshot fehlerhafte Schreibweise X-Ray-Befehl für about.me

- 5. Auch müssen die Befehle *immer in der genauen korrekten Schreibweise* eingegeben werden.

PRAXISBEISPIEL

Wir haben ein völlig anderes Ergebnis der Suche aus dem Beispiel der Regel 4., wenn man den Befehl site: fälschlicherweise mit einem Großbuchstaben beginnt.

Abb. 43: Screenshot fehlerhafte Schreibweise (2) X-Ray-Befehl für about.me

- 6. Leider kann man *nicht jeden Booleschen Befehl mit jedem Booleschen Befehl kombinieren*. Sourcer müssen für exakte Suchanfragen lernen, welche Befehle nicht oder nicht gut zusammenwirken oder die Suchmaschine sogar stoppen.

PRAXISBEISPIEL

Wenn Sie in Google in einer Klammer ein OR vergessen (wie im Beispiel zwischen Mechanik und Elektronik), nimmt die Suchmaschine an, dass das Leerzeichen zwischen zwei Suchbegriffen ein AND ist. Da ein AND in einer Klammer die Suche stoppt, wird die Suche nicht korrekt ausgeführt.

(Ingenieur OR Engineer) (Mechatronik OR Mechatronics OR Mechanik Elektronik)

- 7. Ebenso ist die *Anzahl der Booleschen Befehle genauso entscheidend wie die Zahl der Keywords*. Auch ist hier die Anwendung in den unterschiedlichen Suchmaschinen sowohl in der Anzahl als auch in der Wirkung unterschiedlich.

3.4 Wie erstellt man professionelle Suchanfragen?

PRAXISBEISPIEL

Wir suchen für den Großraum Stuttgart nach einem Entwicklungsingenieur mit Optik und Elektronikkenntnissen. Dazu muss man wissen, dass die meisten im Beruf des »Optoelektronik Entwickler« kein Ingenieurstudium, sondern ein Physikstudium als Grundlage haben.

Google (Stand Januar 2019) hat mit X-Ray und dem site:-Befehl weniger Probleme mit dem nachfolgenden längeren String:

> site:xing.com/profile (Ingenieur OR Engineer OR Physics OR Physiker OR "Diplom-Physiker" OR "Dipl. Physiker") (Optronik OR Optik OR Optics OR Optoelectronics) (Entwickeln OR Entwicklung OR Developer OR Development OR Research OR Projekte OR Project) Stuttgart

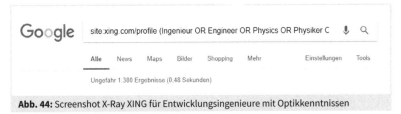

Abb. 44: Screenshot X-Ray XING für Entwicklungsingenieure mit Optikkenntnissen

Auch die alte Erweiterte Suche von XING (vor der Änderung im Dezember 2018) konnte mit diesem Langstring nur 34 Ergebnisse finden und das Premiumtool, der XING TalentManager, findet mit diesem String ebenfalls nur 38 Profile (der LinkedIn-Recruiter findet hingegen mit diesem String 1626 Profile).

Aber wenn man den String kürzt, dann konnte der alte XING-Algorithmus die Ergebnisse auf 282 Ergebnisse steigern sowie der XING TalentManager bis heute auf 314 Profile (der LinkedIn Recruiter findet übrigens mit dem gleichen String 1648 Profile).

> (Ingenieur OR Engineer OR Physics OR Physiker) (Optronik OR Optik OR Optics OR Optoelectronics) (Entwickeln OR Entwicklung OR Developer OR Development OR Research OR Projekte OR Project) Stuttgart

3 Das Know-how eines professionellen Sourcers

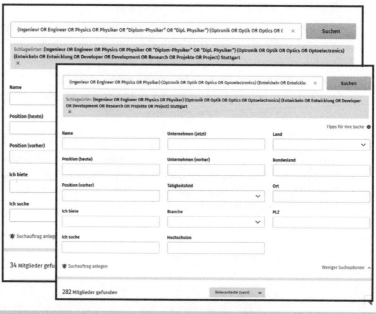

Abb. 45: Screenshot 2 Suchen in XINGs Erweiterter Suche für Entwicklungsingenieure mit Optikkenntnissen

- 8. *Die Wirkung der Booleschen Befehle ist in keiner der Suchmaschinen stabil.* Sie wird je nach Suchmaschinenanbieter täglich oder aber auch nur selten von den für die Algorithmen zuständigen Programmierern aktiv geändert. Es wird allerdings kaum über diese Änderungen offiziell informiert. Dabei kann es grundsätzliche Änderungen geben, Tests für einen Tag oder nur für bestimmte Wirkungsweisen. In vielen Fällen werden Boolesche Befehle sogar für kurze Zeit oder einzelne sogar ganz abgeschafft. Leider gibt es darüber so gut wie keine öffentlichen Informationen oder offizielle Meldungen. Allein wir Sourcing-Experten haben uns angewöhnt, regelmäßige Tests durchzuführen und die Veränderungen prüfen. Wenn wir Updates oder Veränderungen feststellen, versuchen wir, deren Ursache und Regeln zu ergründen. Dies ist sehr oft schwer, denn nicht selten verlaufen Veränderungen fließend oder machen Sprünge und es folgen weitere Anpassungen, die durchaus auch den Originalzustand wiederherstellen können.

3.4 Wie erstellt man professionelle Suchanfragen?

> **PRAXISBEISPIEL**
>
> Neben den offiziellen Google Updates ändert Google ca. 500-600mal im Jahr seinen Algorithmus.[69] SEO- und Sourcing-Experten testen Suchmaschinen konstant und tauschen sich aus, beziehungsweise informieren in ihren Blogs über die Updates. Derzeit sind die nachfolgenden Booleschen Befehle unwirksam oder eingeschränkt:

Befehl	Einsatz	Anwendung	Beispiel
OPERATOREN			
+	Kombiniert Suchbegriffe. Wurde in fast allen Semantischen Suchmaschinen abgeschafft.	+Keyword	Key Account
AND bzw. NOT	In vielen Semantischen Suchmaschinen allen voran Google und Bing, aber auch XING hat die Autokorrektur ein Problem mit einem AND bzw. NOT Befehl. In Google wurde 2011 bereits AND und NOT abgeschafft, in Bing und XING sollte man diese Schreibweise vermeiden.	Keyword1 AND Keyword2 Keyword1 NOT Keyword2	Sourcer AND Recruiter Sourcer NOT Recruiter
MODIFIKATOREN			
~	Die Tilde suchte nach ähnlichen Begriffen oder Phrasen. Sie wurde in allen Semantischen Suchmaschinen bereits 2012 abgeschafft und funktioniert nur noch in Keyword Suchmaschinen.	~Keyword	~Konferenz
..	Numrange war ein Google Befehl und hat innerhalb einer Zahlenreihe gesucht. Das Kommando wurde sogar offiziell 2018 in Google abgeschafft.	Zahl..Zahl	1960..1987
( )	Die Klammern funktionieren manches Mal monatelang in Google nicht oder schlecht. Es ist erkennbar, dass die Gruppierung bei langen Suchketten besonders mit Strings mit Feldkommandos von der Semantik aufgehoben werden.	(Keyword1 OR Keyword 2)	(Sourcer OR Recruiter)
FELDKOMMANDOS			
inanchor: bzw. allinanchor:	Diese beiden Befehle haben nach einem oder mehreren bestimmten Suchbegriffen in einem Anker (Metadaten) einer Website oder von Unterwebsites gesucht.	inanchor:Keyword	inanchor:Dell
link:	Zeigt in Google Websites an, die auf eine bestimmte Website verlinken. Wurde 2017 abgeschafft.	link:Domain	-link:dell.com Inspirion

© intercessio.de

Abb. 46: Übersicht der derzeit eingeschränkten oder abgeschafften Booleschen Befehle

- 9. *Die Reihenfolge der Booleschen Befehle kann entscheidend für das Ergebnis sein.* Es ist empfehlenswert, immer zuerst die Suche zu erweitern und dann im zweiten Schritt zu filtern. Deshalb schreibt man die Suchbegriffe, die man nicht mehr sehen möchte, ans Ende der Suchanfrage.

---

69 Moz, Google Algorithm Changes, 2018; https://moz.com/google-algorithm-change.

3   Das Know-how eines professionellen Sourcers

PRAXISBEISPIEL

Es gibt in jeder Suchmaschine zusätzlich eine Hierarchie bzw. Rangfolge der Operatoren. So ist es zum Beispiel immer so, dass der NOT- oder Minus-Befehl vor dem AND- oder OR-Befehl wirkt. Deshalb schreibt man Filterungen mit dem NOT-Befehl in der Regel an das Ende des Strings:

(Recruiter OR Recruiting OR Personalreferent) -Personalberatung -Personalberater

- 10. In vielen Suchmasken wie zum Beispiel der Erweiterten Suche von LinkedIn gibt es mehrere Eingabemöglichkeiten durch verschiedene Felder. In diesen Suchmasken funktionieren die Booleschen Befehle *nicht in allen Feldern gleich*. In der Regel kann man den Algorithmus nur in der *zentralen Sucheingabe* wirklich steuern.
  Aber es gibt auch Ausnahmefälle, in denen die Felder die Lösungen sind. Da die Felder aber auch von den Algorithmusänderungen (Regel 9.) betroffen sind, darf ein Sourcer nie davon ausgehen, dass die Felder die Suchbegriffe-Boolesche-Befehle-Kombinationen korrekt in eine gewünschte Suchanfrage zusammensetzen.

PRAXISBEISPIEL

Wir suchen in LinkedIn einen Account- oder Sales-Mitarbeiter, der aktuell bei SAP oder Siemens arbeitet. Wenn man versucht, die Suche nach SAP oder Siemens als Boolesche Befehle in das Feld »Unternehmen« einzugeben, nimmt die Suchmaske in LinkedIn dies nicht an. Entweder muss man stattdessen SAP und Siemens in diesem Feld anklicken oder die Suchanfrage im zentralen Suchfeld eingeben.

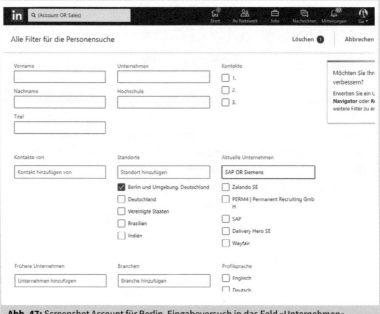

Abb. 47: Screenshot Account für Berlin, Eingabeversuch in das Feld »Unternehmen«

3.4.3 Die drei wichtigsten Praxisempfehlungen für Ihre Suchanfragen

3.4.3.1 »Anfang falsch, alles falsch«

Der Beginn Ihrer Suchanfrage, folglich der erste Suchbegriff beziehungsweise der erste Befehl, entscheidet, wo Sie suchen und wie der Algorithmus die Suche startet. Wenn Sie nicht genau planen, wo und wie der Algorithmus die Suchanfrage beginnt und dann fortsetzt, ist es wahrscheinlich, dass er nicht nur an der falschen Stelle sucht, sondern sogar die folgende Suchkette nicht wie gewünscht korrekt abarbeitet.

> **Praxistipp**
> Setzen Sie entweder den wichtigsten Suchbegriff oder den wichtigsten Befehl an den Anfang.

3.4.3.2 Kurze Strings sind besser als lange!

Bisher wurde oft das Sourcing mit semantischen Algorithmen so verstanden, dass man dem Algorithmus alle möglichen Schreibweisen eines Suchbegriffs anbieten muss, damit dieser möglichst viel ähnliche Begriffskombinationen und damit Talente findet. Diese Schlussfolgerung ist bei modernen, lernenden semantischen Algorithmen kontraproduktiv.

Denn je komplexer die Suchstrings, umso höher ist die Interpretation des Algorithmus. Deshalb zeigt der Algorithmus sehr häufig bei einer komplexen Suche eine Ergebnisliste, die weit am Thema vorbeigeht: entweder zu viele oder zu wenig passende Talente.

Die Ergebnisanzeige ist im Fall der Anzeige von vielen Ergebnissen wie ein Sturm im Wasserglas: Man kann die passenden Talente nicht erkennen und nachträglich nicht mehr herausfiltern. Auch können die Hindernisse und Einschränkungen der Suchmaschine (mehr dazu in Kapitel 5.5) bei solchen Ergebnislisten nicht mehr erkannt werden.

> **Praxistipp**
> Es gibt bei Semantischen Suchmaschinen eine Faustregel: Eine maximal funktionierende Länge eines Strings sind fünf Suchbegriffe beziehungsweise maximal fünf Suchbegriffsgruppen.

3.4.3.3 Den perfekten, einen String gibt es nicht: Sourcing ist ein Prozess!

> **Praxistipp**
>
> Ich empfehle Ihnen, die jeweiligen Suchanfragen vorzubereiten und nacheinander anzuwenden. Dabei sollten Sie auch in Erwägung ziehen, nicht nur verschiedene Sources vorzubereiten, sondern ebenfalls in einer Quelle die Möglichkeit der verschiedenen Suchfelder zu nützen.

3.5 Warum Ihr Employer Branding eine entscheidende Rolle spielt

Employer Branding nennt man den Prozess, eine Arbeitgebermarke zu schaffen und zu halten. Die Arbeitgebermarke (Employer Brand) erzählt der Welt, einschließlich Ihrer aktiven und passiven Kandidaten, wie es ist, für Ihr Unternehmen zu arbeiten und wofür das Unternehmen steht, aber auch, was es einzigartig macht. Technisch umfasst die Arbeitgebermarke die Darstellung des Wertesystems eines Unternehmens und seine Art, nach innen und außen zu agieren. Es hat also das Ziel, derzeitige und potenzielle Mitarbeiter zu gewinnen, zu motivieren und zu halten und ist damit die Basis der Personalbeschaffung.

Vom Tagesgeschäft über Teamaktivitäten bis hin zur Gemeinschaft – alles, was Ihr Unternehmen umfasst, korreliert mit Ihrer Arbeitgebermarke. Und auf dem sich heute verändernden Markt ist Ihre Arbeitgebermarke entscheidend für den Erfolg Ihrer Strategie zur Talent Acquisition und damit auch des Talent Sourcings.

Best Practices im Bereich Consumer Marketing und Branding haben uns beigebracht, dass es bei einer Branding-Strategie – in Bezug auf einen passiven oder aktiven Interessenten – nicht einfach nur um die Produkte geht, die eine Firma anbietet, promotet und verkauft. Es handelt sich stattdessen um die Reputation und ob diese die Zielgruppe beeindruckt oder sogar potenzielle Kunden »begeistert«. Wer dies im Branding nicht beherzigt, gibt seiner Marke keine Chance.

Diese sollten Unternehmen in die Talent Acquisition und damit auch in das Employer Branding übernehmen. Wir wissen, dass sich die Online-Landschaft unbeständig und schnell entwickelt. Doch Unternehmen verhalten sich im Recruiting starr und linear und damit asynchron zu dem Bewerbermarkt. Sie passen oft ihr Employer Branding noch weniger an die sich verändernden Wünsche und Bedürfnisse von aktiven Kandidaten an.

Ursache ist, dass sich Human Resources in vielen Prozessen tool- und technikfixiert verhält und veraltete Kandidatenmodelle zugrunde legt. Ein schönes Beispiel sind die

3.5 Warum Ihr Employer Branding eine entscheidende Rolle spielt

Karrierewebsites oder Job Sites der Social-Media- oder anderer Online-Präsenzen, die unter der Prämisse erstellt wurden: »Bitte gehen Sie einfach auf unsere Stellenausschreibungen, dort finden Sie alles, was Sie brauchen«, und im Grunde dann oft nur eigene Jobboards verpacken.

> **Praxistipp**
> Monitoren und überprüfen Sie Ihren Employer Brand ständig. Preise für das Employer Branding zu gewinnen, heißt nicht, dass Sie sich darauf ausruhen können. Im Digitalen Change verändern sich die Dinge so schnell und so unerwartet, dass es keine Regel gibt. Deshalb müssen Sie professionell agieren, was gleichbedeutend mit »flexibel und anpassungsbereit« bleiben ist.

Nur ganz selten kommen Unternehmen auf den revolutionären Ansatz, den Omnichannel-Ansatz, d. h., die Chancen zu wahren, über verschiedene Märkte und Präsenzen hinweg sich für alle möglichen Talentgruppen gezielt zu vermarkten und den Personalbeschaffungsprozess wirklich nicht nur zu aktivieren, sondern sogar zu steuern.

Dies fängt damit an, dass man sich klar machen muss, dass die Unternehmensmarke und die Arbeitgebermarke miteinander verbunden sind, sich jedoch voneinander unterscheiden. Wenn ein potenzieller Käufer mit Ihrer Website für Marketing-Websites interagiert oder ein Kandidat mit Ihnen in den Sozialen Medien in Kontakt tritt, erzählen Sie als Marke eine Geschichte. Ist diese aus Kandidatensicht gelackt, abweisend, unpersönlich, lieblos oder sogar unprofessionell, nützt Ihnen die tollste Karrieresite nichts.

Dies können Sie mit keiner noch so wertschätzenden Ansprache im Active Sourcing reparieren. Passive Kandidaten googeln Sie nach der Ansprache oder fragen Freunde. Wenn Sie es bis zum nächsten Schritt schaffen, in dem potenzielle Kandidaten sich Ihre Karrieresite ansehen, sind Sie schon ein Stück weiter. Ist diese Website aber nur für aktive Bewerber gemacht, sind spätestens dann Ihre Sourcing-Bemühungen umsonst. Passive Talente agieren, entscheiden und verhalten sich anders als Bewerber – sie sind einfach komplizierter, da sie gerade mal als neugierige Website-User Ihre Karrierepage besuchen.

> **Praxisbeispiel**
> So wie ich es als Personalleiterin noch vor der Zeit des Internets erlebt habe, dass früher so mancher Personalberater Geschichten über Unternehmen erzählen konnte, die wir erst im Unternehmen während des Interviews verifizieren mussten, so erlebe ich heute oft, dass semi-aktive und passive angesprochene potenzielle Kandidaten aus dem Sourcing-Prozess aussteigen, wenn sie die Unternehmenspage oder andere Online-Präsenzen der Unternehmen besucht haben.

> Ich gehe auch davon aus, dass, wenn ein Sourcer keine Antwort erhält, viele Talente bereits aufgrund der gefundenen Online-Informationen über die Unternehmen nicht antworten. Das Feedback kann sogar sehr hart ausfallen und in Zitaten der passiven Talente gipfeln wie: »Das Unternehmen gibt viel Geld für Anzeigen aus, aber mich als Experten wollen sie ja gar nicht«, oder: »Wenn man die Erwartungen in den Anzeigen liest, hat man das Gefühl, sie sind so verzweifelt, dass sie alles nehmen. Das habe ich nicht nötig.«

Dort, wo Linien definierter werden, also wo Interessenten nachdenken, überlegen und kritischer prüfen, wo Kandidaten mehr wissen wollen, die Kultur einbeziehen und Kollegen fragen, verschieben sich deren Erwartungen und Ziele im Vergleich zu den eigentlichen Bewerbern. Aktive Bewerber gehen noch einen weiten Weg mit, ändern sogar ihre Profiltitel in die Stellentitel, die sie in den Jobboards finden, und versuchen alles, um gefunden zu werden. Sie akzeptieren sogar im Zweifelsfall Karriere-Site-Steps.

Das kurzfristige Denken, ein paar aktive Kandidaten mehr durch das Sourcing zu gewinnen, als dies durch eine Anzeige möglich ist, und deshalb im Branding nichts machen zu müssen, ist im Grunde eine Selbstlüge. Das eigentliche Ziel des Active Sourcings sind die passiven Kandidaten. Diese sind vorsichtiger, wollen eher erst einmal netzwerken und stellen mehr und andere Fragen (siehe auch den Vergleich der aktiven und passiven Talente in Kapitel 1.5.3).

Die meisten Employer Brands werden und wurden für aktive Bewerber gemacht, die Bedürfnisse der passiven Talente werden meist – in Unkenntnis der Unterschiede – außer Acht gelassen. So werden Versprechen gegeben, viel Engagement betrieben und Systeme aufgebaut, die allein schon schwer aufzubauen sind. Aber sie funktionieren bzw. unterstützen oft die Sourcing-Ansprache nicht. Oder schlimmer: konterkarieren sie.

Aber die Definition eines guten, umfassenden Employer Branding geht noch weiter: Ihr Sourcing-Erfolg ist nicht nur von der Ansprache abhängig, sondern auch von der »Conversation Rate«, also der Besetzung der Stelle. Diese allerdings definieren viele der US-amerikanischen Kollegen nicht nur mit der »Besetzung der Stelle«, sondern mit der Zahl der Talente, die sich für den angebotenen Job ernsthaft interessieren bzw. die dann mit Ihnen als potenziellem Arbeitgeber im Kontakt bleiben und netzwerken wollen. Somit verbinden viele Sourcer den Sourcing-Erfolg damit, wie viele Talente sie tatsächlich überzeugen konnten, auch für eine dauerhafte Netzwerk-Beziehung sowie die Aufnahme in einen Talent Pool. Das Recruiting nach dem Just-in-Time-Prinzip wirkt oft in der Talent Acquisition wie tödliches Gift.

Eine gute Arbeitgebermarke ist leider aber auch umgekehrt schnell zerschlagen. Denn negative Informationen verbreiten sich wie in der realen Welt auch im Web schneller und leichter als gute. Unpersönliche Kontaktaufnahmen, »Druck-Machen« oder einfach falsche Versprechungen (aus welchem Grund auch immer) sind toxisch für die

Reputation – egal ob sie in Eile, aus Unkenntnis oder per »administrativer« Anweisung geschehen.

> **Praxistipp**
> Wer versucht, erfolgreiches Active Sourcing zu betreiben, muss zuerst einmal seine Personalmarketing- und seine Employer-Branding-Hausaufgaben machen. Daran sollten sich auch alle Recruiter-Sourcer und die Sourcing-Dienstleister halten.

Machen Sie sich nichts vor, in der Personalbeschaffung gilt das Resonanzgesetz: Wie die Sourcer (intern oder extern) behandelt werden, werden diese in den Markt hineinrufen – und so schallt es wieder zurück. Wenn Sie Ihren Sourcern nicht helfen, Ihr Unternehmen zu repräsentieren und nach außen zu vertreten, dann spüren Talente das. Sie müssen sich gerade auch im Active Sourcing über die Candidate Experience nicht nur Ihrer Bewerber, sondern auch der passiven Kandidaten im Klaren sein.

Ich erlebe in der Ansprache immer wieder, dass das Selbstbild der Unternehmen, bestätigt durch die aktiven Kandidaten bzw. Bewerber, vom Fremdbild der passiven Talente abweicht. Es gibt sogar Unternehmen, die Employer-Branding-Preise erhalten, Unsummen in Karrieresites und Online-Präsenzen stecken, aber deren Reputation im Talent Sourcing so schlecht ist, dass dies zu äußerst geringen Antwortraten führt. Am Ende kommt es zu keinen Besetzungen durch passive Kandidaten.

> **Praxistipp**
> Meist ist eine Employer Brand auf den Bewerbermarkt und damit sogar auf nur einen Teil der aktiven Kandidaten ausgerichtet. Dennoch erhoffen sich Firmen durch diese Bemühungen und Aktivitäten auch Ausstrahlungseffekte auf alle anderen Talent-Gruppen bis hin zu den passiven und super-passiven Talenten. Aber Hoffnung ist keine tragfähige Basis für Beziehungsmanagement – daran muss aktiv gearbeitet werden.

Die Arbeitgebermarke kann nur dann effektiv sein, wenn sie die bestmöglichen Talente erreicht. Wer aber diese »bestmöglichen« und »passenden« Talente gar nicht erst richtig definiert und zu verstehen versucht, der limitiert sich selbst. Wenn man dann zusätzlich im Rekrutierungsmarketing auch noch wichtige Kanäle, Methoden oder Wege nicht beachtet, werden wichtige Kandidaten verpasst. Ein Handgranaten-Marketing-Ansatz mit einer Überpräsenz in bestimmten Portalen kann das nicht lösen. Es ist ineffizient, kostenintensiv und kann gerade die feinsinnigeren, potenziellen passiven Kandidaten für Ihre Nachrichten taub machen. Ihre Aktivität kann jederzeit als Verzweiflung wahrgenommen werden oder Sie stören einfach.

Die neuen Talent Acquisition Tools, die Personalmarketing oder Employer-Branding-Werbung bei bestimmten Zielgruppen einspielen, sind oft noch nicht ausgereift und nur so gut wie die Zielgruppendefinition und das Verständnis der Zielgruppe. Sind hier nur aktive Kandidaten impliziert, fühlen sich passive Talente schnell so genervt wie Sie als Privatperson, wenn Sie in Amazon ein Zelt kaufen und noch drei Monate lang auf allen Portalen und Websites Werbung für Zelte aller Art sehen, obwohl Sie keine zwei Zelte kaufen möchten. Aber richtig gemacht hilft diese moderne Form der Talent Acquisition dem Employer Brand dabei, die Kunst des Geschichtenerzählens mit perfektem Timing zu kombinieren. Idealerweise sieht die Zukunft der Talent Acquisition und damit der Sourcing-Unterstützung so aus, dass eine Omnichannel-Media-Lösung so gezielt individualisierte werbende Informationen einspielt, dass das Personalmarketing in Jobboards überflüssig wird.

Die Zukunft gehört der künstlichen Intelligenz im Passive Sourcing, die in der Lage ist, auch in einem dynamischen Markt die passiven Kandidaten am richtigen Ort, zur richtigen Zeit und mit den richtigen Botschaften zu erreichen und – kandidatenzentriert – auch nach deren Sicht sie angenehm und damit erfolgreich zu bespielen. Diese Zukunft wird ohne ein angepasstes neues Employer Branding für alle Zielgruppen nicht funktionieren.

4 Die Sourcing-Planung und -Vorbereitung

4.1 Die Einzelschritte der Sourcing-Planung in der Praxis

Der erste Schritt eines jeden Sourcers sollte sein, das Jobprofil aus Sourcer-Sicht zu analysieren und zu verstehen. Es ist die Basis einer Suche, denn Fehler, die am Anfang gemacht werden, ziehen sich durch das ganze Projekt durch. Deshalb ist die Anzeige eine wichtige Grundlage – auch um den Unterschied zwischen den aktiven und passiven Talenten festzulegen und zu erkennen. Unter Umständen macht sogar eine gezielte Suche nach aktiven Talenten Sinn. Oft nützen hierfür andere Suchbegriffe und Strings als für semi-aktive und passive Talente.

Ebenso sollte man als Nächstes prüfen: Wo hält sich meine Zielgruppe online auf und wie kann ich sie erreichen? Es nützt wenig, die Talente zu finden, wenn man sie nicht kontaktieren kann bzw. darf.

Nachdem man die Stelle analysiert hat, ist die Candidate Persona der nächste Schritt – also die Suche danach, wie die Talente online auftreten und damit gefunden werden können. So identifiziert man auch die guten Sources, weil die richtigen Talente dort ihre Digital Footprints und Datenspuren hinterlassen.

Nachfolgend kann man eine erste grobe Struktur der Suchbegriffe erstellen und prüfen, ob man damit auch in die richtige Richtung der Suche geht. Bei diesen Tests und Prüfungen sollte man zudem klären, welche Methodik und welche Tools hilfreich oder Voraussetzungen sind.

Haben Sie die richtigen Keywords und Ihre Kombinationen, ist der nächste Schritt, die Sourcing-Kommunikation vorzubereiten. Durch die Keyword-Analyse wissen Sie, welche Begriffe für das passende Talent zentral sind, und diese sollten Sie dann auch vorsichtig, aber klug im Kontakt mit Ihren Talenten einsetzen.

Nun können Sie zuerst ans Finden und im nächsten Schritt ans Identifizieren gehen, Sie finden hierzu in Kapitel 5 Tipps und Tricks

4.2 Die Jobbeschreibungen aus Sourcer-Sicht

Die Jobanalyse und die Jobbeschreibung sind sowohl im Recruitingprozess als auch im Sourcing entscheidende Elemente. Im Recruiting führt die Jobbeschreibung nicht nur einfach zur Stellenausschreibung und im Direct Search nicht nur zur Cover Story, sondern sie ist das Fundament des ganzen nachfolgenden Auswahlprozesses und damit die Basis für alle Beurteilungen. Viele wissenschaftlichen Abhandlungen in der Organisationsentwicklung sehen in ihr sogar die kleinste Einheit der gesamten Organisationsperformance.[70] Fehler, die hier gemacht werden, können zwar korrigiert werden, sind aber immer zeit- und kostenintensiv und münden, wenn alles schiefläuft, in einer Fehl-Einstellung. Sie haben zudem weitreichende Auswirkung auf die Motivation der Kollegen, die Prozesse der Unternehmen und im Zweifelsfall sogar auf die Wertschöpfung im Unternehmen selbst.

Da Sourcer andere Sichtweisen sowie andere Schwerpunkte auf die Personalsuche und -auswahl haben, ist dies immer auch gleichzeitig eine gute Gelegenheit, Veränderungen, die das Sourcing in den Personalbeschaffungsprozess und damit das Recruiting einbringt, als Chance zur Überprüfung der bisherigen Auswahlprozesse zu nehmen. Der Sourcing-Prozess ist selbst stark digitalisiert und kann so allen gekoppelten Prozessen im Recruiting und der Talent Acquisition helfen, sich im Sinne der digitalen Transformation weiterzuentwickeln. Deshalb ist es empfehlenswert, wenn man wenig hilfreiche oder gar schlechte Praktiken feststellt, die sich im Recruiting eingeschlichen haben, diese zu beseitigen und durch bessere zu ersetzen.

4.2.1 Die Stellenbeschreibung aus Sourcer-Sicht

Es gibt nur wenige Einstellungselemente in der Geschäftswelt, die so vertraut sind wie die Berufsbeschreibung, und eine der grundlegendsten und fest verwurzelten Komponenten ist die Liste der möglichen Qualifikationen und Fähigkeiten. Zum Beispiel sagt eine aktuelle Stellenanzeige für eine Vertriebsleitungsposition auf Monster.com aus, dass Bewerber »einen Bachelor-Abschluss, mindestens zwei Jahre im Gesundheitswesen IT oder einem verwandten Bereich, ausgezeichnete Kommunikationsfähigkeit und Teamfähigkeit mit einer positiven Einstellung« vorweisen sollten.

Diese Liste der Qualifikationen erscheint uns nach gesundem Menschenverstand sinnvoll. Und dennoch kann dieser vernünftige Ansatz bei der Rekrutierung das größte Hindernis sein, um die beste Person für einen Job zu finden. Warum? Weil solche Stellenbeschreibungen in einer fehlerhaften und obsoleten Denkweise von Mitarbeitern wurzeln. Das heißt, sie betrachten Kandidaten als Durchschnittswerte anstelle von Individuen.

Diese fehlgeleitete Denkweise entstand in Europa im 19. Jahrhundert mit der Erfindung des »Average Man« durch einen belgischen Mathematiker, der die erste Genera-

---

[70] C. M. Siddique, Job Analysis: A Strategic Human Resource Management Practice, The International Journal of Human Resource Management, 2004; https://www.tu-chemnitz.de/hsw/psychologie/professuren/ppd/lehre/AS/skripte/testtheorie_teilstandardisierte_verfahren/wintersemester_201516/Dozentin_Luong/gruppe_1/siddique_2004.pdf.

tion von Sozialwissenschaftlern dazu brachte, die Praxis der »Typologisierung« zu entwickeln, d. h., die Qualitäten jeder Klasse von Leuten nach den wesentlichen Merkmalen des »Soldatentyps«, »kriminellen Typs« oder »Hüttenarbeiter-Typs« zu beschreiben.

Kontextprinzip
Eines der Schlüsselkonzepte der Wissenschaft des Individuums ist das *Kontextprinzip*, das besagt, dass Leistung immer von der Interaktion eines bestimmten Individuums mit einer spezifischen Situation abhängt. Es ist bedeutungslos, die Fähigkeit oder das Potenzial eines Individuums zu bewerten, ohne auf die Umgebung Bezug zu nehmen, in der die Person auftritt. Das Kontextprinzip hat viele der Felder, die einst auf die Typisierung angewiesen waren, bereits verändert. Es birgt jedoch das größte Potenzial für die Einstellung von Mitarbeitern durch Unternehmen.

Denken Sie an die oben genannte Verkaufsbelegungsbeschreibung. Dieser Job erfordert, dass Kandidaten einen Bachelor-Abschluss besitzen, wahrscheinlich weil der typische Verkaufsleiter einen Bachelor-Abschluss besitzt. Als Nächstes verlangt die Stellenbeschreibung mindestens zwei Jahre Erfahrung. Auch dies ist vermutlich die durchschnittliche Erfahrung, die ähnliche Vertriebsleiter besitzen. Und schließlich auf »ausgezeichnete Kommunikationsfähigkeiten« zu bestehen, mag wie ein Kinderspiel erscheinen, aber wieder einmal ist dies eine durchschnittliche Zusammenfassung anstatt präzise und erklärend.

Keine dieser Anforderungen bietet einen Einblick in die tatsächliche Konstellation der Fähigkeiten eines Kandidaten, und wichtiger noch, die Erfüllung dieser Anforderungen liefert fast keine nützliche Information darüber, ob der Kandidat die spezifische Leistung, die wir in den spezifischen Arbeitskontexten benötigen, ausführen kann.

4.2.2 Die Jobanalyse – den Job verstehen

Es ist wichtig, genau zu wissen, wonach Sie suchen, bevor Sie mit dem Sourcing-Prozess beginnen. Eine Jobanalyse ist der Prozess, der durchgeführt wird, um Informationen über die Aufgaben, Verantwortlichkeiten, notwendigen Fähigkeiten, Ergebnisse und das Arbeitsumfeld eines bestimmten Jobs zu sammeln. Sie benötigen so viele Informationen wie möglich über den Job, um eine effektive Stellenbeschreibung zusammenzustellen.

> **Praxistipp** !
> Führen Sie sich immer vor Augen, dass das, was Sie suchen und finden und dann letztlich beurteilen, die persönlichen Daten und Teil des Digitalen Zwillings von Menschen sein kann. Mal unabhängig von den rechtlichen Einschränkungen und den verschiedenen subjektiven Einstellungen, wie man auch online andere Menschen beurteilen darf oder nicht: Diese

> Datenspuren gehören immer zu einem Abbild eines Menschen. Dieses Spiegelbild hat die gleiche Wertschätzung verdient wie der reale Mensch selbst. Deshalb sollten Sie immer nur öffentliche Daten nützen, egal, wie gut Sie »hacken« und andere Informationen finden können (siehe auch Kapitel 2.8).

Bevor Sie die folgende Checkliste einsetzen, möchte ich Ihnen noch einen Tipp geben: Bitte betrachten Sie die Liste nur als einen Vorschlag für eine Prüfung, es ist nicht notwendig, alle Fragen abzuarbeiten.

CHECKLISTE zur Jobanalyse aus Sourcer-Sicht

1. Welche Schreibweisen gibt es für den Jobtitel?
2. Welcher Beruf liegt dem Jobtitel zugrunde?
3. Welche Aufgaben beinhaltet der Job, die dann im Online-Verhalten erkennbar sein könnten?
4. Welche Art von Aufgaben sind das und wie unterscheiden sich hier Leistungsunterschiede online?
5. Welche Arten von Fähigkeiten werden benötigt, um diese Aufgaben zu erfüllen (manuelle Fähigkeiten, Schreibfertigkeiten, Verkaufsfähigkeiten, Führungsqualitäten) und wie können diese sich online zeigen?
6. Welche Arten von Wissen und Know-how sind für diesen Job möglich und nötig: Ausbildung, Studium, Weiterbildung, EDV- und Softwarekenntnisse, Fremdsprachen?
7. Welche Einstellungen sollte das Talent haben? Muss der Kandidat freundlich, flexibel, fürsorglich usw. sein? Wie zeigt sich das online?
8. In welchem Kontext wird die Arbeit ausgeführt? Steht die Person in ständigem Kontakt mit Kunden oder anderen Mitarbeitern?
9. Welche Verantwortungsebene gibt es? Wem würde der Stelleninhaber Bericht erstatten und welche Art von Überwachung wird benötigt?
10. Wie würden sich die Arbeitsbedingungen auf die Art der Person auswirken, die den beruflichen Anforderungen entspricht?

Wie sammelt man die Informationen?
Es gibt eine Reihe von Möglichkeiten, wie Sie die Informationen für eine Jobanalyse sammeln können. Im Folgenden finden Sie einige Personen, durch die Sie sich ein klareres Bild zu den Jobanforderungen machen können:

- jemand, der die Stelle in der Vergangenheit innegehabt hat – diese Person wird viele Informationen über den Job haben, auch wenn sie aufgrund ihrer Erfahrung voreingenommen sein kann. Wenn der Job ein neuer Job ist, müssen Sie mit der nächsten kompetentesten Quelle sprechen;
- die Gruppe oder das Team, in der die Arbeit ausgeführt werden soll – in einer kleineren Geschäftseinheit, die unter Druck steht, werden die vorhandenen Mitarbeiter die Arbeit wahrscheinlich schon in gewissem Maße erledigen;

- der Chef oder die Person, die direkt für die Überwachung des neuen Jobs verantwortlich ist – es ist wichtig zu beachten, dass dies keine sehr genaue Quelle für berufsbezogene Informationen ist, da diese Person Kriterien in Bezug auf ihre eigenen Präferenzen anbieten könnte.

Sie sollten möglichst immer mehr als eine Informationsquelle verwenden, wenn Sie darüber entscheiden, was der Job erfordert. Wenn Sie Schwierigkeiten haben, die benötigten Informationen aus den oben genannten Quellen zu erhalten, sprechen Sie mit Mitarbeitern und Vorgesetzten anderer Unternehmen, die ähnliche Positionen haben.

Ein wichtiges Konzept in der Jobanalyse ist, dass es sich um eine Bewertung des Jobs handelt und nicht um die Person, die den Job macht. Das Endprodukt einer Jobanalyse umfasst ein gründliches Verständnis der wesentlichen Funktionen des Jobs, eine Liste aller Aufgaben und Verantwortlichkeiten, einen prozentualen Anteil der für jede Aufgabengruppe aufgewendeten Zeit, die relative Bedeutung des Jobs im Vergleich zu anderen Jobs, das Wissen sowie Fähigkeiten und Fertigkeiten, die zur Ausführung des Jobauftrags benötigt werden.

Sobald eine gründliche Jobanalyse abgeschlossen ist, können Sie eine Stellenbeschreibung zusammenstellen und mit dem Rekrutierungsprozess beginnen, indem Sie genau wissen, wonach Sie suchen.

4.2.3 Das Ziel: die leistungsbasierte Jobbeschreibung

Der Unterschied zwischen einer durchschnittlichen und einer tollen Jobbeschreibung ist ziemlich klar: Eine durchschnittliche Stellenbeschreibung konzentriert sich auf die Person und ihre Eigenschaften, während eine tolle sich auf das konzentriert, was sie am Ende des Tages liefern kann.

Lou Adler, der Schöpfer des Begriffs der leistungsbasierten Jobbeschreibung[71], hat gesagt, dass viele Arbeitgeber daran festhalten, ihre besonderen Talente (in den USA lila Eichhörnchen genannt) auf der Basis einer Liste von Fähigkeiten, Leistungen, Erfahrungen, Charaktereigenschaften und anderen Faktoren zu finden. Allerdings sagt er auch, dass, nur weil jemand all diese Fähigkeiten hat, dieser nicht unbedingt kompetent und bereit sein wird, die Arbeit zu machen.

---

71 Lou Adler, How to Hire for Results, Not Pedigree, 2013; https://www.inc.com/lou-adler/performance-based-job-descriptions.html.

Eine leistungsbasierte Jobbeschreibung definiert die Arbeit, die getan werden muss, nicht die Person, die sie ausführt. Viele Sourcer und Recruiter denken, dass ihre Stellenbeschreibungen dies bereits tun, aber die meisten beschäftigen sich nur mit einzelnen »Leistungen«, bleiben aber bezogen auf das Ziel der Aufgabenstellung ziemlich vage. Eine leistungsbasierte Jobbeschreibung listet genau auf, was ein Kandidat tun muss, um erfolgreich zu sein.

So kann man nur in der Abweichung, sowohl in der Findephase also auch in der Selektionsphase, erkennen, wie leistungsorientiert das einzelne Talent ist. Letztlich ist auch gerade für diese Leistungsorientierung eine Leistungsabfrage für das Talent wichtig. So kann es viel besser erkennen, ob es sich selbst zutraut, die Aufgabenstellung erfolgreich durchzuführen beziehungsweise ob es dies überhaupt möchte.

Hier sind einige einfache Beispiele:
- SEO-Manager: Die Leistungserwartung ist die Steigerung des organischen Traffics um 200 % bis Ende des Jahres sowie der Erhalt von fünf hochwertigen Backlinks pro Woche.
- PR Referent: 10 Präsentationen pro Monat für Schlüsselpersonen sowie das Erstellen eines wöchentlichen Reports über die Berichterstattung der Schlüsselpersonen in den Medien.
- Sales and Outbound Expert: 70 ausgehende Anrufe pro Tag sowie 20 qualifizierte Leads pro Monat.

Eine leistungsbasierte Jobbeschreibung definiert die Arbeit, die getan werden muss, nicht die Person, die sie ausführt. Das simple Geheimnis für das Schreiben einer gut umrissenen leistungsbasierten Stellenbeschreibung ist:
- Schreiben Sie alle Erwartungen für einen neuen Mitarbeiter auf.
- Definieren Sie die Aufgaben eines neuen Mitarbeiters.
- Machen Sie daraus eine kurze, gut umrissene leistungsbasierte Stellenbeschreibung.

Es gibt drei deutliche Vorteile dieses Ansatzes:
1. Erstens werden Sie sich fokussieren und Kandidaten zurückstellen, von denen Sie denken, dass sie die erforderlichen Ziele nicht erreichen können.
2. Zweitens werden Sie nur diejenigen anziehen, die diese Ziele als Herausforderung betrachten. Auf diese Weise stellen Sie sicher, dass Sie die besten Leute für den Job bekommen.
3. Drittens werden Sie anders suchen und finden – denn Sie konzentrieren sich mehr auf die richtige, passende Zielgruppe an den Orten und bieten diesen den passenden Job an, wenn Sie diese kontaktieren.

4.3 Die Sourcing Candidate Personas

Heutige Stellenbeschreibungen halten mehrheitlich nur Ist-Zustände und linear aus der Vergangenheit abgeleitete Erwartungen fest, wie zum Beispiel Ausbildung, Berufserfahrung oder Skills. Performance der möglichen zukünftigen Stelleninhaber, aber auch das Talent, Eignung und Potenzial werden oft nicht präzisiert.

Doch der Digitale Change entwickelt sich nicht linear und bringt sogar disruptive Veränderungen mit sich. Lineare Ableitungen aus der Vergangenheit führen immer öfter zu Fehlschlüssen. Es kommt immer mehr darauf an, Online- und Offline-Informationen auch in der Personalbeschaffung zu kombinieren. Zukünftiges Talent und Potenzial mit Blickrichtung Digital Change nur mit Offline-Maßstäben zu identifizieren zu versuchen, schlägt zunehmend fehl. Denn Menschen verhalten sich online anders als offline. Deshalb ist das digitale Bild eines Menschen, der »Digitale Zwilling«, kein direktes Spiegelbild der Realität und muss anders interpretiert werden Dafür stehen uns online andere Erkennungstools und -methoden zur Verfügung. Diese geben uns auch die Möglichkeit, Informationen über Talente zu kombinieren und zu einem Gesamtbild zusammenzusetzen. So können wir sie erkennen:

4.3.1 Die Sourcing-Stellenbeschreibungen und Candidate Personas

Menschen verhalten sich online anders als offline – oder in anderen Worten, wir ändern unser Verhalten und unsere Wahrnehmung, wenn wir ins Web gehen. Dies zeigt sich in großen Dingen, wie andere Werte oder ein anderes Sicherheitsbedürfnis, und in kleinen Details wie zum Beispiel andere Berufsbezeichnungen oder Titel. Viele Menschen stellen ihren Job online ganz anders dar. Viele haben online eine andere Selbstwahrnehmung und pflegen ein anderes Image. Sie können diese Liste endlos lang fortsetzen.

Um auch den Details gerecht zu werden, ist die beste Vorbereitung, ein auf das Sourcing und den Sourcing Workflow abgestimmtes Stellenprofil (Job Profile) zu erarbeiten. Meine Empfehlung ist, wenn es nur irgendwie möglich ist, dazu Rücksprache mit dem Fachbereich zu nehmen. Es ist zu wenig, nur mit einem Anzeigentext und den Keywords aus dieser Anzeige zu agieren, denn damit entgeht Ihnen am Ende eine große Anzahl der passiven und semi-aktiven Kandidaten, die zum Beispiel andere Keywords nützen.

Erfolgreiche Sourcer erstellen eine spezielle Sourcing-Stellenbeschreibung. Wir wissen, dass passive Talente nur interessiert werden können, wenn sie einen Karriereschritt erkennen. Diese Tatsache sollte bei der Erstellung der Stellenbeschreibung einfließen, damit man im nächsten Schritt die richtigen Suchbegriffe findet. Denn diese

Talente, die derzeit nicht aktiv auf der Suche sind, nutzen sehr oft andere Titel und Fachbezeichnungen. Wenn man somit die passiven Talente besser bestimmen kann, kann man danach Quellen prüfen und die richtigen Tools festlegen. Wer durch die Jobbeschreibung nicht das richtige Fundament schafft, wird sich schwertun, die richtigen Talente online zu erkennen.

Typische Online-Verhaltensmuster ergeben Gemeinsamkeiten aller möglichen »typischen Talente«, nach denen man gezielt suchen kann – wenn man sie vorher festgelegt hat. Das gesamte Online-Abbild eines »typischen« Kandidaten nennt man **Candidate Persona**. Es ist sozusagen die Zusammenfassung der potenziellen Online-Spuren, genannt Digital Body Language[72], eines möglichen Kandidaten. Es ist die Übersetzung der Jobanforderung in die Sprache der Talente. Eine solche gut erstellte Persona hilft beim Suchen und Finden, oder genauer gesagt, sogar oft beim Erkennen. Wie die Stecknadel im Heuhaufen, die man eigentlich nicht einmal direkt, wenn man davor steht, sieht – aber die man gezielt mit einem Magneten an der richtigen Stelle herausziehen kann. Candidate Personas helfen Orte, Worte, Verhaltensweisen zu bestimmen und vieles mehr.

Es wird viel über sogenannte Candidate Personas geschrieben. Die Idee stammt aus dem Thema der User Persona.

> **Praxistipp**
>
> Ein kurzer Definitionsversuch für eine Candidate Persona im Sourcing:
> Es handelt sich um die zusammengefassten und erkennbaren digitalen Online-Spuren der potenziellen Talente, der sogenannten Digital Body Language, der typischen und passenden realen Stellenbesetzung.

---

72 Steve Woods, What is Digital Body Language, in Digital Body Language, 2009.

4.3 Die Sourcing Candidate Personas

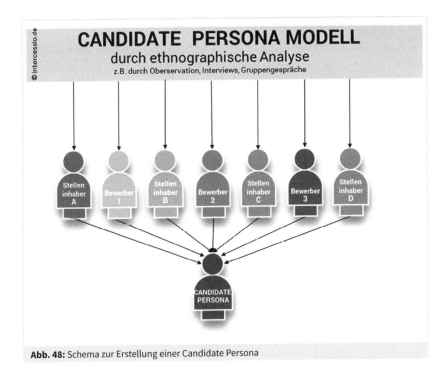

Abb. 48: Schema zur Erstellung einer Candidate Persona

Das Erstellen einer guten und einfachen Candidate Persona ist eine wichtige Voraussetzung für Ihren Sourcing-Erfolg. Denn Sie können nur etwas wiedererkennen, das Sie vorher schon einmal gesehen bzw. sich vorgestellt und definiert haben.

Dazu überprüft man 10-20 Profile von Stelleninhabern der zu besetzenden Stelle: Kollegen, die den gleichen Job machen; Bewerber, die passen könnten oder ehemalige Mitarbeiter und Wettbewerber. Man sucht nach Gemeinsamkeiten in der Darstellung, in der Wahl der Sources, der Sprache, Ausdrucksweise, Fachbegriffe, deren Abkürzungen und natürlich in der Konsequenz nach den richtigen Keywords und Keyword-Kombinationen.

Natürlich kann man keine Talente durch ein paar einzelne Keywords erkennen. Aber Menschen sprechen in Sätzen und setzen Worte in Zusammenhänge. Und schreiben auch so, selbst wenn sie Bruchstücke auf ihrem Profil hinterlassen. Dieses Schreiben hat oft Muster. Menschen mit bestimmten Persönlichkeitsmerkmalen, Werten und/ oder Skills haben eine hohe Wahrscheinlichkeit, bestimmte Wörter gleich wie Menschen mit analogen Eigenschaften und Fähigkeiten zu benützen.[73]

---

73 Beat Schaller in Die Macht der Sprache – Die Umbenennung, 1998.

Diese Muster und Zusammenhänge zwischen Sprache, Verhalten und Persönlichkeit können wir als erfahrene Personaler in der realen Welt sehr gut in Interviews erkennen. Zusätzlich legen valide und reliable Persönlichkeitstests und diagnostische Verfahren natürlich mit höherer Genauigkeit diese Zusammenhänge offen. Allerdings müssen wir diese Genauigkeit auch hier einschränken, denn Menschen sind so komplexe Konstrukte, dass wir keine ganzheitliche Beurteilungsprognose mit Genauigkeitsanspruch erstellen können.

Diese Zusammenhänge sind auch online da – nur anders. Deshalb muss man sie als Sourcer neu entdecken und sollte den Fehler vermeiden, nur Annahmen der realen Welt zu übertragen oder die Anzeige als einzige Grundlage zu nehmen. Als pragmatische Lösung ist die Erstellung eines Online-Bildes Ihres typischen Kandidaten, die Candidate Persona, faktisch Pflicht.

4.3.2 Die Persona-Gruppen in der Praxis

In der Praxis gibt es selten nur eine Candidate Persona – das wäre zu schön und zu einfach. Es gibt eine Faustregel, dass es sinnvoll ist, mindestens vier Persona-Gruppen zu identifizieren und festzulegen:
1. das tatsächlich beste und passende Talent – Primary Persona,
2. die nur in ein paar wenigen Details abweichende Secondary Persona,
3. und die Potential Persona, die nach einer (vielleicht sogar umfassenderen) Einarbeitung erfolgreich arbeiten könnte sowie
4. die Negativ Persona, die auf keinen Fall infrage kommt.

4.3 Die Sourcing Candidate Personas

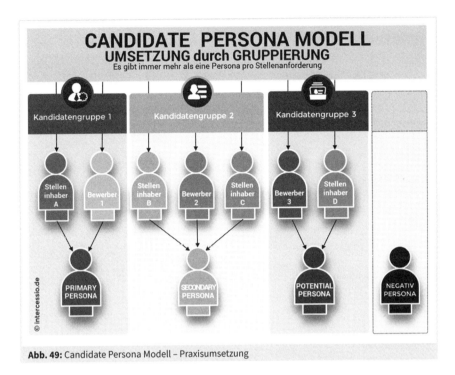

Abb. 49: Candidate Persona Modell – Praxisumsetzung

In der Praxis hat sich bewährt, bereits während der Gespräche mit dem Fachbereich diese vier Persona-Typen zu besprechen und gemeinsam in der Jobbeschreibung auch die weiteren Punkte festzulegen, wie die Einarbeitung für die Potential Persona. Fragen Sie den Fachbereichsleiter, ob er reale Menschen kennt, die diesen Persona-Typen entsprechen, und suchen Sie nach deren Social-Media-Präsenzen. Oftmals kann man zwischen den ersten drei Persona-Typen Gemeinsamkeiten feststellen. Dies ist sehr hilfreich im weiteren Prozess.

Bitte beachten Sie, dass aus Sicht der Fachbereiche bzw. Hiring Manager oft nur die Primary Persona infrage kommt. Sie wünschen sich keine Einarbeitung und suchen nicht selten nach dem perfekten Kandidaten. Es kann sogar sein, dass sie damit nur die aktiven Bewerber, die wirklich passen, im Fokus haben.

Damit würden sie faktisch das Active Sourcing ad absurdum führen. Denn niemand kann online durch die Ansprache sicherstellen, dass er nur aktive Kandidaten und obendrein die perfekt passenden finden und gewinnen kann. Deshalb macht es Sinn, vorher mit den Fachbereichen offen das Ziel der Gewinnung passiver Kandidaten zu besprechen und mit ihnen zu klären, unter welchen Umständen eine Secondary oder Potential Persona infrage kommen könnte.

Typen	Beschreibung	Einsatz
Primary Candidate Persona	Die zentrale und passende Candidate Persona, die die Stelle faktisch perfekt ausfüllt. Und für die diese Stelle auch genau der nächste passende Schritt ist.	Die Stellenbeschreibung passt genau zu dieser Person und spricht diese auch an – der geeignete Match. (Es gibt nur eine Primary Candidate Persona für jede Vakanz)
Secondary Candidate Persona	Andere potentielle Talente / Kandidaten mit Einschränkungen mit denen man prinzipiell dennoch die Position besetzen könnte	Stellenbeschreibung und Persona sind nicht direkt übereinstimmend – aber durch Maßnahmen könnte man die Stelle mit dieser Persona besetzen. Es gibt selten mehr als 2 Secondary Candidate Personas.
Potential Candidate Persona	Ist noch nicht auf Ebene Primary oder Secondary Persona – aber kann dahin entwickelt werden	Lokalisierung von Talenten, die sich bereits in diese Richtung entwickeln oder die entwickelt werden könnten.
Negativ Candidate Persona	Personas, die in dieser Auswahl nicht passen werden und´/oder auf keinen Fall die Stelle besetzen dürfen.	Das Gegenteil des passenden Talents/ Kandidaten

© intercessio.de

Abb. 50: Die 4 zentralen Candidate Personas (Quelle: Intercessio)

4.3.2.1 Die Primary Persona

Dies ist die zentrale und passende Candidate Persona, die die Stelle faktisch perfekt ausfüllt. Und für die diese Stelle auch genau der nächste passende Schritt ist. Es gibt immer nur eine Primary Persona und keine Varianten dazu.

Die Stellenbeschreibung passt genau zu dieser Person und spricht diese auch an. Die Primary Person ist der geeignete Match, aber nicht der Wunschkandidat, sondern das Onlinebild des besten Kandidaten. (Es gibt nur eine Primary Candidate Persona für jede Vakanz). Darin liegt ein großer Unterschied, weil man die Online-Eigenschaften festlegt, und dann die sucht, die man auch finden kann. Es nützt nichts, über Wünsche und Ideale zu sprechen, denn die kann man nicht finden, weil es sie nicht gibt.

4.3.2.2 Die Secondary Persona

Die Secondary Personas sind andere potenzielle Talente/Kandidaten mit Einschränkungen, mit denen man aber dennoch prinzipiell die Position besetzen könnte. Es gibt selten mehr als zwei Secondary Candidate Personas.

Im Sinne des Best-Match stimmen die Stellenbeschreibung und die Persona nicht direkt überein. Aber die Abweichungen sind gering und können durch Maßnahmen wie Trainings oder in der Einarbeitung behoben werden. Es steht also einer Stellenbesetzung durch diese Person nichts im Wege, außer der Vorgesetzte akzeptiert nur den besten Kandidaten oder den »Perfect Fit«.

4.3.2.3 Die Potential Persona

Die Potential Persona ist noch nicht auf der Ebene der Primary oder Secondary Persona – aber kann dahin entwickelt werden. Wie schnell diese Entwicklung vonstattengehen soll, sollte man bereits in der Definition der Stellenbeschreibung mit dem Fachbereich absprechen. Es gibt Situationen, in denen es keine Potential Persona gibt, oder anders: bei denen der Fachbereich keine Potential Persona akzeptiert. Es kann mehrere Potential Personas geben.

Die Herausforderung ist hier, das Potenzial online frühzeitig zu erkennen und die Talente zu lokalisieren, die sich bereits in diese Richtung entwickeln oder die entwickelt werden könnten.

4.3.2.4 Die Negativ Persona

Negativ Personas sind die Online-Abbilder der Talente, die in diese Auswahl nicht passen werden und/oder auf keinen Fall die Stelle besetzen dürfen. Während die Primary Persona eine Repräsentation eines idealen Kandidaten darstellt, ist eine negative – oder »ausschließende« – Persona eine Repräsentation desjenigen, den man sich nicht als Kandidaten vorstellen kann.

Nicht passend können zum Beispiel Seniors oder Profis sein, die zu fortgeschritten für die Funktion sind, oder aber Studenten und Praktikanten oder zu theoretische Talente, die sich nur mit ihren Inhalten für Forschung/Wissen beschäftigen oder potenzielle Kunden, die einfach zu teuer sind, um eingestellt zu werden. Es handelt sich also um definierte Miss-Matches.

4.4 Die 6 wichtigsten Sourcing-Methoden

Die Vorgehensweise beim Sourcing, mehrere Sourcing-Methoden in einem Prozess nacheinander einzusetzen, wird immer wichtiger für Ihren Sourcing-Erfolg. Denn dort, wo bereits der Fachkräftemangel und technische Limitationen der Tools und Plattformen den Sourcing-Aktivitäten einen sehr engen Rahmen setzen, ist oftmals eine komplett andere Vorgehensweise die Lösung.

Die nachfolgenden sechs Methoden haben sich in der Active-Sourcing-Praxis bewährt. Sie sind vielseitig einsetzbar und können auch kombiniert werden.

4 Die Sourcing-Planung und -Vorbereitung

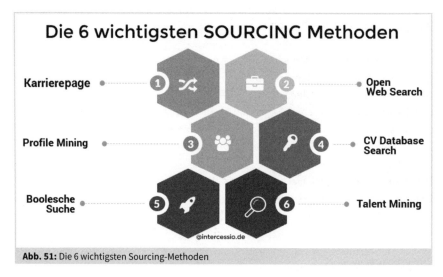

Abb. 51: Die 6 wichtigsten Sourcing-Methoden

Es ist unwahrscheinlich, dass Sie jeden Tag alle der nachfolgenden Methoden einsetzen müssen. Doch um als Sourcer gut vorbereitet zu sein, empfehle ich die Umsetzung dieser sechs Methoden zu beherrschen, damit Sie schnell und effizient reagieren können, wenn einer der Wege nicht mehr funktioniert.

4.4.1 Die Karrierepage

Auch wenn viele dies nicht direkt als Sourcing-Methode sehen – sie ist eine der einfachsten und wirkungsvollsten Sourcing-Methoden: die Erstellung und Pflege einer Talent Pipeline oder eines Talent Pools über eine Karrierepage, entweder im Web zusammen mit der Unternehmenswebsite in Form eines Forums oder als eine Gruppe oder Page in Social Media wie zum Beispiel Facebook oder LinkedIn.

Aktuell nutzt nur eine geringe Prozentzahl der Unternehmen diese Chance, eine Community auf diese Weise aufzubauen und die Kontakte mit dem Ziel eines Talent Pools zu pflegen. Dabei sind die Personen, die eine Unternehmenspage gelikt oder in einer Gruppe gepostet haben, alle bereits dem Unternehmen wohlgesonnen und könnten sowohl Empfehler als auch potenzielle Kandidaten sein.

Zwar ist eine Karrierepage auf einfache Art zu erstellen, doch die Pflege ist schon nicht mehr so einfach und zeitintensiv. Aber es gibt Unternehmen, die ausgesprochen erfolgreich mit dieser Methode sourcen. Ein herausragendes ist Siemens, die über ihre Unternehmensseiten in LinkedIn die Mehrheit ihrer Young Professionals in den MINT Berufen rekrutieren. Sie posten dort sehr intensiv spannende Themen und wenn jemand liked, wird sich dafür bedankt und ein Gespräch geführt. Ich kenne mehrere Sourcer, die ähnlich erfolgreich Facebook-Gruppen managen.

> **Praxistipp**
>
> Wenn Sie als Unternehmen eine Facebook-Page oder eine Karriereseite in XING bzw. in LinkedIn mit vielen Likes haben, dann empfehle ich Ihnen, den Kontakt zu diesen sogenannten »Prospects«, also möglichen Talenten oder Empfehlern, aufzunehmen. Sind es Ihre Mitarbeiter, dann haben Sie hier viele Empfehler, die Sie bitten können, Ihre offenen Stellen zu teilen. Alle anderen sind potenzielle Talente, mit denen Sie in Kontakt treten können, um zu klären, wie man sich weiter annähern kann. Zum Beispiel, ob Fragen bestehen oder Interesse an einer speziellen Position bzw. der Wunsch vorhanden ist, in Ihren Talent Pool aufgenommen zu werden.

4.4.2 Die Open Web Search

Jeder kennt sie. Doch nicht jeder kann die Open Web Search auf professioneller Ebene einsetzen. Sie ist unter »Googeln« bekannt oder wird auch manches Mal »Natural Language Search« genannt.

Suchbegriffskombinationen werden entsprechend der Sprache oder besser »wie man spricht« eingegeben, um den semantischen Algorithmus von Google, Bing oder Yahoo auf diese Weise zu nützen. Sie ist nicht effizient, aber gerade auch bei Semantischen Suchmaschinen erfolgversprechend, um passive Talente zu identifizieren.

> **Praxistipp**
>
> Die einfachste Form der Open Web Search ist intuitives Googeln. Da Algorithmen berechnen, wie Menschen tatsächlich kommunizieren, ist dies zwar keine gezielte und effiziente Sourcing-Methode, aber man kann durchaus auch erfolgreich damit finden – denn ein solcher semantischer Algorithmus lernt aus der Benutzung anderer und kann besonders dann Ähnlichkeiten berechnen, wenn man sich in die Sprachwelt der gesuchten Talente einfühlt. Sie zu berücksichtigen, ist also eine gute Lösung, solange man nicht lineare Ergebnissteigerungen erwartet. Das intuitive Nützen von logischen Suchmaschinen bringt immer nur ungefähr ähnliche Ergebnisse. Aber es bringt Ergebnisse, die man teilweise auch mit dem professionellen Googeln nicht erreichen wird.

4.4.3 Das Profile Mining

Das Profile Mining wird meist als die zentrale Sourcing-Methode gesehen: Man sucht in Social Media, bevorzugt in Business-Netzwerken, nach Profilen geeigneter Kandidaten. Da das Profile Mining in sehr unterschiedlichen Varianten durchgeführt werden kann und die große Zahl aller persönlichen Informationen in Social Media breit ist, sind auch viele Suchanfragen erfolgreich.

In der Regel suchen Sourcer mit den Suchmaschinen der Social-Media-Portale, bevorzugt in den Business-Netzwerken XING und LinkedIn, nach Profilen geeigneter

Kandidaten. Da alle Portale semantische Algorithmen einsetzen, die immer etwas Ähnliches finden, hängt die Qualität Ihres Suchergebnisses von Ihrem Suchkönnen ab. Je professioneller Sie Suchanfragen an XING und LinkedIn schreiben, umso näher rücken Sie Ihrem Sourcing-Erfolg.

Das Profile Mining ist besonders für Sourcing-Anfänger geeignet. Dennoch hat diese Suche einen großen Nachteil: Die Indexierung der Social-Media-Portale ist nicht so gut wie Googles Index. Deshalb gehört zu professionellem Profile Mining auch die Nutzung der X-Ray- bzw. Röntgen-Technik und die Suche nach öffentlichen Profilen mit Google (siehe Boolesche Feldkommandos in Kapitel 3.3.3).

> **Praxistipp**
>
> Heute wird vielfach angenommen, dass man semantische Algorithmen mit möglichst komplexen, langen Strings (am liebsten eine halbe DINA-4-Seite lang) mit Keywords unterschiedlicher Schreibweisen füttern soll. Dies wird besonders von einigen englischsprachigen Trainern so empfohlen. Das ist aber reine Theorie und funktioniert in der Praxis nicht, schon gar nicht in der deutschsprachigen! So finden Sie nur zufällig, aber Sie suchen nicht gezielt. Sourcer, die selbst erfolgreich Sourcing-Projekte besetzen, raten dringend von diesem Weg ab. Er ist kontraproduktiv und für Praktiker genauso wenig zielführend, wie intuitiv und in der DIY-Version ein paar Keywords in XING oder LinkedIn einzugeben. Die kluge Mitte ist der Weg zum Erfolg: auf die Suchmaschine abgestimmte Suchketten zu schreiben.

NACHTEILE

Diese Vorgehensweise des X-Ray (der Röntgentechnik) gehört zur Methode des **Profile Mining**. Das Problem dabei ist: Die meisten sehen dies als »den goldenen Active-Sourcing-Weg«, obwohl es meist zeitintensiv und uneffektiv ist. Dieser Weg ist für viele bereits verwirrend schwer, denn je weiter man sich durch so eine erstellte Ergebnisliste klickt, umso mehr entfernen sich die angezeigten Kandidaten vom eigentlichen Ziel.

4.4.4 Die CV Database Search

Das Ziel der CV Database Search ist, komplette Lebensläufe zu finden und damit deutlich mehr Informationen zur Verfügung zu haben als beim Profil Mining. CV Database Search kann man in entsprechenden Lebenslaufdatenbanken, Plattformen, aber auch in Google durchführen. Sie können damit nur veröffentlichte Lebensläufe finden. Davon gibt es aber sehr viel mehr quer durch alle Berufe als viele annehmen. Es ist deshalb erfolgreicher, weil es zu den Profil-Daten auch Informationen aus einem »richtigen« Lebenslauf ergänzt.

> **Praxistipp**
>
> Es gibt eine große Zahl an Web-Portalen wie http://about.me oder http://branded.me, die die Selbstdarstellung und das Personal Branding ermöglichen. Auf vielen Plattformen können Menschen Lebensläufe hochladen. Google liebt diese Portale. Und so finden Sie im Web tausende von Websites. Auch haben viele Menschen irgendwann eine Website angelegt und dort Lebenslaufinformationen hinterlegt – auch diese können Sie suchen und dort wichtige Kandidaten finden.

4.4.5 Die Boolesche Suche

Der Begriff Boolesche Suche hat zwei Bedeutungen. Er wird gern mit der Booleschen Algebra (den Booleschen Befehlen) gleichgesetzt, ist aber auch eine sehr effiziente Sourcing-Methode. Hier werden, den Anforderungen der Suchmaschine entsprechend, geeignete Verbindungen von Keywords mit den Booleschen Befehlen gezielt kombiniert. Man kann die Suchbegriffe nach entsprechenden Regeln so durch diese Booleschen Befehle kombinieren, dass daraus Suchketten werden. Mit diesen kann man eine Suchmaschine zu Profilen oder Informationen steuern.

Diese Methode ist die schnellste aller Sourcing-Methoden, aber nicht die genaueste.

Da die Boolesche Suche gezielt die Kombination geeigneter Boolescher Befehle mit Suchbegriffskombinationen nutzt, ist für einen erfolgreichen Einsatz notwendig, dass Sie genau die Wirkung Ihrer Booleschen Befehls-Suchbegriffskombinationen in der jeweiligen Suchmaschine kennen und in einem geplanten Sourcing-Prozess in einer Folge von Suchketten nacheinander anwenden.

Da allerdings Semantische Suchmaschinen lernen, ist die Zahl der Änderungsmöglichkeiten der Suchanfragen, die man nacheinander in die Suchmaschinen eingeben kann, begrenzt. Man kann nicht beliebig oft Boolesche Befehle und Suchworte eingeben und ändern, da die Suchmaschinen sich dies merken und ab einem bestimmten Punkt in die Autokorrektur gehen. Die Suchanzeige wird dann faktisch eingefroren oder wird zu einem Echoraum (siehe Kapitel 5.2).

> **Praxistipp**
>
> Leider herrschen die Meinung und Erwartung, dass jeder Einsatz der Booleschen Befehle in jeder Suchmaschine auch bereits die Anwendung der Methode der Booleschen Suche ist. Das ist NICHT der Fall! Da die Wirkung der Booleschen Befehle nicht nur in den Suchmaschinen unterschiedlich ist, sondern sich immer wieder ändert, ist die Kenntnis der Wirkung der Booleschen Befehle in der jeweiligen Suchmaschine eine wichtige Voraussetzung in der gezielten Erstellung einer Folge von Suchanfragen.

Explizit hervorheben möchte ich zwei Anwendungen der Methode der Booleschen Suche, die sich besonders gut bei dieser Form des Sourcens eignen:
1. die Röntgen- bzw. X-Ray-Technik mit den Booleschen Feldkommandos site: und inurl: Mit ihr können Sie nicht nur öffentliche Profile suchen und finden, sondern auch öffentliche Informationen aller Art über Kandidaten zusammentragen (siehe Boolesche Feldkommandos in Kapitel 3.3.3);
2. Expertensuchen über Dateisuchen mit dem Booleschen Befehl filetype:, zum Beispiel, indem man nach den Dateitypen im Marketing oder Webdesign wie Bilderdateien sucht (.png oder.jpg) oder nach Programmiercodes (.js oder .java).

4.4.6 Das Talent Mining

Das Talent Mining ist im Grunde keine Methode, sondern ein Prozess bzw. eine Sourcing-Strategie. Es kombiniert systematisch für die jeweilige Suche ausgewählte Sourcing-Methoden und wird wiederholend zur Ergebnisoptimierung angewendet.

Es ist die effizienteste Sourcing-Methode und erfordert eine strategische Vorbereitung und kluge Umsetzung.

Das besondere Ziel ist, zuerst möglichst die Grundgesamtheit der besten Talente zusammenzutragen und dann die besten bzw. passendsten potenziellen Kandidaten geschickt herauszufiltern. Wer zu früh filtert, verbaut sich selbst den Weg, nachträglich zu erkennen, warum der jeweilige Suchvorgang nicht oder schlecht funktioniert hat. Kluge Sourcer trennen deshalb den Identifikations- bzw. den Filterungsvorgang von dem Findeprozess.

> **Praxistipp**
>
> Wir empfehlen Ihnen aufgrund unserer Praxiserfahrung, die Anwendungsfolge verschiedener Sourcing-Methoden aufeinander abzustimmen und einen genauen Plan der Abfolge festzulegen. Je systematischer Sie hier nicht nur arbeiten, sondern sich auch die Strings in den jeweiligen Sources notieren, umso mehr vermeiden Sie Wiederholungen und erkennen technische Änderungen. Auf keinen Fall sollten Sie nur intuitiv verschiedene Sourcing-Methoden hintereinander zur Suche geeigneter Kandidaten einsetzen. Das ist zeitintensiv und basiert auf der Annahme, dass Fleiß das Problem löst. Mehr ungeeignete Wege intensiver einzusetzen, führt nicht zu mehr guten Kandidaten.

5 Das Finden und das Identifizieren

5.1 Der Unterschied zwischen Finden und Identifizieren

Sourcer haben im Prinzip zwei Möglichkeiten, nach Talenten zu suchen – entweder sie filtern aus der Menge der Talente die richtigen langsam und Schritt für Schritt heraus. Oder sie schreiben Suchketten, die die richtigen Talente direkt aus dem großen Talent Pool einzeln herauspicken.

Deshalb kann man im Allgemeinen den Umsetzungsprozess des Talent Sourcings in zwei grundlegende Vorgehensweisen aufteilen:

5.1.1 Das Primary Sourcing (das Finden)

Primäres Sourcing nutzt systematisch alle Methoden, um Talente zu finden, und sammelt Informationen, die öffentlich verfügbar sind, um herauszufinden, ob sie infrage kommen könnten. Es ist zu Beginn ein grobes Raster, bei dem am Anfang noch keine Einzelprofile im Fokus sind, sondern Gruppen. Man nennt dieses Vorgehen Filtern und man priorisiert in diesen Gruppen abwechselnd bestimmte Themen, Keywords, Profile. Im Grunde arbeiten sich Sourcer in der Filtertechnik wie ein Computertomograph durch die Zahl der möglichen Profile.

Es gibt zwei Filtermethoden: Entweder filtert man durch Boolesche-Befehle-Keyword-Kombinationen oder durch das Anwenden der Filtermöglichkeiten der Tools. Je buchhalterischer man überwacht, welche Schritte welche Ergebnisse erbringen, umso sicherer kann man sein, auch alle möglichen Talente gefunden zu haben. Oder man nimmt die professionellen Sourcing Tools zu Hilfe, die diese Auswahl für den Sourcer durchführen.

Heute ist es nicht selten illusorisch, aus einer großen Zahl an Profilen einzelne passende Talente herauszufiltern. Dieses Herausfiltern ist in Semantischen Suchmaschinen ausgesprochen schwer. Denn in der Theorie funktioniert das Filtern so, dass man immer einen weiteren Filter mehr hinzufügt und damit eine weitere Anforderung an den Algorithmus stellt. Dies war in Keyword-Suchmaschinen einfach und man konnte tatsächlich ein Keyword mehr hinzufügen oder herausnehmen und schon reagierte die Suchmaschine linear auf die Anweisung. Das ist bei Semantischen Suchmaschinen wie bereits benannt so nicht mehr möglich. Wenn man ein Keyword hinzufügt, hängt das Ergebnis davon ab, ob die Suchmaschine die neue Keyword-Kombination berechnet oder eine Autokorrektur durchführt und dabei sogar die Booleschen Befehle ignoriert.

Kurz: Die Filtertechnik mit Keywords ist in Semantischen Suchmaschinen nur unter enormem Aufwand durchzuführen und nur sehr eingeschränkt erfolgreich. Viel leichter ist sie mit den Premiumtools der Anbieter umzusetzen. Sie können dort über die speziellen Felder Eingaben machen und direkt in die Programmierung eingreifen und so gezielter und sehr einfach priorisieren.

5.1.2 Secondary Sourcing (Identifizieren oder Screening)

Auch das Secondary Sourcing verwendet eine Vielzahl von Techniken für die Gewinnung von Kandidateninformationen. Aber es werden nicht allgemeine Informationen eingeholt, sondern man versucht, einzelne Personen anhand ihrer Digital Body Language zu identifizieren und aus der großen Masse herauszupicken. Die Screening-Technik bzw. das Identifizieren funktioniert nicht, wenn man nur ein Portal durchsucht. Da heute eine Fülle von Informationen online zur Verfügung steht, ist es das Minimum, die Person, die man eventuell ansprechen möchte, zu googeln.

Es geht nicht darum, wie ein Privatdetektiv persönliche Daten zu recherchieren und zu sammeln, sondern darum, zu verstehen, ob man diesem Talent ein gutes Angebot mit der offenen Stelle machen kann. Das heißt, ob dieses Talent wirklich eine der definierten Candidate Personas ist.

Screening bedeutet zum Beispiel:
- die Erfahrung eines Kandidaten zu validieren (wenn in der Anforderung 7-10 Jahre steht, aber in seinem XING-Profil keine Jahre im Profil zu finden, sondern nur die Stationen eingetragen sind);
- den Standort des Kandidaten zu eruieren, um festzustellen, ob ein Umzug notwendig ist;
- Überprüfung und Suche nach mehr Informationen zur Ausbildung;
- den Branchenhintergrund und die Fachkenntnisse zu verifizieren.

> **Praxistipp**
>
> Unsere US-amerikanischen Kollegen benützen das Wort »Screening« für jede Form der Personalauswahl, zum Beispiel auch für jedes Interview. Es geht dort nicht immer um die offiziellen und systematischen Überprüfungen und Background-Checks, sondern meist um das Einholen weiterer Informationen.
> Screening sollte auch bei uns nicht auf diese Weise verstanden werden, sondern als Chance, herauszufinden, ob man einem Talent tatsächlich ein attraktives Angebot machen kann und ob es Ansätze gibt, es entsprechend wertschätzend anzusprechen und mit diesem zu kommunizieren. Deshalb bevorzuge ich das Wort Identifikation.

> Allerdings ist gerade im Bereich Führungskräfte manches systematische Online-Screening (solange es in legalen Grenzen bleibt und die rein öffentlichen Daten fokussiert) besser als eine Good-Will-Referenz, der letztlich die Aussagekraft fehlt.

5.2 Die 8 wichtigsten technischen Sourcing-Hindernisse

In allen für das Sourcing wichtigen Portalen (z. B. XING, LinkedIn, Google) sind semantische Suchalgorithmen im Einsatz. Wer also gezielt suchen und finden möchte, muss sich nicht nur mit den Funktionsweisen dieser algorithmischen Maschinen auseinandersetzen, sondern auch mit deren Limitationen, denn diese Maschinen sind keinesfalls universell einsetzbar. Ich habe für Sie die zentralen acht Hindernisse dieser Semantischen Suchmaschinen für Sourcer aus den über 20 Problemkreisen zusammengefasst.

Denn Ihr Sourcing-Erfolg hängt auch davon ab, wie professionell Sie mit den Einschränkungen Ihrer Tools umgehen und wie Sie nicht nur Fehler vermeiden, sondern auf ein Lösen gut vorbereitet sind, wenn ein Problem auftritt. Dabei ist es wichtig zu wissen, dass nicht alle diese technischen Probleme gelöst werden können – umso wichtiger ist es, genau diese Fehler zu vermeiden.

Die Auswahl der nachfolgenden Problemkreise kann in allen gängigen Suchmaschinen (XING, LinkedIn, Google) sowie ebenso in den Prämientools (TalentManager oder Recruiter) auftauchen – natürlich entsprechend der Programmierung dieser Tools sowie der jeweiligen Suchanfrage und Situation in unterschiedlicher Ausprägung.

5.2.1 Die technischen Eingriffe

Wenn ein semantischer Algorithmus seine Berechnungen durchführt, dann greift er auf die Variablen zu, die festlegen, wie er die Informationen verarbeitet. Wie viele Variablen zum Beispiel Google hat und welche das genau sind bzw. in welcher Ausprägung diese arbeiten, ist eines der bestgehüteten Geheimnisse der Welt. Da aber Semantische Suchmaschinen auch zusätzlich konstant weiterentwickelt werden (man spricht bei Google z. B. von ca. 1000 technischen Eingriffen pro Jahr pro Sprache/Land), bleibt das System nie stehen. Aber wie alle digitalen Tools ist die Weiterentwicklung nicht linear und kann Disruptionen enthalten.

Es muss also jeder damit rechnen, dass auch bei XING und LinkedIn stille Änderungen durchgeführt werden, die nicht offiziell angekündigt werden. Zum Beispiel hat im Januar 2018 LinkedIn für die deutsche Sprache ein Update des Algorithmus für alle Accounts vorgenommen. Im Recruiter wirken nun die Booleschen Befehle überraschend

5   Das Finden und das Identifizieren

gut (was vorher nicht so war), während der Einsatz dieser Keyword-Verbindungen genau umgekehrt im Business Account und Freemium Account massiv eingeschränkt wurde.

Aber es gibt auch ganz offizielle Änderungen und Einschnitte: Am 1. Oktober 2018 änderte LinkedIn weltweit den Einsatz der Booleschen Befehle in der Erweiterten Suche für die kostenlosen Accounts und den Business Account. Es wurden

- der AND- und der NOT-Befehl abgeschafft – allerdings aus meiner Sicht kein so großer Verlust, weil sie in deutscher Sprache schon seit 2 Jahren kaum mehr richtig funktioniert haben. Ich habe Sourcern bereits seit 2016 empfohlen, wenn möglich, in LinkedIn nur das Leerzeichen für AND und das Minuszeichen für NOT zu nützen, da sie weiterhin funktionieren.
- Darüber hinaus hat LinkedIn in der zentralen Suchanfrage den Einsatz von OR-Befehlen auf fünf pro Suchanfrage beschränkt. Wer mehr eingibt, erhält einen weißen Bildschirm und keine Ergebnisse:

Abb. 52: Screenshot Blank Screen bei mehr als 5 OR-Befehlen in LinkedIns Erweiterter Suche Oktober 2018

Im Oktober 2018 kündigte XING einen massiven technischen Eingriff in der Booleschen Suche an, die Möglichkeiten des Einsatzes der Booleschen Befehle sollten für die Erweiterte Suche abgeschafft werden.

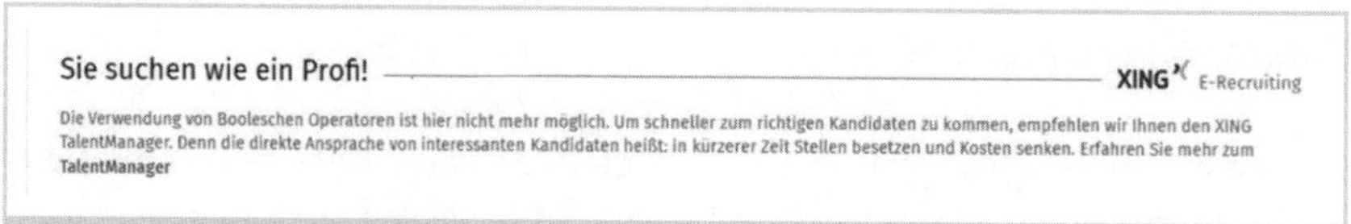

Abb. 53: Screenshot Ankündigung XING Erweiterte Suche seit Oktober 2018 bei Nutzung der Booleschen Befehle in der zentralen Eingabe

Am 20. Dezember 2018 setze XING dieses technische Update weit umfangreicher um als angekündigt. Es wurden nicht nur einfach die Booleschen Befehle eingeschränkt. Um die Wirkung von Booleschen Befehlen, Anzeige und Qualität der Profilergebnisse so einzuschränken, dass eine Suche fast nicht mehr möglich ist, erfordert es nicht nur, den Suchalgorithmus anzupassen, sondern auch die Ergebnislisten und Anzeige und den Zugriff auf die Speicherung, den sogenannten Index, zu ändern.

Deshalb handelt es sich hier im Fall der XING-Anpassung um ein sogenanntes »Major Algorithmus Update«. Da die Erweiterte Suche und der TalentManager keine komplett getrennten Systeme sind und den gleichen Algorithmus nützen, ist im Fall von XING der TalentManager direkt von diesem Update betroffen (Stand Januar 2019). Es ist durchaus möglich, dass XING im Premiumtool TalentManager noch Anpassungen vornehmen wird. In jedem Fall ist der Einsatz der Booleschen Befehle im XING TalentManager weiterhin möglich.

Aus der Historie heraus erklärt sich das Ausmaß dieser Änderung leichter: Bereits vor 2 Jahren hat XING die Nutzung des Portals für das Active Sourcing mit dem kostenlosen Account beendet. Wer mit diesem sogenannten Freemium Account gesucht hat, dem werden bis heute – egal, welche Suchanfrage er eingibt – maximal 15-20, meist wenig passende Ergebnisse angezeigt. Nun hat XING im Dezember 2018 dies auch für alle qualifizierten Suchanfragen mit dem kostenpflichtigen Premium Account limitiert. Sie können zwar weiter auf die Suchmaske der »Erweiterten Suche« zugreifen, erhalten aber bei gezielten Suchen entweder eine äußerst eingegrenzte, wenig hilfreiche Ergebnisanzeige oder gar keine Anzeige mehr.

5.2.2 Die Indexierung

Eine Suchmaschine besteht im Grunde nicht aus einem einzelnen Algorithmus, sondern aus zweien. Ein Algorithmus legt fest, welche Dateninformationen wie verarbeitet werden, und indexiert den Content (= Inhalte = Datenkombinationen). Dazu bewertet er Inhalte; z. B. ist das bei Google der sogenannte Crawler oder auch Google-Bot, der unter anderem festlegt, welche Websites überhaupt in den Google-Index übernommen werden. Und es gibt einen zweiten Algorithmus, der mit dem ersten eng verbunden ist und der die Suchanfrage bearbeitet und anzeigt. Diesen steuern wir als Sourcer durch unsere Eingabe von Keyword-Boolesche-Befehls-Kombinationen via Suchmaske.

Aber: Google durchsucht nicht das ganze Web. Auch werden nicht alle XING-Profile/Seiten bei jeder Suchanfrage durchsucht und dito bei LinkedIn. Inhalte wie z.B. die Sprachkenntnisse bei LinkedIn werden nicht indexiert, aber stehen im Verzeichnis für die Suchanfrage zur Verfügung. Das heißt: Man kann sie nicht finden, obwohl man theoretisch danach suchen kann. Sie werden einfach nicht angezeigt. Diese Regel gilt für alle semantischen Algorithmen: Man kann nur das finden, wofür sie programmiert wurden.

5.2.3 Die englische Sprache und Probleme mit Taxonomien

Alle Semantischen Suchmaschinen wurden zuerst einmal für eine bestimmte Sprache geschrieben: Das ist meist bei uns die englische Sprache. Damit haben wir schon per se ein Übersetzungsproblem, denn in den meisten Suchanfragen haben wir Deutsch und Englisch gemischt oder benützen unser Denglisch (z. B. »Managerin« oder »Softwareentwickler«). Mit einem Mischsprachsystem kann ein Algorithmus nicht ohne Ergänzung und Anpassung umgehen. Damit er Ähnlichkeiten berechnen kann oder die Indexierung passend vornimmt, muss man ihm Wortfamilien beibringen, sogenannte Taxonomien. Diese sind meist nur in Englisch vorgegeben, werden dann wie in XING durch deutsche Begriffe ergänzt. Denglisch fällt häufig durchs Raster.

So findet LinkedIn einen »Software Programmer« problemlos, aber hat seine Probleme mit einem »Programmierer«. XING ist am besten für die deutsche Sprache angepasst worden, aber nicht selten kann man erkennen: Es kann mit Denglischen Begriffen einfach nicht umgehen und zwar, weil es sie nicht zuordnen kann. Die herausragende Intelligenz eines semantischen Algorithmus wie Google oder Search! von Textkernel basiert zu einem erheblichen Teil nicht allein auf den Berechnungsvariablen, sondern auf den klugen, durchdachten und an die Sprachen angepassten hinterlegten Taxonomien.

5.2.4 Die Trefferliste und -anzeige

Wir sind so an Googles Ergebnisse gewöhnt, dass die meisten davon ausgehen, dass alle Algorithmen die besten Ergebnisse zuerst anzeigen. Das ist aber nicht so, sondern nur Google rankt! Google versucht tatsächlich, dass ähnlichste Ergebnis zuerst anzuzeigen und es dann zu staffeln. »Versucht« ist das richtige Wort, denn das gelingt aufgrund der Einschränkungen nur bedingt.

Das heißt: Zwar versuchen alle Semantischen Suchmaschinen möglichst ähnliche Ergebnisse anzuzeigen, aber die meisten haben das Ziel, eine gute Auswahl zu bieten – auch wenn man mit den »Ähnlichsten« als Gruppe beginnt – und die weniger passenden auf den folgenden Seiten gestaffelt anzeigt. In XING und LinkedIn geht es nicht um ein Ranking der besten Kandidaten in der Anzeige, deshalb sollte man sich auch nicht auf die ersten Seiten beschränken.

5.2.5 Das (persönliche) Netzwerk

Sie als Sourcer haben es bestimmt schon bemerkt: Ihr eigenes Netzwerk wird überall in die Ergebnisliste mit einberechnet. Tendenziell zeigen Ihnen XING und LinkedIn unter den ersten Ergebnissen die Kontakte ersten und zweiten Grades gestaffelt an. Aber das ist nicht linear, denn der Algorithmus kann weitere Punkte wie z. B. ähnliche Profile, die Sie in letzter Zeit angeklickt haben, einberechnen und anzeigen. Wenn Sie zum Beispiel erst intensiv Controller gesucht haben und dann sich um Ihr Developer-Projekt kümmern, können plötzlich auch Controllerprofile in der Ergebnisanzeige der Developer auftauchen.

Die Ursache ist einfach: Ein soziales Netzwerk möchte, dass Menschen mit gemeinsamen Interessen netzwerken. Und Sie haben durch intensive Suche gezeigt, dass Sie mit Controllern »matchen«. Daher erinnert der Algorithmus Sie in der Ergebnisanzeige daran. Dieses Problem ist z. B. für spezialisierte Sourcer relevant: Wenn Sie bei SAP arbeiten und SAP-Consultants suchen, dann sind Sie faktisch immer in diesem Netzwerk gefangen und müssen schon per se mindestens auf der Seite 10 in der Ergebnisliste suchen (wenn Sie überhaupt so viele Ergebnisse angezeigt bekommen). Das ist leider nicht auszuschalten, außer durch ein illegales zweites Profil (ABER: Zweitprofile sind in keinem für das Sourcing relevanten Social-Media-Portal nach den AGB erlaubt, da sie Fakeprofile sind!!).

5.2.6 Die »Intelligenz« des Algorithmus

Wie in den einzelnen Punkten bereits erklärt, hier noch einmal zusammengefasst: Die Grundfrage, wie ein Algorithmus lernt, hängt von seinen Variablen, seiner Taxonomie und seiner Intelligenz, das heißt, seiner Fähigkeit, »Ähnlichkeit zu errechnen und zu erlernen«, ab. Wir wissen nicht, wie viele Variablen semantische Algorithmen haben (auch ändert sich das ständig – siehe Hindernis 8). Aber wir können bezogen auf die einzelnen Zielrichtungen Verhaltensweisen in der Ergebnisanzeige erkennen, wenn wir diese systematisch testen. Es gibt SEO-Experten, die durch systematische Tests genau herausgefunden haben, wie bestimmte Variablen in Google, Twitter oder Facebook wirken.

Sourcer können das bezogen auf ihre Suchen ebenso und sollten das auch unbedingt tun. Um zu erkennen, wie ein Algorithmus lernt und funktioniert, sollte jeder Sourcer zuerst einmal bezogen auf seine Keyword-Kombinationen den Algorithmus testen und damit vor der Suchanfrage herausfinden, wie der Algorithmus auf seine geplanten Keyword-Kombinationen reagiert. Es macht keinen Sinn, eine Suchanfrage mit ellenlangen Strings auf gut Glück zu schreiben – niemand kann einen semantischen Algorithmus in die Keyword Suche zwingen.

5.2.7 Die falsch-positiven Ergebnisse

Auch das ist leider nichts Neues für erfahrenere Sourcer: In der Ergebnisanzeige der Suche nach Developern tauchen auch Recruiter-Kollegen auf, die diese Keywords auf ihrem Profil haben – oder die in letzter Zeit solche Developer-Profile gesucht bzw. angeklickt haben (siehe Hindernis 5 Netzwerk). Man nennt diese Anzeige ein falsch-positives Ergebnis.

Man kann versuchen, dieses Hindernis zu vermeiden, indem man systematisch diese Anzeige falsch-positiver Ergebnisse ausschließt. Wenn Sie also Recruiter-Kollegen angezeigt bekommen, können Sie durch einen Minusbefehl wie z. B. »-Recruiter« versuchen, diese Profile auszuschließen.

5.2.8 Die Echoräume

In dieser Aufzählung darf das eigentlich wichtigste aller Hindernisse nicht fehlen, hier deshalb noch einmal verkürzt erklärt: Sie bekommen durch die Selektion des Algorithmus und seiner Autokorrektur manches Mal nur das angezeigt, was andere geklickt oder gesucht haben. Dieses Phänomen nennt man einen Echoraum. Sie kennen das von Amazons semantischem Algorithmus: »Kunden, die kauften, kauften auch«. Sie sehen also in einem Echoraum in XING, LinkedIn oder Google Ergebnisse, die andere Recruiter oder Sourcer geklickt haben. (Bitte beachten Sie: Dies gilt auch für die Premiumtools, die nicht von diesem Phänomen verschont sind!) In LinkedIn ist das schlimmer, der Algorithmus ist intelligenter. Er rechnet auch in die Ergebnisse und die Autokorrektur ein, was anderen angezeigt wurde (wie in Amazon, Zalando, Trivago und den meisten Shopsystemen). Der Echoraum ist also – in kurzer Version – ein Ergebnis der Autokorrektur.

Echoräume tauchen immer dort auf, wo Algorithmen auch Menschenbeziehungen in die Ergebnisse einrechnen (und wie wir wissen, tun das Semantische Suchmaschinen). Im Grunde sind sie die Umkehrung der Filterblase. Die Filterblase des Facebook-Algorithmus zeigt dem User nur das an, was dem entspricht, was er gelikt und gelesen hat, und das, was seine engsten und mit ihm im aktivsten Austausch befindlichen Freunde teilen.

Zusammenfassend ist zu sagen: Echoräume gibt es überall, wo es semantische Algorithmen gibt, also in XING, LinkedIn und Google – und man kann sie nicht abschalten! Aber man kann sie – meistens – umgehen, wenn man sie erkennt. Dieses ist einerseits mit anderen Suchmethoden oder anderen Suchketten möglich oder manches Mal nur durch eine andere Quelle. Die Intensität der Echoräume ist unterschiedlich, deshalb sind auch die Workarounds vielfältig.

Wichtig ist, dass man leider davon ausgehen muss, dass es viele Echoräume gibt und sie stetig mehr werden (und wie gesagt: Die Premiumtools – bei XING der TalentManager und bei LinkedIn der Recruiter – sind nicht davon verschont!). Meine Schätzung ist, dass wir bereits durch die aktive Nutzung der Social-Media-Portale durch Active Sourcer in manchen Berufsgruppen wie z. B. Expertensuchen für die Softwareentwicklung über 60 % in Echoräumen landen. Wer diese nicht erkennt, schreibt immer genau die Leute an, die an diesem Tag/Woche/Monat schon von zig anderen Sourcern kontaktiert wurden …

5.3 Der Sourcing-Alltag anhand ausgewählter Best-Practice-Beispiele

Für Sourcer sind die beiden Business-Portale XING und LinkedIn von zentraler Bedeutung, deshalb gehe ich im Folgenden auf deren Besonderheiten ein. Es ist empfehlenswert für jeden Sourcer im deutschsprachigen Raum, beide Netzwerke zu nützen. Zwar gibt es keine offiziellen Stellungnahmen, aber es wird immer wieder bestätigt, dass die User der beiden Netzwerke sich nur zu 50 % überschneiden. Dies deckt sich auch mit meinen Erfahrungen, nur ungefähr die Hälfte aller User, die man in LinkedIn findet, haben auch ein XING-Profil.

5.3.1 Das Sourcing mit XING für Praktiker

In XING gibt es mehrere Suchmöglichkeiten, die abhängig vom jeweiligen Account sind. Alle Suchmasken greifen auf einen Algorithmus zurück, allerdings unterscheiden sich die Suchmöglichkeiten der jeweiligen Accounts sehr. Auch die Trefferanzeige der Ergebnisliste ist in der Form, Zahl und Qualität entsprechend des Account-Status verschieden. Der jeweilige Account definiert auch, ob Sie anderen Usern Kontaktanfragen stellen dürfen oder ob und wie viele Nachrichten Sie an Nicht-Kontakte schreiben können.

Es gibt drei Account-Stufen in XING:
- der kostenlose Account oder auch Freemium Account genannt,
- der kostenpflichtige Premium Account,
- die Buchung und Nutzung der beiden Sourcing Tools TalentManager und des neuen TalentPoolManagers.

Im Weiteren gehe ich, um den Rahmen dieses Buches nicht zu sprengen, auf die Nutzung des kostenlosen Accounts und des Premium Accounts ein und nicht auf die Premiumtools. Leider muss ich vorausschicken, dass das »normale« Active Sourcing in XING durch die Änderungen des Major Updates am 20. Dezember 2018 von XING auf

5 Das Finden und das Identifizieren

diese Premiumtools festgelegt wurde. Es scheint so, dass XING es nicht mehr möchte, dass Sourcer ohne die Buchung dieses Tools das Portal für das Active Sourcing benützen.

5.3.1.1 Freemium Account

Der kostenlose Account ist durch sehr viele Einschränkungen im Grunde für das Sourcing ungeeignet. Denn Sie haben nur Zugriff auf das eine zentrale Suchfeld. Einschränkend kommt dazu, dass die Filterungsfelder der Erweiterten Suche des Premium Accounts zwar angezeigt werden, aber nicht benützt werden können. Gleichzeitig wird im Freemium die Trefferliste und Ergebnisanzeige auf ein paar wenige Profile reduziert, sodass Sie für das Sourcing keine Auswahlmöglichkeiten haben.

> PRAXISBEISPIEL
>
> In unserem nachfolgenden Beispiel sehen Sie die Ergebnisse für eine Suche nach einem Key Account in Hamburg, der aus der Food- oder Getränkebranche kommt:

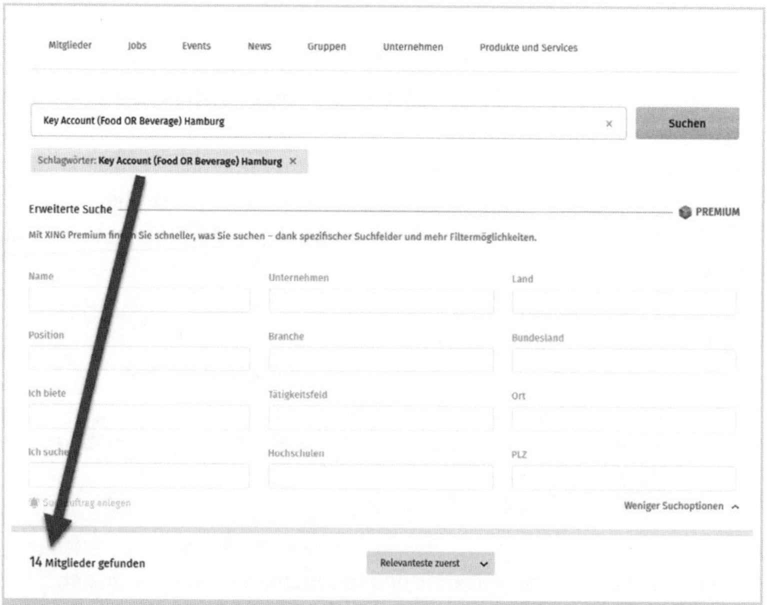

Abb. 54: Screenshot Suche Freemium Account XING – eingeschränktes Suchergebnis, Zugriff 26.8.2018

Die Suchfelder der Erweiterten Suche werden hier im kostenlosen Account nur grau angezeigt und können nicht benützt werden. Unter den 14 möglichen Ergebnissen sind einige, die derzeit nicht als Key Account arbeiten oder in Hamburg sind.

Es ist mit einem Freemium Account nur möglich, eigenen direkten Kontakten eine Nachricht zu schreiben, aber nicht einem XING-Mitglied, das noch nicht ein Kontakt ist. Die einzige Form mit Nicht-Kontakten zu kommunizieren ist, sie zu Kontakten zu machen und ihnen eine Kontaktanfrage zu schicken. Das geht zwar – aber man kann der Kontaktanfrage keine Nachricht hinzufügen (dies ist nur mit dem Premium Account möglich). Die Annahme einer Kontaktanfrage von Recruitern und Sourcern ohne persönlichen Text ist aber deutlich geringer als mit einer höflichen und freundlichen Nachricht.

> **Praxistipp**
> Da der kostenlose Account in XING weder eine zielorientierte Suche zulässt, die Trefferanzeige sehr stark einschränkt und auch eine wertschätzende Kommunikation mit potenziellen Kandidaten mit diesem nicht einfach möglich ist, empfehle ich Sourcing-Anfängern, mit dem Premium Account zu starten.

5.3.1.2 Premium Account

Die Suche des Premium Accounts wurde am 20. Dezember 2018 in drei Ebenen eingeschränkt.
1. Es funktionieren nur noch wenige der Booleschen Befehle.
2. Die Anzeige der Ergebnisse wurde auch für die Booleschen Befehle limitiert, die noch funktionieren.
3. Der Algorithmus und damit der Zugriff auf den Index wurden geändert.

Bisher konnten Sie mit dem Premium-XING-Account jeden Monat 20 Nachrichten an Nicht-Kontakte senden. Dies wurde ebenso nach unten korrigiert, sodass Sie mit dem Premium Account nun nur noch fünf Nachrichten an Nicht-Kontakte senden können (dies wurde im November 2018 ohne Ankündigung geändert). Allerdings können Sie weiter – im Gegensatz zu dem kostenlosen Account – bei Kontaktanfragen eine kurze Nachricht mitschicken, was ein deutlicher Vorteil ist.

Sie sollten ebenso wissen, dass die Nachrichten des Premium Accounts schon seit Ende 2017 keinen Betreff mehr ermöglichen. Sie können also Ihrem Gegenüber Ihr Anliegen nicht mehr vorab mitteilen. Dieser sieht bei Ihrer Nachricht nur Ihren Namen im Betreff.

In der Abbildung 35 habe ich Ihnen die Wirkung der Booleschen Befehle in der Erweiterten Suche von XING vom Stand Februar 2019 zusammengestellt.

Es gibt in XING mit der Erweiterten Suche nun folgende Möglichkeiten, Talente zu suchen:

5.3.1.2.1 Auflösung der Gruppen in viele einzelne Suchanfragen

Da Sie leider die OR-Befehle und ( )-Klammern nicht mehr ohne Einschränkung nützen können und damit die Gruppierung entfällt, können Sie Ihre Suchanfragen so schreiben, dass Sie immer einen Suchbegriff aus einer Gruppe mit einem anderen Suchbegriff aus einer anderen Gruppe eingeben.

> **PRAXISBEISPIEL**
>
> Wir suchen einen Vertriebsmitarbeiter aus der Food- oder Getränkeindustrie für die Region Hamburg. In unserem nachfolgenden Beispiel sehen Sie den Originalstring, den wir bisher in der Erweiterten Suche im zentralen Suchfeld in XING benützen konnten.

```
("Key Account" OR "Sales Manager") (Food OR Beverage) Hamburg
```

Jetzt können Sie immer suchen und finden, indem Sie diese lange Suchkette auflösen und einzelne kurze Strings eingeben:

```
"Key Account" Food Hamburg
"Key Account" Beverage Hamburg
"Sales Manager" Food Hamburg
"Sales Manager" Beverage Hamburg
```

5.3.1.2.2 Einsatz der einzelnen Suchfelder als Filter

Es ist immer noch möglich, die einzelnen Suchfelder zu nützen. Deshalb ist es auch ratsam, die Eingabe aus dem zentralen Suchfeld mit den einzelnen weiteren Suchfeldern, wie zum Beispiel »Position (heute)« oder auch »Branche« oder auch »Ich biete«, zu verbinden. Prinzipiell ist es so, dass die einzelnen Suchfelder meist zwar weniger Ergebnisse anzeigen, aber dafür sehr häufig andere. Dies ergänzt die Suche aus Punkt 1.

Sie können also folglich zum Beispiel den Begriff »Key Account« in das Suchfeld »derzeitige Position« eingeben und die restliche Suchanfrage »Food Hamburg« in das zentrale Suchfeld. Alternativ können Sie den Begriff »Key Account« in das zentrale Suchfeld eingeben und im Branchenfeld die Branche »Konsumgüter und Handel« (die Wahl »Lebensmittel« wurde leider auch abgeschafft) und Hamburg im Feld »Ort«. Sie können dieses entsprechend ändern und erhalten in jeder Suche immer wieder einige oder sogar lauter andere Kandidatenprofile

Allerdings wird auch diese neue limitierte Suchanzeige weiter sehr stark durch die in Kapitel 5.2 dieses Buches (Die 8 wichtigsten Sourcing-Hindernisse) beschriebenen Einschränkungen beeinflusst. Denn auch, wenn die Anzeige die Möglichkeit bietet, »Relevantestes zuerst« zu sortieren, muss diese Berechnung der Relevanz nicht Ihrer Suchanfrage und Ihrer Intention entsprechen.

Sie erhalten besonders unter den ersten Ergebnissen zuerst einmal die Kontakte 1. und 2. Grades aus Ihrem Netzwerk angezeigt (je nach persönlichem Ist-Netzwerk) sowie viele falsch-positive Ergebnisse. Dies kann dazu führen, dass Sie manches Mal auf Seite 2 oder 3 oder sogar noch weiter hinten die ersten interessanten Profile für Ihre Suche angezeigt bekommen. Deshalb ist es empfehlenswert, nicht innerhalb einer so großen Ergebnismenge zu suchen, sondern nun aus diesen vielen Ergebnissen durch Priorisierung die besseren Talente herauszufiltern, indem man die dafür gedachten Felder nützt.

5.3.2 Das Sourcing mit LinkedIn für Praktiker

LinkedIn ist anders strukturiert als XING – es gibt für die beiden Grundlagen-Accounts (Freemium und Business) einen gemeinsamen Algorithmus und eine in der Nutzung identische Suchmaske, nur die Sortierung der Trefferliste variiert.

Sie erreichen die Suchmaske über einen Klick auf das Suchfeld oben links. Durch einen zweiten unter »Personensuche« wechselt die Anzeige in die Darstellung einer Trefferliste Ihres kompletten Netzwerkes wie im folgenden Beispiel zu sehen:

5   Das Finden und das Identifizieren

Abb. 55: Screenshots In drei Klicks zu LinkedIns Erweiterter Suche, Zugriff 25.9.2018

Um die Erweiterte Suchmaske angezeigt zu bekommen, müssen Sie auf »Alle Filter« klicken, dann sehen Sie in beiden Accounts die gleiche Suchmaske der Erweiterten Suche (neuer Name »Personensuche«):

Abb. 56: Screenshot LinkedIn Erweiterte Suche, gesamte Suchmaske, Zugriff 25.09.2018

Der jeweilige Account definiert, ob Sie anderen Usern Kontaktanfragen stellen dürfen oder ob und wie viele Nachrichten Sie an Nicht-Kontakte schreiben können.

Es gibt fünf Account-Stufen in LinkedIn:
- der kostenlose Freemium Account,
- der kostenpflichtige Business Account,
- die Buchung und Nutzung des Sourcing Tools Recruiter Light,
- die Buchung und Nutzung des Sourcing Tools Recruiter,
- die Buchung und Nutzung des Tools Sales Navigator.

Auch hier gehe ich im Rahmen dieses Buches nicht näher auf die Nutzung der Premium Sourcing Tools ein und konzentriere mich auf den Freemium und Business Account. Nur so viel dazu: Anders als in XING haben die Premiumtools einen eigenen, anderen Algorithmus, eine andere Suchanzeige, die auch deutlich anders auf Suchanfragen reagiert. Die Sourcing-Kollegen aus den USA haben oft den Sales Navigator anstatt den Recruiter im Einsatz, weil dieser eine ganz andere Trefferanzeige bei gleichem Algorithmus bietet.

5.3.2.1 Freemium Account

Anders als in XING bietet der kostenlose Account für Sourcer viele Möglichkeiten. Sie können die neue Erweiterte Suche nützen und haben damit auf alle Suchfilter direkten Zugriff. Auch wird die Anzeige der Trefferliste nicht reduziert. Allerdings werden Ihnen im Freemium Account auch bei einem großen Netzwerk schneller und häufiger Profile außerhalb Ihres Netzwerkes (das Netzwerk geht bis in die 3. Ebene) angezeigt, bei denen Sie aber keine Profilfotos oder Informationen sehen können.

Sie können in LinkedIn mit dem Freemium Account keine Kontaktanfragen an Personen außerhalb Ihres Netzwerkes stellen und auch keine Nachrichten an Nichtkontakte schreiben. Allerdings können Sie – anders als in XING – bei Kontaktanfragen eine Nachricht mit bis zu 300 Zeichen mitschicken.

> **PRAXISBEISPIEL**
>
> Wie auch im Beispiel im vorherigen Kapitel suchen wir mit dem gleichen String nach einem Key Account für Hamburg mit Kenntnissen aus der Food- oder Getränkebranche.
> Hier die Anzeige des kostenlosen Accounts bei Anklicken der Umgebungssuche von Hamburg:

5   Das Finden und das Identifizieren

Abb. 57: Screenshot Ergebnisanzeige der Suche Freemium Account LinkedIn, Zugriff 26.8.2018

Die Anzeige zeigt unter den ersten Ergebnissen bei kleinem Netzwerk viele Personen außerhalb des Netzwerkes an, sodass man deren Namen nicht sieht:

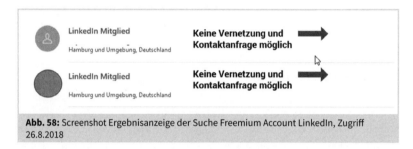

Abb. 58: Screenshot Ergebnisanzeige der Suche Freemium Account LinkedIn, Zugriff 26.8.2018

Zwar zeigt die Trefferliste mehr Ergebnisse an, wenn Sie Hamburg mit in die Suchmaske eingeben. Sie finden darunter aber weniger Personen außerhalb des Netzwerkes. Auf den ersten Seiten wohnt die Mehrheit tatsächlich in Hamburg, die hohe Trefferzahl insgesamt kommt aber auch daher, dass Personen angezeigt werden, die in Hamburg studiert oder früher in Hamburg gearbeitet haben.

5.3 Der Sourcing-Alltag anhand ausgewählter Best-Practice-Beispiele

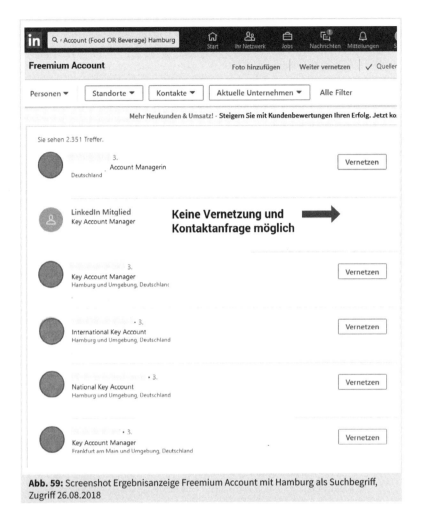

Abb. 59: Screenshot Ergebnisanzeige Freemium Account mit Hamburg als Suchbegriff, Zugriff 26.08.2018

5.3.2.2 Business Account

Im Business Account ist die Nutzung der Suchmaske identisch zum Freemium Account, doch gibt es graduelle Unterschiede in den Trefferlisten. Die Anzeige wird in LinkedIn auch durch persönliche Variablen beeinflusst.

Im Business Account können Sie pro Monat 15 Nicht-Kontakte anschreiben. Das klingt natürlich wenig, aber LinkedIn hat ein Belohnungssystem für wertschätzende Kommunikation. Sie bekommen jede Antwort, die Sie innerhalb von 6 Wochen erhalten, gutgeschrieben, auch Absagen. Wenn im ersten Monat alle User antworten, bekommen Sie im zweiten Monat 15 Gutschriften plus 15 neue Nachrichten. Sie können dann also im zweiten Monat 30 Nachrichten schreiben. Antworten diese ebenso, können Sie im

5 Das Finden und das Identifizieren

dritten Monat 45 Nachrichten schicken und im Folgemonat sind es bereits 60 Nachrichten an Nicht-Kontakte. Ein weiteres Plus ist, dass Sie keine Nachricht ohne einen Betreff senden können, Sie somit auch immer Ihren Gesprächspartner über Ihr Anliegen in Kenntnis setzen.

Es gibt zwei weitere Besonderheiten des LinkedIn-Algorithmus. Die erste ist, dass er die Variable Hierarchiestatus des Sourcers wertet. Führungskräften, die Suchanfragen stellen, zeigt er eher Führungskräfte unter den ersten Ergebnissen an. Wenn mein Team sourct, findet es in LinkedIn auf den ersten Ergebnisseiten deutlich seltener Direktoren oder Geschäftsführer. Die zweite Besonderheit ist der Ort, von dem Sie sourcen und den Sie auf Ihrem Profil angegeben haben. Sollten Sie für verschiedene Standorte suchen, dann macht es Sinn, entsprechend für Ihre Situation zu prüfen, ob eine Änderung Ihrer Profileinstellungen hilft, bessere Ergebnisanzeigen zu erhalten. Wenn Sie für England oder die USA sourcen, sollten Sie sogar parallel die Spracheinstellungen ändern (das können Sie beides ganz einfach, indem Sie oben rechts auf Ihr Profilbild klicken).

> **PRAXISBEISPIEL**
>
> Mit dem Beispiel von oben (Suche eines Key Accounts für die Food- oder Getränkebranche in Hamburg) und dem Anklicken der Umgebungssuche von Hamburg erhalten wir zwar die identische Ergebniszahl, aber eine unterschiedliche Trefferliste:
>
>
>
> **Abb. 60:** Screenshot Suche Business Account LinkedIn Ergebnisanzeige, Zugriff 26.8.2018

> **! Praxistipp**
>
> Der semantische Suchalgorithmus von LinkedIn lernt nicht so schnell und interpretiert nicht so stark wie der Google- oder XING-Algorithmus. Seine Wortfamilien (Taxonomien) sind obendrein stark auf englische Begriffsklassifizierungen fokussiert, denglische Varianten fallen genauso häufig durch wie deutsche Suchbegriffe.
>
> Dafür kann der Algorithmus korrekt geschriebene längere Strings abarbeiten. Um sicherzugehen, dass man nicht alle möglichen Talente verliert, gibt es drei Taktiken:
> 1. kurze Strings mit jeweils getesteten Begriffen,
> 2. einen langen, korrekt geschriebenen String mit allen Schreibweisen und Synonymvarianten in OR-Befehlen,
> 3. X-Ray mit LinkedIn zur Prüfung oder als Alternative.

5.3 Der Sourcing-Alltag anhand ausgewählter Best-Practice-Beispiele

> **PRAXISBEISPIEL**
>
> Unserer Erfahrung nach ist es in LinkedIn nicht sicher, dass Ihre Suchergebnisse im Freemium Account schlechter sind als im Business Account: Wenn man die Suche präzisiert und die Führungskräfte aus der Ergebnisliste filtert, wird bei jeder Filterung deutlicher, dass der Business Account andere Personen in der Trefferliste anzeigt und sogar mehr Führungskräfte:

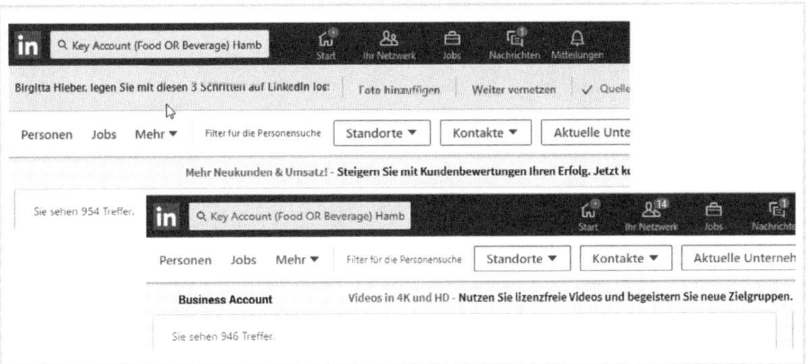

Abb. 61: Screenshot Vergleich Business und Freemium Account, Beispiel Führungskräftesuche, Zugriff 26.08.2018

5.3.3 Sourcing mit der Methode Talent Mining

Gerade Projekte, in denen das Profil selbst fachlich sehr eng definiert wurde und zusätzlich besonderen Begrenzungen, wie zum Beispiel räumlichen Besonderheiten, unterliegt, sollte ein erfolgsorientierter Sourcer im Ablauf sehr genau planen und seine Kapazitäten auf die Sources und Möglichkeiten konzentrieren, bei denen man die größte bzw. beste Auswahl hat und schneller zu guten Treffern kommt.

Häufig sind die Chancen bei solchen Expertensuchen durch Echoräume oder andere Hindernisse (siehe Kapitel 5.2) in den Business-Netzwerken stark limitiert.

> **PRAXISBEISPIEL**
>
> Wir suchen nach einem Ingenieur mit Mechatronik-Kenntnissen, der Spezialwissen in der Automatisierungstechnik mitbringen soll. Allerdings wünschen wir uns, dass er bereits in Dortmund bzw. im Umkreis von Dortmund lebt, damit er nicht umziehen muss:

> (Ingenieur OR Engineer) (Mechatronics OR Mechatronik) (Automation OR Automatisierungstechnik) Dortmund

Diesen String können wir nun als Ganzes nicht mehr in XINGs Erweiterter Suche verwenden, da wir kein Ergebnis erhalten, wenn wir ORs und Klammern benützen.

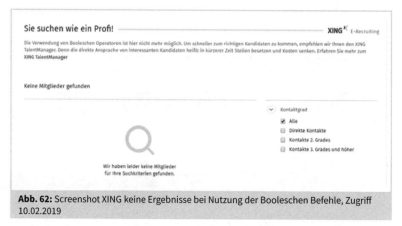

Abb. 62: Screenshot XING keine Ergebnisse bei Nutzung der Booleschen Befehle, Zugriff 10.02.2019

Wechseln Sie nun zu Google und setzen vor den gleichen String einen site:-Befehl, sieht das so aus:

> site:xing.com/profile (Ingenieur OR Engineer) (Mechatronics OR Mechatronik) (Automation OR Automatisierungstechnik) Dortmund

Hieraus ergibt sich die nachfolgende Ergebnisanzahl, die schon eine sehr viel größere Auswahl bietet. Allerdings haben Google-Suchen eine Einschränkung: Es sind nicht alle Talente wirklich in Dortmund oder der Umgebung von Dortmund ansässig. Sie können auch in Dortmund studiert haben oder in einer Firma arbeiten, deren Sitz in Dortmund ist, während sie selbst an einem anderen Ort leben. Dennoch, alle Talente haben einen Bezug zu Dortmund:

Abb. 63: Screenshot Suche Google X-Ray XING Mechatronik Ingenieur, Zugriff 10.2.2019

Auch die Anwendung desselben Strings in Erweiterter Suche ist schon besser, da es tatsächlich 112 interessante Treffer in der Ergebnisanzeige bringt, wenn

5.3 Der Sourcing-Alltag anhand ausgewählter Best-Practice-Beispiele

man die Umkreissuche um Dortmund anklickt (Abbildung 64). Diese kann man in der Zahl auf 279 Treffer steigern, indem man Dortmund in das Suchfeld eingibt. Allerdings ist dann der Wohnort zwar in NRW, aber oft in Köln oder Münster, also im weiteren Umkreis.

Abb. 64: Screenshot Suche LinkedIn Erweiterte Suche mit Umkreis Mechatronik Ingenieur, Zugriff:10.2.2019

Wenn wir nun den site:-Befehl in Google anwenden, um die öffentlichen Profile in LinkedIn zu finden, haben wir zwei Optionen: Zuerst können wir das deutsche LinkedIn mit nachfolgendem String durchsuchen:

> **site:de.linkedin.com/in (Ingenieur OR Engineer) (Mechatronics OR Mechatronik) (Automation OR Automatisierungstechnik) "Dortmund und Umgebung"**

Damit können Sie Ihre Ergebnisse schon auf 296 Profile steigern, die auch in Dortmund und Umgebung wohnen:

Abb. 65: Screenshot Suche Google X-Ray LinkedIn Deutschland Mechatronik Ingenieur, Zugriff 10.2.2019

Aber Sie können auch das internationale und gesamte LinkedIn durchsuchen:

> **site:linkedin.com/in (Ingenieur OR Engineer) (Mechatronics OR Mechatronik) (Automation OR Automatisierungstechnik) ("Dortmund area" OR "Location: Dortmund" OR "Dortmund und Umgebung")**

So können Sie Ihre Ergebnisse noch weiter auf 323 interessante Profile steigern, die auch in Dortmund und Umgebung leben, indem Sie nicht nur nach der Phrase »Dortmund und Umgebung« suchen, sondern auch nach »Dortmund area« und »Location: Dortmund«. Dies funktioniert bei LinkedIn International, da dort diese Informationen auch so von Google aus den

5 Das Finden und das Identifizieren

Profilen übernommen werden können, die in Englisch vorhanden sind. (In LinkedIn können User Profile in mehreren Sprachen anlegen.)

Abb. 66: Screenshot Suche Google X-Ray LinkedIn International Mechatronik Ingenieur, Zugriff 10.2.2019

> **! Praxistipp**
>
> Es ist wie bereits benannt besser, nicht viele Suchgruppen oder in einer Klammer viele Suchbegriffe gleichzeitig einzufügen. Es gibt eine Faustregel: Schreiben Sie eine Suchanfrage in einer Semantischen Suchmaschine immer nur mit maximal fünf Gruppierungen mit maximal fünf Begriffen pro Gruppe. Und wechseln Sie die Begriffe für jede Gruppierung immer aus. Diese Methode nennt man Harvesting, da man immer nur eine Gruppe ändert und so die Sources »aberntet«, damit Ihnen kein Kandidat entgeht. Dies sollten Sie sehr gut dokumentieren, sodass Sie keine Suche zweimal durchführen. Dabei sollten Sie ein Auge auf Google haben, denn hin und wieder kann es passieren, dass der Gruppierungs-Modifikator ( ) aussetzt und gar nicht wirkt.

6 Das Kontaktieren und die Sourcing-Kommunikation

6.1 Die wichtigsten Besonderheiten der Online-Kommunikation aus Sourcer-Sicht

Es ist eigentlich ganz einfach: Es gibt keinen Sourcing-Erfolg ohne eine positive Antwort der richtigen Talente. Nicht selten versuchen Sourcer statt der Qualität der Online-Auswahl die Ansprachefrequenz zu steigern und damit die Zahl der kontaktierten Kandidaten. Die Social-Media-Portale XING und LinkedIn haben dem zwar gewisse Grenzen gesetzt, dennoch ist der Unterschied in der Zahl der Kontakte zwischen Top-Sourcern und Self-Made-Sourcing-Aktivisten bis zur Stellenbesetzung enorm.

Profis brauchen im Schnitt maximal 80 Kontakte, um eine Stelle zu besetzen, da sie sich auf die passenden Talente fokussieren und diese wertschätzend und persönlich ansprechen. Leider gibt es auch viele Sourcer, die hunderte User nach dem Prinzip »Gießkanne« in der Hoffnung oder sogar im Glauben kontaktieren, dass man diese große Zahl per Interview korrigieren kann. Dies hat zur Folge, dass der ohnehin bereits harte Kampf um gute Talente noch dadurch angeheizt wird, dass diese von schlechten Ansprachen genervt sind und sich immer mehr zurückziehen und sehr vorsichtig werden.

Aus diesem Grund müssen Sie für eine Online-Ansprache Ihre Nachrichten für jede Zielgruppe und teilweise sogar für jedes Medium anpassen, wenn Sie Erfolg haben wollen. Ihr Sourcing-Erfolg hängt besonders von der Individualisierung und Ihrer Empathie ab, also von Informationen, die Sie vorher über die Talente gesucht und gefunden haben, und wie einfühlsam Sie diese nützen.

Aus diesem Grund müssen Sie für eine Online-Ansprache Ihre Nachrichten für jede Zielgruppe und teilweise sogar für jedes Medium anpassen, wenn Sie Erfolg haben wollen. Und Ihr Sourcing-Erfolg hängt besonders von der Individualisierung ab, also von Informationen, die Sie vorher über die Talente gesucht und gefunden haben.

> PRAXISBEISPIEL
>
> Wenn man auf dem Facebook-Profil erkennen kann, dass ein potenzieller Kandidat gerade in den Urlaub geflogen ist, weil er entsprechende Bilder gepostet hat, dann kontaktiert ihn der clevere Sourcer erst nach seinem Urlaub.

Alle Tools, die eine Personalisierung der Ansprache und Kommunikation ermöglichen, sind heute entscheidend. Hierzu gehören zum Beispiel Tools, die persönliche E-Mail-

Adressen finden oder individuelle Websites oder andere Social Media Accounts. Zudem ist es wichtig, dass man elegante und professionelle Messages verschickt. Heute geht es nicht mehr darum, Daten von irgendwelchen Kontakten zu speichern, die man dann auch selten aktuell halten kann oder nur zu oft nicht wiederfindet, weil man an zu vielen Stellen zu viele Informationen hat. Um das Kontaktieren effizient und dennoch persönlich durchzuführen, ist eine wertschätzende Online-Ansprache und Kommunikation, aber auch das Offline-Netzwerken in der realen Welt wichtig, dies mit der Unterstützung und dem klugen Einsatz entsprechender Tools. Dabei sollten auch immer alle Persönlichkeitsrechte und der Datenschutz beachtet werden.

6.2 Der Unterschied zwischen Kontaktieren und Sourcing-Kommunikation

Wie wir in Kapitel 1.5 festgestellt haben, ist die Mehrheit der potenziellen Kandidaten nicht auf Jobsuche: die semi-aktiven oder sogar passiven Talente. Entsprechend reagieren diese bei einer Ansprache reservierter oder sehr häufig zeitversetzt. Auch viele aktive Talente, die heute in zahlreichen Berufen die Auswahl haben, sind deshalb zurückhaltender in der Entscheidung. Andererseits ist die Zahl der verfügbaren passiven Talente in bestimmten Berufen nicht immer endlos groß, sodass man wirklich auch jede einzelne gefundene Person gewinnen möchte. Deshalb ist es faktisch so, dass es in vielen Sourcing-Projekten nicht mehr ausreicht, eine einzelne Nachricht zu schreiben und dann zu warten oder weiterzuziehen, sondern dass man sogar mehrere Erinnerungen, genannt Reminder, schreiben muss.

Als weiteres Hindernis kommt dazu, dass manche Talente so umworben sind, dass sie die Möglichkeit einer Nachricht deaktivieren. Diesen Personen kann man dann nur eine Kontaktanfrage stellen, die nur wenige Zeichen ermöglicht. So muss man gut überlegen, wie man diese Kontaktanfrage formuliert.

Da es folglich nicht nur um die verschiedenen Möglichkeiten der Erstansprache geht, sollte sich jeder erfolgsorientierte Sourcer vorab Gedanken über die weitere Sourcing-Kommunikation in seinen Projekten machen und entsprechende Texte oder Text-Module entwerfen, um schnell reagieren zu können.

6.3 Welche Möglichkeiten der Kontaktaufnahme gibt es?

Nachfolgend möchte ich Ihnen eine Übersicht der üblichen und wichtigsten Möglichkeiten der Sourcing-Kommunikation bezogen auch auf die unterschiedlichen Portale geben:

- **Social Media Nachricht/Inmail**
  In LinkedIn heißen die Nachrichten, die Sie innerhalb des Portals an die sogenannte Inbox Ihrer Ansprechpartner schicken können, dann Inmail, wenn diese Person nicht Ihr Kontakt ist. An Ihre Kontakte schicken Sie Nachrichten, ebenso heißen sie auch in XING. In Facebook wird von den Messages gesprochen und in Twitter ist es eine sogenannte Direktnachricht.
- **Kontaktanfrage**
  Die Möglichkeit, jemandem eine Kontaktanfrage zu schicken, ist abhängig vom Netzwerk und vom Account. In XING kann man nur eine Nachricht mit der Kontaktanfrage schicken, wenn man einen Premium Account besitzt, anders bei LinkedIn – wobei bei LinkedIn mehrere Möglichkeiten bestehen, Kontaktanfragen zu schicken.
  Eine Kontaktanfrage für die Ansprache auf eine neue Stelle zu nutzen, ist nur in Ausnahmefällen sinnvoll. Noch problematischer ist es, eine Kontaktanfrage ohne Nachricht zu schicken und danach ohne Umschweife direkt eine Sourcing-Ansprache zu senden.
- **Privates E-Mail**
  Ein privates E-Mail ist dann erlaubt, wenn Sie die offizielle Erlaubnis dazu haben. Immer mehr Menschen haben auf ihrem Social-Media-Profil oder ihrer eigenen Website vermerkt, dass sie grundsätzlich einen Austausch über ihre private E-Mail-Adresse wünschen. Solange dies auf einem Business-Netzwerk steht, kann davon ausgegangen werden, dass das auch so gemeint ist.

> **Praxistipp**
> Es ist nicht erlaubt, ein E-Mail mit einem Jobangebot jeder Art an eine Firmenmailadresse zu schicken. Dies wird als Abwerbung betrachtet und ist nach dem UWG verboten.

- **Kontaktformular**
  Es steht dem nichts im Wege, wenn Sie eine Website eines Kandidaten mit gut ausgefülltem Lebenslauf gefunden haben, diesem per Kontaktformular eine Nachricht zu schreiben.
- **Telefon/Headhunting**
  Die Kontaktaufnahme per Telefon ist erlaubt – allerdings gibt es hier einige ganz enge Regeln zu beachten. Handynummern werden nach der DSGVO, da einer Person zugeordnet, als personenbezogen betrachtet. Die meisten vertreten die Rechtsauffassung, dass dies auch für Firmenhandys gilt, wenn nicht die Telefonnummern aktiv öffentlich, zum Beispiel auf einer Website, bekannt gegeben werden. Wenn folglich jemand durch sein öffentliches Profil seine Telefonnummer bekannt gibt, stellt sich, wenn Sie diese Person anrufen, nicht die Frage, ob dies ein Datenschutzbruch ist. Erhalten Sie allerdings die Mobilnummer

von einer anderen Person, dürfen Sie diese in der Regel nicht anrufen. Die ganze Rechtslage ist noch nicht abschließend geklärt.[74]

Bezogen auf die Durchwahl eines Firmenfestnetzanschlusses ist die Situation anders. Dort ist Ihr Anruf erlaubt, aber hat ganz enge Grenzen bezüglich Inhalt und Zeit. Sie dürfen anrufen, das ist die gute Nachricht, aber Sie müssen sich sehr kurzfassen.

6.4 Die Verhaltensregeln für die erfolgreiche Sourcing-Kommunikation

Im Prinzip kann man sagen, dass sich die Online- und Offline-Kommunikation deutlich unterscheiden. Die distanzierte Anonymität der Online-Kommunikation steht dem persönlichen und direkten Austausch gegenüber, was für viele Sourcer eine Hürde ist, entweder tatsächlich vom Nachrichtenschreiben zum Telefon zu wechseln oder vom Telefon dann zum persönlichen Interview. Auch die Wahrnehmungen von der Selbsteinschätzung bis hin zum Verständnis lässt online viel größere Spielräume offen als in der realen Welt.

Nachfolgend habe ich Ihnen die zehn wichtigsten Verhaltensregeln für eine erfolgreiche Sourcing-Kommunikation zusammengestellt:

1. **Individualisieren Sie Ihre Ansprache und Kommunikation**
   Leider nehmen immer noch viele Sourcer an, dass man wie in der Offline-Welt allgemeine Texte schreiben kann, in denen man sich selbst und den Job ausführlich bewirbt und dann nur passend zum Kontakt den Namen ersetzt. Dies ist in der heutigen Zeit zu wenig und wird meist als Spam empfunden. Manche Berufsgruppen erhalten 10, beliebte Berufe sogar bis zu 60 Ansprachen pro Tag. Da reicht es nicht, dass man die Sourcing-Nachricht etwas mehr personalisiert, indem man zwei Wörter, wie z. B. Titel und Name, aus dem Profil aufnimmt. Wenn Sie besser als andere Sourcer sein wollen, damit das Talent Ihnen und nicht den anderen antwortet, dann ist eine Individualisierung der richtige Weg.

2. **Das Talent persönlich mit Namen ansprechen**
   Eigentlich gebietet dies schon die Höflichkeit – aber im Eifer und unter Zeitdruck passiert es nicht selten, dass ein Mann als Frau angesprochen wird oder umgekehrt. Oder der Name falsch geschrieben wurde. Eine Lösung wäre, den Namen aus dem Profil zu kopieren und dann die Formatierung zu entfernen.

3. **Verhalten Sie sich wie ein Mensch und nicht wie ein Roboter**
   Sie haben selbst schon Nachrichten erhalten, bei denen Sie das unangenehme Gefühl hatten, dass es nicht nur Beamtendeutsch, sondern richtig schlechte

---

[74] Mehr findet man unter: datenschutz.org – Greift der Datenschutz bei Ihrer Telefonnummer?, 2018; https://www.datenschutz.org/telefonnummer/.

Textbausteine sind, von irgendeinem Programm lieblos zusammengesetzt. Versuchen Sie sich immer in Ihr Gegenüber zu versetzen – auch wenn Sie unter Zeitdruck sind. Und setzen Sie Ihre Textbausteine so zusammen, dass alles einen Sinn bekommt und einen roten Faden hat.

4. **Persönliche Kommunikation ist locker und professionell zugleich**
   Die Online-Kommunikation hat durch ihre Anonymität und Distanz einen großen Nachteil. Werden Sie in der Ansprache persönlich, benützen Sie Adjektive, »freuen Sie sich« auf eine Antwort und lächeln Sie zwischen den Zeilen. Dies sollte den professionellen Pfad nicht verlassen und auf keinen Fall kumpelhaft werden. Selbst im IT-Bereich wirkt eine etwas förmlichere Ansprache seriöser als das »Hey, willst du einen neuen, coolen Job?«. Der richtige Mix, der sich vom Wettbewerb abhebt, ist der Türöffner zu Ihren Talenten.

5. **Sagen Sie, woher Sie eine Empfehlung erhalten haben!**
   Man sollte sich die Frage stellen, warum jemand Ihnen eine Empfehlung geben soll und gleichzeitig nicht genannt werden möchte – wie seriös ist das? Wenn Sie eine Empfehlung erhalten, sollte das offen geschehen und für alle Beteiligten gut gemeint sein. Warum sich dann nicht in der Einleitung auf diese Empfehlung beziehen? Wir haben nur gute Erfahrungen damit gemacht, ehrlich und offen darüber zu sprechen, das hat immer großes Vertrauen geschaffen und zu guten Gesprächen geführt.

6. **Vorsicht mit zu vielen persönlichen Informationen in der Sourcing-Kommunikation**
   Heute findet ein großer Teil der Online-Kommunikation, besonders der on-the-fly, mit dem Mobiltelefon statt. Deshalb kann es für Ihre Talente sehr unangenehm werden, eine Nachricht zu erhalten, bei der sie mit dem kleinen Smartphone siebenmal scrollen müssen. Mal unabhängig davon, dass die wenigsten das tun werden, den Inhalt werden sie auf die Schnelle gar nicht erfassen können. Deshalb liegt die Würze zwar nicht in der Kürze, aber in einer moderaten Länge mit gut positionierten Informationen.

7. **Verschwenden Sie keine Zeit, wenn es nicht nötig ist**
   Aus Sicht der Talente ist es auch wertschätzend, wenn Sie nicht deren Zeit stehlen. Da Sie sie in Social Media mit Ihrem persönlichen Profil ansprechen, also Ihr Name als Absender in der Nachricht steht und beim Öffnen jedem Talent klar sein muss, dass Sie ein Recruiter/Sourcer sind – warum wertvolle Zeit verschwenden und sich als Erstes umständlich vorstellen? Das wird als Selbstmarketing empfunden und kommt heute nur noch selten gut an. Außerdem ist es nicht nötig.

8. **Bleiben Sie höflich und bedanken Sie sich für die Zeit**
   Die US-Kollegen haben eine schöne Abschlussfloskel: »Thanks for your time.« Sie steht entweder am Anfang einer Nachricht, hin und wieder sogar auf Social-Media-Nachrichten und sonst am Schluss des Schreibens. Es ist eine sehr wertschätzende Geste und zeigt, dass man sich über die Gefühle des anderen Gedanken gemacht hat, der sich Zeit nimmt, sich mit unserem Anliegen zu beschäftigen. Denn zum

Zeitpunkt des Lesens ist es noch nicht sein Anliegen. Im Grunde ist dies sehr höflich und eine gute Empfehlung.

9. **Machen Sie kein Marketing und bleiben Sie authentisch und klar!**
In vielen großen Unternehmen steht das Branding und Employer Branding so im Fokus, dass sogar die Vorstellung des Unternehmens in Sourcing-Nachrichten vorgegeben ist. Das Problem dabei ist in der Regel: Diese Textbausteine wurden für Bewerber und nicht für passive Talente gemacht. Wir haben mit unseren Corporate-Kunden einen Versuch unternommen und Vergleichstests gemacht. Das Schreiben klang ohne diese Marketingvorstellung persönlicher und war dadurch sogar doppelt erfolgreich. Sourcing-Nachrichten sind persönliche Kommunikation mit passiven Talenten, nicht an die Situation angepasstes Marketing ist kontraproduktiv.

10. **Vermeiden Sie Fremdwörter, Abkürzungen und Fachbegriffe**
Jeder lebt in seiner Fachbegriffswelt und oft geht es schneller, wenn man nicht für jeden Begriff eine Erklärung schreiben muss. Das Problem dabei ist: So mancher Fachbegriff hat unterschiedliche Definitionen und so manche Abkürzung eine doppelte Bedeutung. Versuchen Sie deshalb möglichst in kurzen Sätzen mit einfachen Worten zu schreiben. Dies ist auch am Mobiltelefon viel leichter zu lesen und zu verstehen.

Wie man an diesen Punkten erkennen kann, sind Online-Regeln nicht identisch mit den Offline-Kommunikationsregeln, wenngleich eine gemeinsame Grundregel besteht: »Was du nicht willst, dass man dir tu', das füg' auch keinem anderen zu.«

6.5 Die besten Tipps und Tricks zur professionellen Sourcing-Kommunikation

Viele Social-Media-Nachrichten werden per E-Mail weitergeleitet, gelesen werden sie aber dann genauso wie die Social-Media-Nachricht von 50-90 % auf mobilen Geräten je nach Zielgruppe. Deshalb ist eine mobile Optimierung Ihrer Nachricht erfolgsrelevant.

Allerdings geht es hier nicht nur um das Design, das auf jeden Fall sehr aufgeräumt sein sollte und vorgibt, dass eine solche Nachricht nicht zu lang sein darf. Es geht in der heutigen Sourcing-Kommunikation auch darum, dass der Inhalt des Textes, besonders auch die Betreffzeile, für das Lesen an Mobilgeräten konzipiert wird. Denn die menschliche Aufmerksamkeitsspanne kann unter Umständen gerade an Handys besonders niedrig sein.[75] Deshalb sollte man eher aktive Sätze formulieren, die Sätze und den Text kürzer halten und weniger Nebensätze schreiben.

---

75 Handylearn-projects.de, 2005; http://www.handylearn-projects.de/aufmerksam.html.

6.5.1 Die Betreffzeile

Ihre Sourcing-Kontaktaufnahme steht und fällt mit der Betreffzeile. Die Empfänger wählen allein basierend auf der Betreffzeile aus, ob sie Ihre E-Mail öffnen oder ignorieren wollen. Wie im E-Mail-Marketing ist die Betreffzeile damit ein zentrales Detail, das für eine hohe oder niedrige Antwortrate sorgt. Da in den Smartphones selten mehr als 50 Zeichen angezeigt bzw. gelesen werden, sollte man den Tipp aus dem E-Mail-Marketing beherzigen und eine Betreffzeile nicht länger schreiben als die längste Anzeige.

Bezogen auf den Inhalt sollte man auf jeden Fall auf alle Worthülsen und Floskeln verzichten und kein Marketing betreiben. Unglücklich sind Formulierungen wie »Eine neue Herausforderung wird geboten« oder auch nur lediglich der Titel der Stellenanzeige. Beides spricht nur die aktiven Kandidaten an, also den kleinen Teil Ihrer Zielgruppe, der sowieso sucht. Das heißt, Sie erhalten damit zwar Antworten – aber nicht von den passiven Talenten. Diese aktivieren Sie nur, wenn Sie deren Aufmerksamkeit im positiven Sinne bekommen.

> **Praxistipp**
>
> Wie oben bereits erwähnt: In XING haben Sie mit dem Premium Account keine Betreffzeile mehr zur Verfügung. Mein Tipp ist aber: Sie können in die erste Zeile der Nachricht den Betreff schreiben und diese wird sowohl teilweise in der E-Mail-Weiterleitung als auch in den XING-Nachrichten angezeigt.

6.5.2 Das Intro/der erste Satz

Es versteht sich, dass Sie die Ansprache personalisieren sollten und Ihren potenziellen Kandidaten mit Namen ansprechen. Welche Grußformel Sie wählen, ob »Hallo« oder »Guten Tag«, und ob Sie die Kontaktaufnahme oder Sourcing-Kommunikation per »Sie« oder »du« durchführen sollten, können Sie häufig von der Profilsprache des jeweiligen Talentes ableiten. Im Zweifel empfiehlt sich allerdings das »Sie«.

Der erste Satz beziehungsweise die ersten beiden Zeilen eines Schreibens sind besonders wichtig: Der Leser entscheidet bereits hier, ob er weiterliest. Und hier zögern auch Talente nicht lange, sie löschen Nachrichten sofort. Das geht gerade am Mobiltelefon schnell – ein Wisch und die Nachricht ist gelöscht. Im E-Mail-Marketing wird zum Beispiel der erste Satz im Text als »Pre-Header-Text« bezeichnet, denn mobile Posteingänge schneiden sehr oft die Betreffzeile ab, aber zeigen den kompletten Pre-Header – den ersten Satz des Textes der E-Mail.

Deshalb sollten Sie als Sourcer in Ihrer Nachricht schnell auf den Punkt kommen und sich nicht zu Anfang Ihrer Kontaktaufnahme umständlich vorstellen. Eine Vorstellung ist in Social Media nicht notwendig, da dort eine Message oder ein Inmail Ihr Profil mit der Nachricht verbindet.

Damit Sie die Aufmerksamkeit erhalten und zum Weiterlesen motivieren, empfehle ich Ihnen, etwas Persönliches zu schreiben, wie zum Beispiel ein Kompliment bezogen auf das Profil. Aber nützen Sie möglichst nicht am Anfang der ersten Zeile das Wort »ich« oder »wir«, zum Beispiel: »Ich habe gesehen, dass …« oder »Wir suchen derzeit …«. Es klingt weniger hart, wenn Sie mit »Auf Ihrem Profil habe ich gelesen …« beginnen.

6.5.3 Der Content/Inhalt

Es ist empfehlenswert, Bezug darauf nehmen, welche Informationen beziehungsweise Angaben des Talentes zum gesuchten Profil passen. Sie sollten in jedem Fall zeigen, dass Sie das Profil sowohl gelesen als auch verstanden haben. Dies können Sie, indem Sie auf persönliche Interessen, Expertenwissen, auf berufliche Erfahrung, genannte Projekte, besuchte Hochschulen, Studienschwerpunkte, Bachelor, Master oder Diplomarbeit, Praktika, Auslandsaufenthalte, Sprachen, Kenntnisse, aber auch auf ein gemeinsames Netzwerk beziehungsweise eine Empfehlung eingehen.

Natürlich sollten Sie die zu besetzende Stelle nennen und kurz beschreiben (maximal 2-3 kurze Sätze), mit dem Ziel, das Talent neugierig zu machen und zu interessieren. Allerdings ist es nicht in allen Fällen empfehlenswert, den Titel eins zu eins zu nützen, den der Job in der Anzeige erhalten hat. In der Regel gibt es kürzere oder ansprechendere aktuelle Formen, die spannender klingen. Ebenso ist mein Tipp, das Geschlecht entsprechend der Person anzupassen.

Herausarbeiten sollten Sie im Inhalt auch, warum für den potenziellen Kandidaten der Jobwechsel interessant sein kann und welche Vorteile die neue Aufgabe mitbringen würde. Um das Talent zu überzeugen, muss ein Sourcer sich in die Lage des jeweiligen Talentes versetzen und die Arbeitgebersicht verlassen.

Wenn Sie zum Beispiel nicht wissen, welche Weiterbildungsmöglichkeiten das Talent beim heutigen Arbeitgeber hat, sollten Sie vermeiden, die Weiterbildungsangebote der neuen Aufgabe als Leistung besonders zu exponieren. Einer Erwähnung steht allerdings nichts im Wege. Wenn Sie sich allerdings sicher sind, dass Ihr Angebot weit überdurchschnittlich ist, dann macht es auch Sinn, dieses ausdrücklich zu formulieren. Dies gilt gleichermaßen für alle anderen Benefits wie besondere Arbeitsmittel oder Firmenwagen oder »hervorragende Work-Life-Balance«. Denn soziale Leistungen wie ein interner Kindergarten beispielsweise sind nicht für jeden Single ein attraktives Angebot und mit der Nennung kann das Gegenteil erzeugt werden: Der potenzielle Kandidat kann sich so nicht verstanden fühlen.

Einfacher ist dies bei faktisch bekannten Vorteilen wie zum Beispiel einer kürzeren Entfernung zum Arbeitsplatz. Prüfen Sie dabei aber sowohl die objektiven Wegemöglichkeiten als auch die faktischen Gegebenheiten wie Stauzonen oder Möglichkeiten des öffentlichen Nahverkehrs.

In jedem Fall sollte man den Inhalt freundlich-sachlich in Form eines Angebots oder einer Gesprächsbasis so formulieren, dass man es nicht als Missverständnis verstehen kann, die Kontaktaufnahme geschehe mit der Intention einer Abwerbung. Umgekehrt sollte man dabei nicht zu distanziert kommunizieren. Deshalb ist es empfehlenswert, insbesondere auch wenn man Textmodule vorbereitet hat, dass diese nicht zu sehr nach Formbrief oder Spam-Ansprache klingen. Dies kann man erreichen, indem man einen weniger formellen Ton wählt und immer wieder persönliche Details einfließen lässt.

6.5.4 Die Schlussformel

Der Abschluss einer Kontaktaufnahme eines Sourcers sollte zwei Dinge enthalten:
1. eine Handlungsaufforderung (englisch: Call-to-Action) und
2. eine Kontaktmöglichkeit.

Eine Handlungsaufforderung ist keine Frage, sondern eine freundliche und bittende Aufforderung, die für das Talent erkennbar einen Nutzen, ein Versprechen oder Angebot mit sich bringt. Da allein das Angebot zu telefonieren oder gar noch eine Terminierung eines Telefonates keinen direkten Nutzen für das Talent bringt, reagieren hierauf auch nur die aktiv suchenden Kandidaten. Zum Beispiel ist es gerade bei passiven Kandidaten nicht empfehlenswert, die Texte aus den Anzeigen zu übernehmen wie: »Wenn Sie an dieser Stelle interessiert sind, dann freue ich mich auf Ihre Kontaktaufnahme.«

Wer semi-aktive oder passive Talente nicht nur interessieren, sondern abschließend auch aktivieren möchte, muss ihnen neben dem interessanten Job auch einen kurzfristigen Nutzen und damit Motivation für die direkte Kontaktaufnahme bieten. Dies kann zum Beispiel ein Angebot über weitere detaillierte Informationen zur Position oder die Einladung zu einem Gedankenaustausch zum nächsten Karriereschritt sein.

Wie im E-Mail-Marketing kann ein Schreiben zwar mehrere Fragen, sollte aber immer nur eine Handlungsaufforderung enthalten, da sonst Missverständnisse entstehen können, welche Option gewählt werden soll. Und die Folge ist häufig, dass es zu keiner Antwort kommt.

Ebenso ist es empfehlenswert, nicht mehrere Optionen dazu anzubieten, wie der potenzielle Kandidat antworten könnte, sondern maximal zwei zu nennen, zum Beispiel nur die E-Mail-Adresse oder die Telefonnummer und E-Mail-Adresse.

7 Die Steigerung der Sourcing-Effizienz

7.1 Die wichtigsten Best-Practice-Tipps für den Sourcing-Start

Wie man den bisherigen Kapiteln entnehmen kann, ist der Einstieg in eine Sourcing-Tätigkeit vielfältig und aufgrund der vielen Hürden und Irrwege auch nicht einfach. Um aus der Praxis Beispiele zu einem gelungenen Sourcing-Start zu geben, habe ich drei Sourcing-Profis dazu befragt, die jeweiligen Antworten finden sich nachfolgend.

Wie starte ich am besten mit Talent Sourcing?

Bea Kowol, Senior Relationship Manager bei Sevenval Technologies GmbH seit Februar 2007 und seit über 4 Jahren im HR-Bereich zuständig für Sourcing und Recruiting:

»Als ich vor über vier Jahren mit Sourcing angefangen habe, gab es für mich erstmal nur die Keyword Suche in XING oder LinkedIn. Auf Dauer war mir das zu wenig und zu experimentell. Ich habe viele Suchen mehrfach ausführt und hatte oft das Gefühl, dass ich immer die gleichen Kandidaten sehe. Nach einem Tech Sourcing Bootcamp Training bei Intercessio wurde mir klar, dass das intuitive Suchen der Grund war, warum ich nicht die richtigen Kandidaten finden konnte und warum es auch so lange dauerte. Ich habe dann gelernt, professionell und systematisch verschiedene Suchmaschinen zu steuern und kann heute beispielsweise via X-Ray ganz andere Talente finden. Was mich schneller gemacht hat, war eine eigene Sourcing-Bibliothek aufzubauen.

Das kann ich auch heute noch empfehlen: via X-Ray und mit auch anderen Google-Länderversionen und Suchmaschinen wie Bing, Yahoo, Yandex zu arbeiten oder in vertikalen Portalen wie Exalead, Behance, Dribbble, Stackoverflow zu recherchieren. Wichtig ist für Anfänger, zu lernen, dass man nie aufgibt, immer in kleinen Schritten vorwärts geht und einzeln variiert und dabei sowohl iterativ als auch systematisch arbeitet. So kommt man immer wieder auf völlig neue Ergebnisse.

Dabei hat uns auch die Einführung der Candidate Persona – das Idealprofil aus dem Fachbereich – sehr geholfen! Mit diesem Wissen konnten wir neue Keyword-Kombinationen finden und so neue Templates mit Strings bauen, die wir jederzeit wiederverwenden können.

Sehr empfehlen möchte ich auch das regelmäßige Lesen von Sourcing Blogs und das Vernetzen mit anderen Sourcern – beispielsweise auf Sourcing Events wie dem Sourcing Summit Deutschland #SOSUDE.«

Carolin Matthiä, als Teamlead Sourcing seit März 2016 für die Koordination des Intercessio Sourcing und Recruiting Services verantwortlich; sie übernimmt ebenso Consulting-Projekte, ist aktive Sourcerin und bloggt im Intercessio Blog.

»Zugegeben, es hat nicht jeder das Glück, direkt von der Master Sourcerin in Deutschland zu lernen. Als ich vor mehr als zwei Jahren zu Intercessio kam, hatte ich noch keine praktische Sourcing-Erfahrung. Durch die intensive Auseinandersetzung mit der Zielgruppe berufserfahrener Ingenieure und deren bevorzugten Ansprachekanälen in meiner Abschlussarbeit war ich neugierig darauf, professionelles Active Sourcing zu lernen.

Als Einstieg in die Praxis hat es mir sehr geholfen – und auch viel Spaß gemacht –, zunächst einen Überblick über die vor allem englischsprachige Sourcing Community zu gewinnen. Wertvoll sind aus meiner Sicht dafür insbesondere die aufgezeichneten Vorträge von Glen Cathey, der Blog von Irina Shamaeva (Boolean Strings) und der deutschsprachige Fachblog von Intercessio mit heute mehr als 300 Beiträgen. Ich habe mir zur Gewohnheit gemacht, Lesezeichen anzulegen sowie ungelesene Artikel erst einmal mithilfe von Tools wie Wunderlist oder Pocket zu speichern und zu einem späteren Zeitpunkt mobil oder am Desktop abzurufen.

Die große internationale Sourcer-Gemeinschaft habe ich als besonders offen erlebt, eine Gemeinschaft, die sich gern weiterhilft. Ich empfehle daher, Mitglied in den zahlreichen Facebook-Gruppen und Google+-Communities zu werden, es lohnt sich! Die neuesten »Hacks« und Tricks sind nicht nur für Sourcing-Anfänger faszinierend. So werden in der Sourcing-Community regelmäßig neue Tipps ausgetauscht und diskutiert. Ebenso erfreuen sich die sogenannten Sourcing-Hackathons, vergleichbar mit einer Online-Schnitzeljagd, großer Beliebtheit. Es ist verlockend, dieses Know-how auf dem aktuellen Stand zu halten. Stellt Sourcing jedoch nur eine Teilaufgabe dar, ist das kaum durchführbar. Um effizient zu arbeiten, ist es sinnvoll, zuerst die einfacheren und häufig erfolgversprechenderen Sourcing-Methoden zu wählen. Eine Empfehlung ist, zunächst die Filtertechnik im XING TalentManager anzuwenden anstatt komplexer Suchanfragen mit Booleschen Befehlen.

Es ist auch hilfreich, die wichtigsten Informationen wie die Booleschen Operatoren und Feldkommandos sowie Suchmaschinen gebündelt direkt neben die Tastatur zu legen. Zudem setze ich einige kostenlose Werkzeuge fast täglich ein: die Erweiterung für den Chrome-Browser »Multi-highlight« (zum Hervorheben von Suchbegriffen im Web) sowie »gInfinity« (ermöglicht das endlose Scrollen in Google, ohne das Umblättern auf die nächste Seite). Sehr nützlich finde ich auch den Suchbefehl define:, der Definitionen zu dem angegebenen Suchwort auflistet.

Ein weiterer Tipp für alle Sourcing-Teams: Bearbeiten Sie Sourcing-Projekte immer kollaborativ und tauschen Sie sich über Profile aus. Wir haben gute Erfahrungen damit gemacht, wenn ein Teammitglied die erste Suche ausführt und anschließend ein erfahrener Teamkollege diese Profile noch einmal überprüft. Dieses Vorgehen ist insbesondere für Sourcing-Einsteiger sehr nützlich. Einerseits sehen vier Augen mehr als zwei, andererseits unterstützt diese Methode den Junior dabei, schnell zu lernen.«

Lisa Becker, Recruiting Professional bei der Deutsche Post DHL Group

»Als ich 2012 das erste Mal von »Active Sourcing« gehört habe, war ich schnell begeistert – und vor allem neugierig! Die ersten Schritte waren aber gar nicht mal so leicht. Von Haus aus bin ich Geisteswissenschaftlerin, technisch zwar nicht ganz untalentiert, aber Algorithmen, Boolesche Operatoren, Verknüpfungen … klang für mich erstmal alles nach Böhmischen Dörfern.

Da ich aber ein Faible für Soziale Netzwerke und Medien habe, habe ich es einfach gewagt. Und das würde ich jedem raten. AUSPROBIEREN! Traut euch, registriert euch bei den unterschiedlichen Portalen, sucht drauflos. Wie reagiert Suchmaske in Portal X auf die Suchanfrage? Wie Portal Y auf die gleiche? Wo liegen die Unterschiede? Wer tummelt sich hier, wer dort? Wie ist der Umgang miteinander? Nicht nur das Technische ist wichtig – sondern auch das Zwischenmenschliche, ja, auch (oder ganz besonders) im Internet.

Schon bald habe ich gemerkt: Das Finden ist die eine Sache, aber das Ansprechen, das In-Kontakt-Kommen, das ist eine weitere, viel größere Herausforderung. Auch hier gilt es, sich auszuprobieren, manchmal auch was zu wagen. Suche nicht nur ein Profil, sondern sehe den Menschen dahinter. Sei neugierig auf diesen Menschen hinter dem Profil. Spreche kein Profil an, sondern spreche den Menschen dahinter an. Nur so kann man wirklich in Kontakt treten, sich abheben und eine Beziehung zum Kandidaten aufbauen.

Denn auch das musste ich lernen: Active Sourcing kann ganz schön frustrierend sein. Man sucht und liest, schreibt zig Nachrichten, manchmal bekommt man Antwort, häufig nicht. Und dennoch heißt es: Weitermachen, dranbleiben. Nicht selten bekommt man Antworten wie: »Danke für die nette Anfrage, aber aktuell bin ich nicht interessiert.«. Da ist Zähne zusammenbeißen die Devise.

Eine solche Antwort ist aber der ideale Weg, um eine Beziehung aufzubauen, gerade bei wirklich tollen »Talent-Diamanten«. Viele suchen zwar erstmal nicht, aber wenn man sich durch eine tolle, individuelle Ansprache abgehoben hat, dann weiterhin in sympathischem Kontakt bleibt und man Durchhaltevermögen beweist, so kommen diese »Talent-Diamanten« dann nach 6/12/20 Monaten wieder auf Dich zu mit: »Damals wollte ich nicht, aber jetzt würde ich.«

Und das ist doch mit das Schönste: zu sehen, dass man eine so gute Arbeit gemacht hat, dass man auch nach Monaten jemandem noch im Gedächtnis geblieben ist.

Active Sourcing ist also wesentlich mehr als nur Suchen. Es ist Suchen – Finden – Ansprechen – Beziehungen schaffen. Neugierig sein und neugierig bleiben. Und vor allem: Durchhalten!«

7.2 Warum systematisches Talent Sourcing effizienter als viele experimentelle Hacks ist

Im Recruiting und auch im telefonischen Direct Search der Personalberatungen ist die Intuition eine wichtige Eigenschaft und Erfolgsvoraussetzung. Recruiter wie Researcher müssen schnell erkennen, wer passt, um einen guten und zielgerichteten Personalauswahlprozess zu führen. Gute Interviews ohne Intuition sind schwer vorstellbar.

Die Intuition ist die Begabung, auf Anhieb eine gute Entscheidung treffen zu können, ohne die zugrundeliegenden Zusammenhänge genau zu verstehen. Zwar erfolgen intuitive Handlungen unbewusst und aus einem Bauchgefühl heraus und oft kann man keine direkten oder konkreten Gründe für eine intuitive Entscheidung erkennen. Aber sie haben einen engen Zusammenhang mit unserer inneren Logik und früheren Erfahrungen. Man spricht deshalb oft von »Mustererkennung mit gesundem Menschenverstand« Dieser sogenannte gesunde Menschenverstand, den manche sogar als »die Intuition« bezeichnen oder mit ihr gleichsetzen, wird gern dem logischen Verstand, der für das Verstehen und Begreifen steht, gegenübergestellt. Recruiting basiert entsprechend dieser Logik sehr stark auf guter Intuition und gesundem Menschenverstand.

Doch im Sourcing verhält es sich umgekehrt – hier geht es nicht um die Beurteilung von Menschen in der realen Welt und Prozesse der menschlichen Interaktion, bei denen man auf Lebenserfahrung und Fachkompetenz zurückgreifen kann. Die zentralen digitalen Tools im Sourcing sind logische algorithmische Suchmaschinen, die äußerst komplex sind und sich auch noch ständig verändern. Sourcer wollen diese komplexen Tools umprogrammieren und greifen sozusagen in deren Programmierung ein, indem sie Suchbefehl-Keyword-Suchketten bilden. Zwar sehen die Oberflächen und Suchmasken der Tools einfach aus, aber eine gezielte Steuerung ist bei einem solchen logischen System nur mit Logik und Systematik möglich – mit menschlicher Intuition sind diese Systeme nicht steuern.

Die »Künstliche Intelligenz bedeutet das Ende des Bauchgefühls«, sagt Sven Gabor Janzsky[76]. Bezogen auf das Sourcing heißt dies: Wer sein erfolgreiches Recruiting Mindset im Sourcing einsetzt, schafft sich Probleme, da er auf diese Weise seine Tools nicht effizient einsetzt. Ein Sourcer, der intuitiv Suchketten zusammensetzt und eingibt, experimentiert und überlässt die Ergebnisanzeige dem Zufall. Während man in der realen Welt des Recruitings auf Jahre der Erfahrung zurückgreifen kann, kann man im Fall der Algorithmen zwar testen, um Muster zu erkennen. Aber wenn man das nicht systematisch macht, wiederholt man Fehler und lernt nicht.

Viele starten mit der Hoffnung in den Sourcing-Prozess, die zentralen Sourcing Tools – gemeint sind Suchmaschinen – seien »intuitiv« zu bedienen. Und wenn Probleme auftauchen und die Suchanfragen nicht so laufen, wie man möchte, würden Recruiter-Problemlöse-Strategien helfen, wie z. B. (siehe Kapitel 1.4) eine einfache, schnelle, technische Hands-on-Lösung zu finden, einen sogenannten Hack[77]. Ein Hack (englisch für technischer Kniff) kann für eine Funktionserweiterung oder Problemlösung stehen oder dafür, dass das Ziel auf eine ungewöhnliche Weise erreicht wird. Hacks helfen kurzfristig, ein paar mehr Kandidaten zu finden, aber sie besetzen keine Stellen.

Verglichen mit der Medizin sind Hacks gut zur Behandlung akuter Symptome, aber das systematische, nachhaltige und auf Logik basierende Anwenden von iterativen Suchanfragen entspricht einer erfolgreichen Therapie. Hacks zur Lösung von Problemen sind auch im Sourcing absolut wichtig, aber effizientes Active Sourcing geht nur mit System.

7.3 Der Sourcing-Effizienz-Turbo – die Sourcing-Bibliothek

Die Sammlung Ihrer Sourcing-Suchketten, der erfolgreichen Suchbegriffe und Sources, nennt man Sourcing-Bibliothek. Sie ist eine der wichtigsten Grundlagen Ihres Sourcing-Erfolgs. Denn richtig gemacht, ist diese Sammlung nicht einfach nur eine Toolbox, in der Sie wahllos das, was Sie nochmals einsetzen könnten, irgendwie intuitiv speichern. Sondern mit dieser können Sie auch Ihren Erfolg wiederholen, aber auch Veränderungen der Suchmaschinen monitoren und gezielt finden.

---

76 Sven Gabor Janzsky auf LinkedIn, 2018; https://www.linkedin.com/embed/feed/update/urn:li:activity:6417611534737895424.
77 Wikipedia, Hack, 2018; https://de.wikipedia.org/wiki/Hack.

7.3.1 Wozu ist eine Sourcing-Bibliothek gut?

Ihre persönliche Sourcing-Bibliothek ist entscheidend für Ihren Sourcing-Erfolg und Ihre Produktivität und Ihr effizientes Arbeiten. Wenn Sie bei jedem Projekt anfangen, erst einmal die grundsätzlichen Möglichkeiten der Identifizierung bzw. des Findens von Talenten nachzulesen, ist schon das nicht effizient und kostet unnötig Zeit.

Nehmen wir an, Sie suchen im Laufe des Jahres fünf SAP-Experten für Ihren Logistikbereich und dort für das Qualitätswesen. Wenn Sie nun nur nach genau dem SAP-Modul QM auf einem Profil suchen, das von SAP bei Ihnen im Hause eingesetzt ist, dann begehen Sie einen strategischen Fehler. Denn die Annahme, dass Profile wie Lebensläufe vollständig sind, führt in eine Sackgasse. Und da die meisten Sourcer in dieser Sackgasse suchen, weil sie nur in Keywords denken, landen diese Sourcer dann genau immer auf den gleichen Profilen und sprechen die gleichen potenziellen Kandidaten wie alle anderen an.

Wenn Sie effizienter arbeiten und bessere Kandidaten finden wollen, dann müssen Sie in unserem Fall auch die Suche nach Know-how mit ähnlichen SAP-Modulen in Erwägung ziehen, zum Beispiel PP = Produktionsplanung und -steuerung (Production Planning and Control) oder EHS = Umwelt, Gesundheit und Sicherheit (Environment, Health and Safety) bzw. LO = Logistik Allgemein (Logistics General). Und genau dieses Wissen sollten Sie dann irgendwo speichern, damit Sie nicht jedes Mal bei null anfangen müssen.

7.3.2 Wie sollten Sie Ihr Sourcing-Know-how archivieren?

Strings (das sind Ihre Kombinationen/Suchketten mit Suchbegriffen und Booleschen Befehlen) sollten Sie in keinem Fall in einem Microsoft-Produkt oder anderem Open-Source-Textverarbeitungsprogramm archivieren. Denn Sie würden von dort die Formatierung in die Suchmasken kopieren und das wäre fatal für Ihren Sourcing-Erfolg. (In Kapitel 2.6.2 finden Sie die Erklärung dazu.) Empfehlenswerte Programme sind für Ihre Suchbegriffe, Strings und Sourcing-Projekte Notepad++ (für Windows) oder Editra (für Apple und Windows). Beide sind kostenlos und ermöglichen die Zeilenzählung, sodass Sie einfach Ihre letzten Änderungen markieren und wiederfinden können, während viele andere Editorenprogramme dies nicht unterstützen.

7.3.3 Welche Struktur sollte eine Sourcing-Bibliothek haben?

Im Grunde hängt das von den Funktionen ab, die Sie mit Sourcing besetzen möchten, den Tools, die Ihnen zur Verfügung stehen, der Branche, in der Sie arbeiten, und natürlich, ob Sie in einem Team gemeinsam sourcen. Denn nur über eine zentrale Ablage, in der Sie auch alles wiederfinden und die Sie pflegen, sind Sie in der Lage, mit Ihrem Know-how immer up-to-date zu bleiben. Und das ist absolut nötig, damit Sie erfolgreich sourcen können.

Wie bereits mehrfach benannt, sind die heutigen semantischen Algorithmen lernende Systeme und werden obendrein in immer kürzeren Abständen auch von den Suchmaschinenanbietern (Google, XING, LinkedIn, Github, Stackoverflow, Experteer, Stepstone …) gezielt aktiv angepasst und überarbeitet. So ist es sehr häufig, dass die Suche, die Sie am vorherigen Tag durchgeführt haben, am Folgetag andere Ergebnisse bringen kann.

Nachfolgende Dinge sollten Sie in Ihrer Sourcing-Bibliothek speichern und pflegen:
- **Tools** (von Produktivitätstools wie Google Chrome Apps bis XING TalentManager oder Search! von Textkernel)
- **Quellen/Sources** (z. B. XING, LinkedIn, Github, Stackoverflow, Behance, Google)
- **Strings, Stringsammlungen und String Suites** (z. B. zur Lebenslaufsuche im Web oder der gezielten Suche eines SAP-Spezialisten wie oben)
- **Suchbegriffe/Keywords pro Funktionsbereich** (z. B. für Programmierer, Projektleiter)
- **Methoden** (z. B. X-Ray-Suche, Talent Mining, Semantische Suche, Peer-Sourcing, Harvesting)
- **Ihre einzelnen Projekte** (kompletter Suchverlauf in einem konkreten Projekt
- **Know-how-Updates** (Blogs und Master-Sourcern, denen Sie folgen und die Sie informieren, welche Änderungen es gibt)
- **Candidate Personas** (ein klares Bild, welches Ihre Talente sind und wie diese sich online verhalten)

Ihre Sourcing-Bibliothek ist folglich mehr als eine Arbeitserleichterung. Sie ist eine Säule für effizientes und systematisches Arbeiten. Damit muss diese Stütze aber auch so erstellt und konstant gepflegt werden. Denn die Umgebung, das Web, in dem Sie als Sourcer arbeiten, bleibt nicht stehen und verändert sich ununterbrochen, was leider nur ganz selten angekündigt wird – man merkt es daran, dass das Such- und Finde-Ergebnis sich ändert.

Deshalb ist es essenziell zu wissen, dass die Ursache nicht Ihre Intuition ist, sondern im System liegt. Eine gute Sourcing-Bibliothek enthält somit nicht nur ein paar Strings oder Tools, Sie sollten zudem ein Verzeichnis erstellen und es regelmäßig pflegen. Wir empfehlen Ihnen auch, diese Active-Sourcing-Bibliothek im Team gemeinsam zu nützen, da Sie so von den Erfahrungen der Kollegen profitieren können.

7.4 Die Erfolgsstrategie Nr. 1: die Talent Pipeline und der Talent Pool

Der Unterschied zwischen einer Talent Pipeline und einem Talent Pool ist die Beziehungsdauer zum Talent. Die Beziehungen in der Talent Pipeline sind kurzfristig und auf die aktuell zu besetzenden Positionen gerichtet.

Eine gut gefüllte Talent Pipeline hingegen kann Ihre Personalbeschaffung deutlich verbessern. Allerdings benötigt die Erstellung einer Talent-Pipeline-Strategie Zeit und erfordert eine sorgfältige Planung. Nur, wenn Sie alle Zusammenhänge und auch Positionen verstanden haben, können Sie zum Beispiel die Time-to-Hire wirklich verkürzen. Die Qualität und der Erfolg einer Pipeline hängen davon ab, ob Sie im Voraus die richtigen und besten Talente gewinnen konnten.

Ein effektives Talent-Pipeline-Management-Programm stützt sich damit auch auf einen gut bestückten Talent Pool der talentierten Kandidaten, die Sie in der Zukunft wahrscheinlich einstellen möchten und werden. Dieser Pool sollte alle Phasen und alle Berufe bzw. Jobgruppen Ihrer Talent Pipelines bedienen.

Checkliste zur Planung einer Pipeline-Strategie
Eine Talent Pipeline wird von Ihrem Netzwerk bzw. Talent Pool, dem klassischen Personalmarketing und Sourcing-Aktivitäten gespeist. Sie müssen sich bei der Entwicklung Ihres Talent-Management-Prozesses über die folgenden Fragen Gedanken machen:

1. **Welche Positionen benötigt Ihre Talent-Pipeline?**
   Talent-Pipeline-Management benötigt eine durchdachte Ressourcenallokation. Bei der Einstellung für Jobs, die keine seltenen oder unterschiedlichen Fähigkeiten erfordern, ist der Aufbau einer Talent Pipeline möglicherweise nicht immer erforderlich. Umgekehrt kann eine Talent Pipeline für kritische Positionen, die entweder leitend, hochspezialisiert oder einfach sehr wichtig sein können, sehr nützlich sein.
2. **Welche Fähigkeiten werden für die kritischen Jobs benötigt?**
   Sie können die Talente in Ihrem Pool nicht beurteilen, wenn Sie nicht wissen, wonach Sie suchen sollen. Abgesehen von detaillierten Jobbeschreibungen ist es eine gute Idee, die Kernkompetenzen jeder Position zu identifizieren. Der Input von Einstellungsmanagern sowie den etablierten Stelleninhabern ist von größter Bedeutung. Denken Sie immer daran, dass Sie zukünftige Positionen besetzen wollen.
   Ein Unternehmen sollte sich der kontinuierlichen Rekrutierung widmen, auch wenn aktuell kein Bedarf besteht. Versuchen Sie über Fähigkeiten nachzudenken, die in Zukunft notwendig sein werden. Sie sollten sich über Änderungen oder Trends bewusst sein, die zur Suche nach neuen Fähigkeiten führen, die die Organisation möglicherweise noch nicht besitzt.

3. **Wer ist verantwortlich für die Verwaltung der Talent-Pipeline?**
   Sollten Recruiter oder die Kollegen aus der Personalabteilung für Talent Pipelines zuständig sein? Das ist eine Grundsatzfrage, die individuell geklärt werden muss. Aber was besonders wichtig ist, ist, dass eigentlich immer die Fachbereiche (Hiring Manager) einbezogen werden sollten, da die kontinuierliche Einstellung deren Aufgabe ist. Wenn Sie einen Talent Pool aufbauen möchten, bei dem es sich in der Regel um eine Gruppe von Talenten mit allgemeinen Fähigkeiten und einer potenziellen kulturellen Eignung handelt, können Personalvermittler die Verantwortung tragen.
4. **Welche Strategien werde ich verwenden?**
   Es gibt viele Strategien und Quellen, die Sie für das Talent-Pipeline-Management verwenden können. Machen Sie sich klar, welche für Sie effektiv sind und prüfen Sie die Optionen für Ihre Abteilung bzw. Ihr Unternehmen. Sie können Ihre Strategien jederzeit anpassen.
5. **Wie man eine Talent-Pipeline aufbaut**
   Nachdem Sie die richtige Vorbereitung vorgenommen haben, können Sie mit dem Erstellen Ihrer Talent Pipeline beginnen. Die Förderung von Beziehungen zu externen Talenten wird Ihren Sourcing- und Networking-Techniken einen hohen strategischen Zweck geben. Die Besetzung von Positionen durch interne Bewerber ist eine gute Option und kann auch für die Zufriedenheit der Mitarbeiter von Vorteil sein.
6. **Entwickeln Sie Ihren internen Talentpool**
   Es gibt viele Argumente für interne Einstellungen. Es sind Leute, denen man vertraut und die bereits wissen, dass sie eine gute kulturelle Verbindung haben. Führen Sie eine effektive Nachfolgeplanung durch, indem Sie die Ergebnisse von Leistungsbewertungen verwenden. Identifizieren Sie, wer über Fähigkeiten verfügt, die in kritischen Positionen eingesetzt werden können.
   Es gibt natürlich eine Reihe von Dingen zu beachten. Manchmal müssen einige Ihrer besten Talente trainiert werden, um in kritischen Positionen Erfolg zu haben. Investieren Sie darin. Um diesen Prozess effektiver zu gestalten, sollten Sie darüber nachdenken, sich von den jährlichen Leistungsbeurteilungen zu entfernen, um potenzielle Nachfolger für eine Position zu jeder Zeit zu erkennen. Dies bietet auch Möglichkeiten für Coaching und Verbesserung.
   Vergessen Sie nicht, auf Ihre Fluktuationsrate zu achten. Die Steigerung der Mitarbeitermotivation und die Reduzierung von Fluktuation ist ein großer Vorteil für das Unternehmen an sich, kann aber auch dazu beitragen, Ihre interne Talent-Pipeline zu erhalten.

7.5 Der Sourcing-Erfolgsfaktor Fehlervermeidung

Es ist leider so, dass Sourcer gern bestimmte Vorgehensweisen aus dem Recruiting, Employer Branding oder anderen angrenzenden Bereichen in den Prozess übernehmen, die im Sourcing dann zu Fehlern führen. Dies ist relativ häufig der Fall und bremst den Sourcing Workflow und die Sourcing-Effizienz.

Im Folgenden habe ich Ihnen zur Vermeidung die zehn schlimmsten und sehr verbreiteten aktuellen Fehler im Sourcing-Prozess zusammengefasst und auch die wichtigsten Fragestellungen dazu in Checklisten aufgeführt und den Lösungen dafür gegenübergestellt.

1. **Haben Sie Ihr Employer Branding auch für passive Talente optimiert?**
   Ein großer Sourcing-Fehler ist, dass viele meinen, Employer Branding ist nur für das Recruiting wichtig. Ihre Talente werden Sie googeln, bevor sie antworten. Und wenn das, was sie dort finden, nicht ihrer Erwartung entspricht, dann erhalten Sie keine Antwort. Leider liegt in der Personalbeschaffung oft der Fokus auf einem statischen Employer Branding für Bewerber. Ein Grund dafür kann sein, dass viele meinen, dass eine einmal geschaffene Marke durch eine Website und/oder Karrierepage ausreicht, und dabei noch nicht an die neue Zielgruppe der semi-aktiven und passiven Talente im Sourcing denken, die eine andere Ansprache benötigen.
   Fragen der Checkliste:
   - Ist das Employer Branding auch auf Sourcing-Aktivitäten abgestimmt?
   - Wird die Candidate Experience auf der Website und Karrierewebsite sowie in Social-Media-Profilen für aktive und passive Talente berücksichtigt?
   - Gibt es Updates in Social-Media-Portalen?
   - Sind Sie mit der Ergebnisseite beim »Googeln« zufrieden?
   - Wird Ihr Firmenprofil in Arbeitgeberplattformen wie Kununu oder Glassdoor gepflegt?
   - Sind die Anzeigen und die Website inklusive der Texte mobiloptimiert?

2. **Wie wirkt Ihr Social-Media-Profil – persönlich oder unpersönlich?**
   Für potenzielle Kandidaten ist wichtig, wer sie kontaktiert. Ganz besonders ist dies bei semi-aktiven und passiven Talenten der Fall, die keine großen Suchen nach Informationen durchführen werden. Die Talente googeln Sie oder besuchen Ihr XING-Profil, bevor sie antworten. Ein sehr häufiger Sourcing-Fehler ist, dass alle Selbstmarketing gut finden, aber es nicht immer gut ist. Denn der Grat zwischen Selbstdarstellung und professionellem Personal Branding ist schmal. Auch eine distanzierte, zu glatte Eigendarstellung mit künstlichen Fotos oder reinen Marketingtexten auf Ihrem persönlichen Profil wirkt nicht auf alle positiv. Die Lösung für ein gutes Sourcing bzw. Recruiter Branding ist eine kluge Balance zwischen Persönlichem, Ihrer Aufgabe und dem Branding.
   Fragen der Checkliste
   - Steht auf Ihrem Profil auch etwas Persönliches oder nur Firmenmarketing?
   - Ist Ihr Profil ein rein persönliches oder eine professionelle Mischung?

- Wird auch ein schüchterner Kandidat angeregt, Ihnen eine Kontaktanfrage zu schicken?
- Haben Sie ein »Notprofil« (Foto und ein paar Keywords) oder zeigen Sie, dass Sie gern mit anderen persönlich und seriös kommunizieren?
- Was findet man beim »Googeln« über Sie?

3. **Haben Sie eine Candidate Persona erstellt?**

Viele gehen davon aus, dass alles, was in der realen Welt funktioniert, auch online richtig ist – allem voran die Stellenbeschreibung. Wer gezielt finden will, muss dafür sorgen, dass er verstanden hat, wie das digitale Spiegelbild seines potenziellen Kandidaten aussieht. Dazu ist es nötig, dessen Online-Daten richtig zu interpretieren. Das geht aber nur, wenn man sich vorher, zumindest in groben Zügen, eine Candidate Persona und damit das Online-Abbild des passenden Kandidaten erstellt hat. Diese Persona ist die Grundlage der richtigen Suchanfragen und der Auswahl der richtigen Sources sowie der passenden Methodik.

Fragen der Checkliste:
- Haben Sie ein Jobprofil vorliegen oder erstellt?
- Haben Sie überprüft, wie die Social-Media-Profile der Kollegen oder im Wettbewerb von Personen mit gleichem Job aussehen?
- Haben Sie Gemeinsamkeiten mit anderen Personen gesucht bzw. festgestellt, die einen ähnlichen oder den gleichen Job machen?
- Haben Sie sich das alles aufgeschrieben?

4. **Ist Ihr Sourcing Workflow interaktiv?**

Professionelles Sourcing ist digitale Personalbeschaffung. Es gibt keine erfolgreichen linearen digitalen Prozesse, denn alles Digitale basiert auf vernetzten und komplexen Software-Programmen. Der erfolgreiche Sourcing-Prozess wird mehrfach durchgeführt, beginnt immer wieder von vorne, überprüft aber auch nochmals die Ausgangslage und passt sich an. Er ist folglich iterativ.

Fragen der Checkliste
- Haben Sie die einzelnen Sourcing-Schritte definiert?
- Überprüfen Sie Ihre Suchketten in einem zweiten und dritten Lauf nochmals?
- Verbringen Sie Zeit mit Filtern und dem nachfolgenden Identifizieren?
- Ist Ihr Ziel, viele Kandidaten auf einmal zu finden?
- Wiederholen Sie Ihren Sourcing-Prozess?

5. **Starten Sie Ihr Sourcing-Projekt mit einer Testphase und überprüfen Sie Ihre Suchketten?**

Wie bereits mehrfach benannt, denken viele, dass, wenn sie ein weiteres Keyword in eine Suchkette eingeben, sie den Suchradius der Suchmaschine erweitern. Das ist aber nur in Ausnahmefällen so. Deshalb muss man besonders in Semantischen Suchmaschinen jedes Keyword und die Keyword-Kombination überprüfen, und bevor man weitere Suchbegriffe addiert, auch diese prüfen. Sonst findet man nur zufällig gute Talente. Einfach eine Sammlung von Synonymen eingeben, nennt man in den USA »Sourcing by Accident«.

Das Vorgehen stammt aus dem Recruiting und basiert auf Intuition. Doch die intuitive Eingabe ist bei der Steuerung komplexer, algorithmischer Systeme wenig hilfreich. Diese Suchmaschinen-Algorithmen ändern sich ununterbrochen, da sie lernende Systeme sind. Deshalb ist es notwendig, eine solche Suchmaschine mit Logik und Systematik zu steuern.

Fragen der Checkliste
- Halten Sie sich auf dem Laufenden bezüglich Ihres Suchmaschinen-Knowhows?
- Testen Sie Ihre Keywords und die einzelnen Keyword-Kombinationen vor dem Sourcing?
- Überprüfen Sie Ihre/n String(-Teile) regelmäßig?
- Testen Sie Ihre Tools während Ihrer Sourcing-Vorbereitung?
- Verändern Sie Ihre Suchketten in jeder Suchmaschine oder Plattform?

6. **Haben Sie eine Sourcing-Bibliothek?**

Es gibt immer wieder Berichte und Erzählungen, dass Sourcing zeitintensiv sei, weil es so experimental ist und man lange braucht, um gute Talente zu finden. Profi-Sourcer haben dieses Problem seltener und versuchen es durch Arbeitseffizienz in der Methodik sowie mit klugem Tool-Einsatz auszugleichen. Zum Beispiel kann man manche Suchketten (Keyword- und Boolesche-Befehle-Kombinationen, auch Strings, genannt) wiederholen, wie zum Beispiel Ortssuchen. Damit man sie wiederverwenden kann, sollte man sie speichern.

Fragen der Checkliste
- Machen Sie sich Notizen über Ihre Suche?
- Fangen Sie jede Suche neu an?
- Haben Sie Notfalllösungen, wenn Sie nicht mehr weiterkommen?
- Lesen Sie regelmäßig Sourcing-News?
- Führen Sie eine korrekte Suchbegriffsanalyse durch und archivieren Sie diese?
- Kennen Sie die Suchbegriffswirkungen in den einzelnen Suchmasken bzw. -kästchen und machen sich darüber Notizen?

7. **Prüfen Sie andere Sources oder limitieren Sie sich auf eine Plattform?**

Viele sind so sehr gewohnt, bestimmte Vorgehensweisen zu wiederholen, dass sie nicht merken, dass sich die Situation geändert hat. Es ist möglich, dass zum Beispiel Ihr Wettbewerb plötzlich ebenso eine ähnliche Stelle mit Sourcing besetzen möchte und Ihre Kandidaten nicht mehr antworten. Oder dass die potenziellen Kandidaten kollektiv Keywords von ihren Profilen nehmen, weil sie so oft in XING angesprochen werden. Die Situation ändert sich ständig, deshalb sollte man die Suche immer über mehrere Plattformen vorbereiten, um schnell reagieren zu können.

Fragen der Checkliste
- Ist Zeit für Sie ein zentraler Faktor?
- Fühlen Sie sich in anderen Portalen nicht wohl und bleiben deshalb lieber auf XING?

- Wie viel Zeit haben Sie in den letzten drei Monaten mit nicht passenden Kandidaten verbracht, zum Beispiel auch dadurch, dass diese Ihnen nicht geantwortet haben?
- Steigt die Zeitspanne, bis Sie das nächste passende Talent finden?

8. **Führen Sie eine Identifikation durch und überprüfen Sie, wen Sie ansprechen?**
Sie können, wenn Sie nur ein Profil sehen, bei passiven Kandidaten selten sicher sein, ob das das passende Talent ist oder ob die Daten, die Sie sehen, wirklich aktuell sind. Aber viele User haben mehrere Social-Media-Profile, pflegen allerdings oft nur eines. Deshalb ist es zur Identifikation absolut wichtig, andere Informationen zu Rate zu ziehen, um wirklich sicherzugehen, dass man einem passiven Talent wirklich ein gutes Angebot unterbreitet, weil es für ihn eine interessante Weiterentwicklung ist.

    Fragen der Checkliste
    - Überprüfen Sie die Angaben auf den Profilen?
    - Nützen Sie regelmäßig ein oder mehrere Portale?
    - Kennen Sie die Unterschiede zwischen Profilen und Lebensläufen?
    - Haben Sie Tools, die Ihnen helfen, die Datenspuren von Kandidaten im Web zu lesen?

9. **Sind Ihre Textmodule für eine Online-Ansprache optimiert oder stammen sie aus der realen Welt?**
Menschen nehmen die Online-Informationen anders wahr und verhalten sich im Web auch anders als in der realen Welt. Sie entwickeln sehr häufig sogar andere Werte – die sogenannte Digitale Zwillingswelt ist kein Spiegel der Realität. Heute werden von 100 % der Smartphone-User die E-Mails auch an ihrem Mobiltelefon gelesen. Aber viele der Mails haben noch lange Betreffzeilen oder lange Texte, die nicht für Mobiltelefone optimiert sind.

    Fragen der Checkliste
    - Sind Ihre Textbausteine von Online-Experten für passive Kandidaten oder von Ihrer Marketingabteilung und damit für Bewerber optimiert?
    - Haben Sie für unterschiedliche Candidate Personas spezielle Ansprachen selbst mobil getestet?
    - Kennen Sie die bevorzugten Kommunikationsformen Ihrer Talente?

10. **Ist für Sie die Nutzung des Telefons ein Tabu-Thema?**
In vielen Projekten ist es wichtig, schneller als der Wettbewerb zu sein und auch persönlich sowie nachhaltig zu kommunizieren. Aber es kann sein, dass Sie eine Zielgruppe haben, bei denen jedes Talent viele E-Mails in seiner Inbox hat. Da fast alle Sourcer heute hauptsächlich und ausschließlich Messages schicken, ist das Telefon eine gute Alternative und kluge Kombination.

    Fragen der Checkliste:
    - Ist das Anrufen von Kandidaten ein NoGo für Sie?
    - Kennen Sie die vielen Möglichkeiten, Telefonnummern zu suchen und zu finden?

- Kennen Sie die aktuelle rechtliche Situation für die telefonische Direktansprache?
- Haben Sie schon einmal ein Telefonat per Anschreiben angekündigt, damit es kein Cold Call ist?

7.6 Die Sourcing-Besonderheiten und Best-Practice in Corporate Organisationen

Zu dem Thema, was die »Besonderheiten und Best-Practice im Sourcing für Corporate Organisationen sind«, habe ich Birger Meier[78], Director Talent Acquisition, Global R&D bei Fresenius Medical Care AG & Co. KGaA befragt.

Welche Rolle spielt Sourcing in deiner täglichen Arbeit und im Corporate-Umfeld?

Sourcing ist aus meiner Erfahrung im Tagesgeschäft eine Ergänzung zum operativen Recruiting. Bei der Einführung von Sourcing bei Sodexo hatten wir im Vorfeld zwei Mitarbeiter eingestellt und uns bewusst für Berufsanfänger mit keiner bzw. erster Erfahrung im Recruiting entschieden, um bestehende Strukturen zu erneuern und verändern. Die Jobbezeichnung und Aufgabenstellung war bei beiden neuen Mitarbeitern Talent Sourcer und nicht Recruiter. Sie haben mit den Recruitern und Business Partnern zusammengearbeitet, aber auch eigene Projektleitungen und dann Recruitingaufgaben übernommen. Doch die zentrale Aufgabe war das Sourcing.

Was sind für dich aus Sicht eines Corporates die Besonderheiten im Sourcing?

Die Besonderheit im Sourcing aus Corporate-HR-Sicht sind folgende Punkte:
1. Klärung der Erwartung bzw. Anforderungen an das Sourcing
2. Klärung des Jobprofils und der Stellenbeschreibung eines Sourcers, Wie hoch ist der Sourcing-Anteil? Ist es ein Recruiter, der Sourcing macht, oder ein Sourcer, der auch rekrutiert? Oder ist es ein 100-%-Sourcer?

---

78 Sein Studium »Internationale Business Studies« mit Schwerpunkt Marketing und Markforschung hat Birger Meier an der Universität Paderborn und der Universität Malaga absolviert. Seit 2005 beschäftigt er sich beruflich mit Themen wie Employer Branding, Sourcing, Social Recruiting, Talent Acquisition. Nach einigen Jahren als Senior Consultant Talent Acquisition/Talent Management bei milch & zucker in Bad Nauheim wechselte er 2011 auf die Unternehmensseite und war in unterschiedlichen Funktionen im Bereich Talent Acquisition und Talent Management tätig und arbeitete für namhafte Unternehmen wie Boehringer-Ingelheim, Bilfinger und Sodexo. Birger Meier verbindet den Themenkreis Talent Management, Recruiting und Sourcing mit Leidenschaft und Expertise, hält Vorträge, gibt Trainings und bloggt auch im Team unter einem der meistgelesenen HR-Blogs Deutschlands unter www.personalblogger.net. Er verbindet auch im Bereich Talent Sourcing Management-Know-how mit Praxis, da er selbst sourcen kann, aber auch Erfahrung hat, wie man Mitarbeiter mit Sourcing-Aufgaben führt.

3. Klärung der organisatorischen Eingliederung und Berichtslinie? An einen Recruiter, an den Teamleiter? Aufbau als eigenes Team oder als Co-Teammitglied zu einem Recruiter?
4. Klärung der Verantwortlichkeiten? Gibt es einen SPOC für den Bewerber und Kandidaten (Single Point of Contact)? Gibt es eine Übergabe des Leads/Bewerbers an das Recruiting?
5. Klärung der Jobs/Stellen, die gesourced werden sollen. Gerade bei Anfängern sollte zu Beginn nicht die schwierigste Position genommen werden (keine Top-Führungskräfte und keine anderen Hard-to-Fill-Positionen).

Wichtig ist auch, dass man für die Einführung und den Rollout der Sourcing-Prozesse im Unternehmen genügend Zeit einplant. Meine Empfehlung ist zwischen 12-18 Monaten, damit sich die neuen Prozesse entwickeln können. Besonders mit einem unerfahrenen Team ist das wichtig.

Welche Ratschläge kannst du anderen Sourcern/Teamlead von Sourcern für das Sourcing und die Kombination von Sourcing und Talent Acquisition bzw. Employer Branding geben?

Ich empfehle, das Thema Sourcing nicht aus einer reinen Corporate-HR-Rolle, zum Beispiel einem Center of Exellence, zu steuern bzw. zu verantworten. Aus meiner Sicht ist es zwingend erforderlich, dass die Verantwortung für das operative Recruiting und damit auch das Sourcing sowie das Employer Branding in einer Hand liegt. Nur so kann man auch die Sourcing-Kommunikation auf das Employer Branding abstimmen und anpassen und dabei die Antworten auf die wichtigen Fragestellungen »Was sind die Kernbotschaften?«/»Was sind die Differenzierungsmerkmale?« klären. Denn die Kommunikation muss zielgerichtet und individuell sein.

7.7 Die Sourcing-Besonderheiten und Best-Practice in Personalberatungen

In diesem Interview über die Besonderheiten und Best-Practice im Sourcing für Personalberatungen habe ich mit Kai Deininger[79] gesprochen, seit 6 Jahren Geschäftsführer der Eurosearch Consultants GmbH und Partner der Deininger Unternehmensberatung GmbH.

---

79 Beruflich startete Kai Deininger nach einer Ausbildung zum Bankkaufmann und einem Studium an der Northwestern University USA 1995 bei der Compaq Computer Corp., Houston, später Singapur und München. Er setzte seine Karriere mit Stationen als Geschäftsführer der deutschsprachigen Aktivitäten von Monster fort und hatte danach verschiedene Managementpositionen in namhaften Unternehmen wie Hewlett Packard EMEA, MFG.com, International SOS, Experteer und LinkedIn inne. Kai Deininger ist ein ausgewiesener Online-Recruiting-Experte mit der Mission der Verknüpfung von realen Recruitingprozessen mit den emotionalen Elementen einer Arbeitgebermarke sowie der Optimierung von Systemen und Strukturen in den Bereichen HR, Recruiting und Sourcing.

Welche Rolle spielt Sourcing in deiner täglichen Arbeit in der Personalberatung?

Für uns ist Sourcing eine unabdingbare Säule für die Beschaffung von qualifizierten Kandidaten für unsere Projekte. Viele Kandidaten erreicht man heute nur noch online, so ist das Sourcing ein direkter Weg, um Kandidaten dort zu identifizieren bzw. abzuholen, wo sie sich derzeit bewegen.

Sourcing hilft aber auch, um die richtigen Entscheidungen zu treffen, wen man für welche Stelle anspricht oder empfiehlt, indem man Hintergrundinformationen zu Kandidaten, deren Werdegang oder Fachkenntnisse in einem Cross-Check verifiziert.

Was sind für dich aus Sicht der Personalberatung die Besonderheiten im Sourcing?

Wir haben heute häufig wechselnde Profile aus sehr unterschiedlichen Branchen mit besonderen Anforderungen. Deshalb müssen wir jede Chance wahren, trotz dieser Komplexität schnell und zuverlässig, aber auch flexibel im Sinne unserer Kunden zu agieren. Dazu ist es nötig, neue Wege zu gehen, um die stark umworbenen Kandidatengruppen zu finden und zu gewinnen. Dabei hilft uns die kluge Kombination von Telefon Research mit dem Sourcing.

Dabei müssen wir besonders gut sein, denn es gibt fast in jedem Projekt einen hohen Zeit- und Qualitätsdruck, da der Klient bereits eigene Schritte hinsichtlich Rekrutierung und auch Sourcing unternommen hat.

Welche Ratschläge kannst du anderen Personalberatern und Researchern für das Sourcing und die Kombination von Sourcing und Research geben?

Ich empfehle jedem Personalberater und jedem Research-Experten, zum Direct-Search-Know-how professionelles Sourcing-Wissen und -Können aufzubauen. Hier zahlt es sich aus, nicht Billiglöhner einzusetzen. Dazu ist nicht allein eine Offenheit für die neuen Möglichkeiten notwendig und die Bereitschaft, ungewöhnliche Wege im Research zu gehen, sondern auch die Kanäle (Datenbanken, Telefon, E-Mail etc.) klug zu kombinieren.

Deshalb ist meine Empfehlung an andere Personalberater, auch wenn sie keine Zeit haben, selbst Online-Personalsuchen durchzuführen, da sie so die neuen Prozesse kennenlernen. Sie generieren neue, andere Kandidaten, mit denen sie auch andere Interviews führen müssen. Die Einführung von professionellem Sourcing verändert alle weiteren Recruitingprozesse und -Abläufe. Den Research-Kollegen empfehle ich besonders, nicht aufzugeben, auch wenn es manches Mal schwierig ist, immer offen und neugierig zu bleiben. Wenn eine technische Änderung eine Tür schließt, geht im Web immer mindestens eine neue auf.

7.8 Die Sourcing-Besonderheiten und Best-Practice bei Personaldienstleistern

Ich spreche mit Jannis Lehmkuhl[80], Head of Talent Acquisition bei der pluss Personalmanagement GmbH über die Besonderheiten und Best-Practice im Sourcing für Personaldienstleister.

Welche Rolle spielt Sourcing in deiner täglichen Arbeit in der Personalvermittlung?

Als zentrale Abteilung, die sich ausschließlich auf die Suche und proaktive Ansprache von potenziellen Kandidaten für alle unsere deutschlandweiten Standorte spezialisiert hat, ist das Sourcing unser Kerngeschäft.

Neben der mikrokosmischen Betrachtung der Abteilung hat, aufgrund der in den letzten Jahren erzielten Ergebnisse, Active Sourcing eine hohe Relevanz für das Unternehmen gewonnen und versteht sich mittlerweile als einer der Rekrutierungskanäle.

Was sind für dich aus Sicht der Personalvermittlung die Besonderheiten im Sourcing?

Der Prozess des Sourcings bei einer Personalvermittlung differenziert sich meinen Erfahrungen nach bei der Ansprache von Kandidaten. Bei der Kontaktaufnahme eines potenziellen Kandidaten greifen wir insbesondere die Werte des Kunden mit auf. Wir versuchen hierbei neben einer dialogorientierten und wertschätzenden Kommunikation dem Angesprochenen einen metaphorischen Blumenstrauß anzubieten, aus dem er sich die für sich passenden Blumen zusammenstellen darf.

Somit stellen exhaustive Informationen bei einer Personalvermittlung über den Kunden einen wichtigen Bestandteil des Erfolges dar. Die Informationen sollten sich hierbei nicht nur auf die Werte und die Anforderungen des Kunden beschränken, sondern ebenfalls Auskunft über das Team, die Atmosphäre und eventuell sogar eine Antwort auf die Frage, was die Position bei diesem Unternehmen so besonders macht, beinhalten.

Eine weitere Besonderheit ist meiner Meinung nach die besondere Konstellation des

---

80 Nach dem erfolgreichen Aufbau eines Active Sourcing Centers für die Dienstleistungen Personalvermittlungen und Arbeitnehmerüberlassung gehören zu den Aufgaben von Jannis Lehmkuhl die Führung und Weiterentwicklung der Abteilung im Bereich des Active Sourcings. Die Fragestellung, wie in der Abteilung das Active Sourcing mit neuen innovativen Ansätzen weiter ausgebaut werden kann, ist hierbei Triebfeder seiner Tätigkeit, welche er mithilfe von Tracking und kennzahlenbasierten Analysen anstelle subjektiver Wahrnehmungen analytisch optimiert. Weiterhin gilt er als kreativer und innovativer Treiber für Neues und leistet dadurch seinen Teil, um pluss voranzutreiben. Bei der aktiven Suche, Identifizierung und Überzeugung von Kandidaten liegt seine besondere Expertise in der Kommunikation über die sozialen Netzwerke, speziell über Facebook.

zu Anfang unbekannten Kunden für die angesprochene Person. Hier ist ein klarer vorab definierter Prozess wichtig, sodass zum einen der Kunde weiß, ab welchem Schritt sein Unternehmensname genannt wird, und parallel keine unbewussten Informationsasymmetrien zwischen dem Sourcer und dem potenziellen Kandidaten entstehen.

Welche Ratschläge kannst du anderen Personalvermittlern für das Sourcing geben?

Grundsätzlich rate ich jedem, einen Prozess für das Sourcing zu definieren. Dieser sollte sich bestenfalls in Vorbereitung, Suche, Ansprache und Auswahl unterteilen.

Besonders erfolgreich bei der Personalvermittlung im Sourcing hat uns hierbei eine in der Vorbereitung definierte Candidate Persona gemacht. Hierdurch können wir vor der Ansprache von potenziellen Kandidaten unserem Auftraggeber ein erstes Feedback zum Schwierigkeitsgrad der Besetzung geben und Empfehlungen zu Konditionen und Rahmenbedingungen, welche die Besetzung erleichtern würde, gegenüber dem Kunden aussprechen. Unsere Candidate Persona basiert hierbei immer auf quantitativen und qualitativen Ergebnissen.

Ein weiteres Kriterium für unseren Erfolg ist das stringente Messen von am Prozess definierten Kennzahlen. Ein Beispiel hierfür ist die Kennzahl Response Rate, welche uns Auskunft über die Antwortraten gibt. Um diese Kennzahl stetig optimieren zu können, verwenden wir A/B-Tests, welche zwei unterschiedliche Varianten einer Ansprache vergleichen. Neben der Messung empfehle ich, den gesamten Prozess für den Auftraggeber so transparent wie möglich zu gestalten. Wir arbeiten beispielsweise mit Worksheets, in denen der Kunde jederzeit den aktuellen Stand einsehen kann.

Weiterhin fordern wir stetig von allen angesprochenen Personen ein Feedback ein. Hierdurch können wir zum einen unsere Prozesse optimieren und erfahren die Absagegründe der potenziellen Kandidaten, welche wir ebenfalls im Worksheet aufführen. Als Personalvermittler geben wir unserem Auftraggeber ein transparentes Feedback zu seiner Stelle und dieser kann nach eigenem Ermessen die Kriterien der zu besetzenden Stelle bei Bedarf anpassen. Durch eine hohe Transparenz und frühen Einbezug des Auftraggebers sowie scharfen Kennzahlen, die wir uns selbst auferlegen, gelingt uns ein effizienter Sourcing-Prozess in der Personalvermittlung.

7.9 Die Sourcing-Besonderheiten und Best-Practice von Solo-Recruitern

Ich spreche mit Henrik Zaborowski[81], freiberuflicher Recruiting-Spezialist, Keynote Speaker und bekannter Blogger über die Besonderheiten und Best-Practice im Sourcing für Solo- Recruiter.

Welche Rolle spielt Sourcing in deinem Job?

Sourcing ist seit Jahren ein wesentlicher Bestandteil meines Jobs. Da ich in der Regel ja als Externer geholt werde, wenn Stellen nicht oder sehr schwer besetzt werden können, geht an Sourcing kein Weg vorbei. Mir werden sowohl als Interim Manager Sourcing-Projekte übertragen als auch Direktmandate. Alle Aufgaben führe ich im Sourcing selbst durch, deshalb kommt es in meinem Fall besonders auf Effizienz und gutes Management der Kandidaten, Tools und Zeit an.

Was sind für dich als Solo-Recruiter die Besonderheiten im Sourcing?

Ein wesentlicher Aspekt ist sicherlich das Fehlen einer bekannten großen Marke oder zumindest GmbH im Hintergrund bei der Ansprache. Als Inhouse Recruiter hilft der Firmenname des Arbeitgebers häufig, um auf Kandidaten einen guten Eindruck zu machen – hier habe ich als Interim Manager die Erfahrung gemacht, dass ich höhere Antwortquoten erreichen konnte. Zumindest wenn es ein bekannter Arbeitgeber mit einem guten Ruf ist.

Doch meine Erfahrung ist, dass eine professionelle und individuelle Ansprache das Fehlen einer bekannten Arbeitgebermarke komplett irrelevant macht. Am Ende des Tages steht aus meiner Sicht der Job im Vordergrund, nicht der Sourcer. Wenn der Job passt und die Ansprache professionell ist, dann ist es unwichtig, ob der Sourcer direkt beim Unternehmen angestellt ist, bei einem Dienstleister oder Freiberufler ist.

Ein weiterer Punkt ist, dass es heute bezüglich der Arbeitsmittel für einen Solo Recruiter nicht einfach ist, technisch mit den gegebenen Möglichkeiten mitzuhalten. Ich kann nicht einfach neue Tools und/oder neue Kanäle starten, die Geld kosten, deren Sinn oder Erfolg mir aber am Anfang nicht klar sind. Eine Investition in hoher vierstelliger Summe in einen XING TalentManager will sehr gut überlegt sein und tut

---

81 Mit 17 Jahren operativer Recruitingerfahrung in Organisationen unterstützt Henrik Zaborowski Unternehmen aller Branchen und Größen bei der Optimierung und Umsetzung ihrer Personalbeschaffung. Darüber hinaus gibt er mit seinem ganzheitlichen Blick auf das gesamte Recruiting als Berater und Redner Impulse für ein zeitgemäßes und menschenzentriertes Recruiting. Er ist eingebunden in ein Netzwerk namhafter Human-Resources-Experten aus Industrie, Beratung, Startup und Wissenschaft und sourct selbst sehr erfolgreich und bildet aus, coacht und trainiert Sourcer und Recruiter.

weh, wenn sie sich nicht sofort amortisiert. Eine größere Firma hat mit einer solchen Investition weniger Probleme. Aber aus meiner Erfahrung heraus muss ich anderen Solo-Recruitern sagen: Man kommt an den neuen Tools nicht wirklich vorbei. Als Interimer habe ich den Vorteil, dass ich die Tools nutzen kann, die mir meine Auftraggeber zur Verfügung stellen

Welche Ratschläge kannst du anderen Solo-Recruitern und Interimsmanagern für das Sourcing geben?

Vor allem den, sich nicht zu verstecken und nicht schüchtern anzusprechen. Bei manchen Recruitern habe ich den Eindruck, die fühlen sich ohne bekannte Arbeitgebermarke im Rücken nicht vollwertig. Das halte ich für Unsinn. Deshalb lautet meine Empfehlung an alle Solo-Recruiter: Seid in den Business-Netzwerken!

Da ich als Redner und durch meine Blogartikel in der HR- und Online-Recruiting-Community bekannt bin, bekomme ich immer wieder Anfragen von Produktanbietern, ihr Produkt kostenlos zu testen. Und dann natürlich auch gerne darüber zu bloggen. Das sind perfekte Möglichkeiten, sich direkt die Innovationen anzuschauen, ohne gleich Geld investieren zu müssen. Dies ist auch für andere Solo-Recruiter eine Chance, in Testphasen zu prüfen, ob das Tool hilfreich für die eigenen Sourcing-Aktivitäten ist.

Ein weiterer Tipp: Geht auf Sourcing-Events und vernetzt euch! Alle haben die gleichen Herausforderungen und jeder freut sich, wenn er/sie noch einen Tipp bekommt. Und die meisten geben auch gerne Tipps weiter. Es muss nicht jeder alles ausprobieren oder das Rad neu erfinden. Wir können und dürfen von den Erfahrungen der anderen profitieren.

8 Der Sourcing-Erfolg heute und in der Zukunft

8.1 Die erfolgreiche Sourcing-Integration in die HR-Organisation

Häufig wird sich bei der Sourcing-Einführung an Sourcing-Strukturen orientiert, von denen man nur gehört oder die man in anderen Unternehmen beobachtet hat. Entscheidungen werden dabei von Personen getroffen, die mit dem Prozess des Sourcings nicht vertraut sind. Wie wir in den vorherigen Kapiteln festgestellt haben, ist dieser jedoch grundlegend anders als beim Recruiting. Um eine erfolgreiche Unternehmen-Sourcing-Kompetenz aufzubauen, sollten Sie daher die nachfolgenden drei Schritte beachten:

1. Schritt: Ziele definieren – was wollen Sie mit Sourcing erreichen?
Starten sollte HR mit der Frage nach den Zielen des Sourcings. Denn »die« richtige und für alle passende Active-Sourcing-Organisation gibt es nicht. Sourcing in der Hoffnung einzuführen, es müsse einen One-Fits-All-Ansatz geben, kommt dem Stemmen gegen die Digitalisierung gleich. Es kann dann in den Prozessen im Recruiting und der Talent Acquisition zu großen Problemen kommen.

- **Checkliste**
  Bevor Sie sich also für die Integration einer Sourcing-Funktion oder von Sourcing-Aufgaben in eine bestehende Organisation entscheiden, Tools kaufen oder gar bestimmen, welche Mitarbeiter sich wie in den Sourcing-Prozess einbringen sollen, empfehle ich Ihnen, sich zuerst die folgende Frage zu stellen und nach deren Antwort zu suchen: Was wollen Sie kurz- und langfristig mit Active Sourcing erreichen? Hier Ihre möglichen Antworten, die für ein Active Sourcing sprechen:
  - Dem Fachkräftemangel vorbeugen beziehungsweise ihn besiegen
  - Den Talent Pool vergrößern
  - Mehr qualifizierte und interessierte Kandidaten
  - Kosten reduzieren
  - Zeit sparen
  - Keine Zeit mit B- und C-Kandidaten verbringen
  - Verbesserung des Employer Branding und der Wahrnehmung des Unternehmens
  - Schnellere Stellenbesetzungen
  - Mehr aktive Kandidaten finden
  - Zusätzlich passive Kandidaten finden
  - Mehr Informationen aus dem Talentmarkt und über Wettbewerber
  - Diversity verbessern

- Die Situation der Personalbeschaffung kurzfristig, mittelfristig oder langfristig entspannen und verbessern
- Die Recruiter entlasten
- Recruitingeffizienz steigern
- Bestens vorbereitete Talent Pipeline erstellen

2. Schritt: Schwerpunkte setzen – was ist besonders wichtig?

Die meisten dieser Argumente spiegeln wahrscheinlich die Ziele jeder Organisation und eines jeden Human Resources Management wider. Mein Vorschlag lautet daher, die für Sie passenden und möglichen Antworten aus der Liste zu übernehmen und dabei ein Ranking in zwei Schritten zu erstellen.

- Sortieren Sie die wichtigsten Ziele und listen Sie diese bis hin zu den Zielen auf, die für Sie nicht relevant sind.
- Danach empfehle ich Ihnen, jeder dieser Rankingstufen eine Prozentzahl zu vergeben, um Ihre Schwerpunkte zu gewichten.

Bitte berücksichtigen Sie dabei die aktuelle Situation in Ihrem Unternehmen. Wenn beispielsweise die Kostenersparnis ein zentrales und gleichzeitig wichtiges Argument ist, unterscheiden sich die verwendeten Methoden, Werkzeuge und Techniken von denen, die sich besonders auf die Erstellung einer gut gefüllten Talent Pipeline oder Talent Pools konzentrieren. Wenn Sie Schwerpunkte setzen und sich nicht auf das angeblich so erfolgreiche System eines anderen Unternehmens verlassen wollen, dann werden Sie nicht nur Ihre Ziele leichter erreichen. Zudem können Sie jetzt Ihr Vorgehen unternehmensintern fundiert begründen und einen Konsens über Ziele des Sourcings und dessen Umsetzung herstellen.

3. Schritt: Sourcing-Organisation planen – welche Struktur passt zu Ihren Zielen?

Es gibt sieben Organisationsmodelle zur Auswahl, wobei jedes Modell seine Vor- und Nachteile hat, die man genau abwägen sollte.

- **Das Zentralisierte-Sourcing-Modell**
  Sie bilden ein zentrales Sourcing Competence Center, auf das alle zugreifen können und das auch allein Sourcing-Projekte durchführt.
- **Das Sourcer/Account Manager-Modell**
  Besonders sinnvoll in Personalberatungen und bei Personaldienstleistern, aber auch in Unternehmen im Business-Partner-Modell – Sie ordnen jedem Account Manager einen Sourcer zu.
- **Das Sourcer/Recruiter-Modell**
  Sie trennen Sourcing und Recruiting, aber lassen beides in einem Team bearbeiten.
- **Das Strategische Sourcing-Modell**
  Sie bestimmen für die Projekte, in denen auch Sourcing eingesetzt werden soll,

Projektleiter, die entscheiden, wo gesourct wird und wer was durchführen wird, also auch, ob externe Partner einbezogen werden.
- **Das Talent-Sourcing/Outsourcing-Modell**
  Das Übergeben von Teilen oder des ganzen Sourcing-Prozesses an einen Dienstleister.
- **Das Offshore-Talent-Sourcing/Outsourcing-Modell**
  Das Übergeben von Teilen oder des ganzen Sourcing-Prozesses an einen Dienstleister im Ausland, zum Beispiel Indien.
- **Die Hybrid-Modelle**
  Sie mixen einige dieser Organisationsformen. Dadurch wird der Prozess zwar komplizierter, aber gut geplant können Sie sich mehr Vorteile sichern.

> **Praxistipp**
>
> Der heutige Recruitingprozess ist auf Quantität ausgelegt. Wir kommen aus einem Arbeitgebermarkt und waren es gewohnt, die Flut der Bewerber effizient zu managen. Immer noch orientieren sich viele Abläufe im Recruiting daran, selbst wenn sich in Teilbereichen der Arbeitgebermarkt in einen Kandidatenmarkt verändert hat. Es geht heute aufgrund des Fachkräftemangels nicht mehr um möglichst viele Kandidaten zur Auswahl, sondern um die Konzentration auf den effizienten Weg und die positive Gewinnung der für Sie besten Talente.
> Sourcing bietet die Möglichkeiten, durch Nähe zu sowohl aktiven als auch passiven besten Kandidaten diese Unzulänglichkeiten des Recruitings auszugleichen. Aber diese Vorteile kann man nur wahren, wenn man den Sourcing-Prozess klug und systematisch in seine eigene Personalbeschaffung integriert und dabei auch das ganze Team entsprechend mitnimmt und unterstützt. Mit deren Motivation und Know-how lebt oder stirbt Ihr Sourcing-Erfolg.

8.2 Monitoring des Sourcing-Erfolgs durch KPIs

Jeder Active Sourcer sollte, um Zielabweichungen zu überprüfen, Sourcing-KPIs pflegen und seine eigenen Kennzahlen erstellen. Denn ohne ein Monitoring einer Zielabweichung läuft jeder Sourcer Gefahr, viel Zeit für falsche und damit erfolglose Prozesse aufzuwenden. Ebenso kann man nur Transparenz erhalten und besser werden und sich so der digitalen Transformation erfolgreich stellen, wenn man Veränderungen ständig überprüft.

Der Begriff KPI ist die Abkürzung für »Key Performance Indicator«. KPIs sind also Kennzahlen, die das Kosten-Nutzen-Verhältnis beziehungsweise die »Leistung« erkennbar darstellen. In der allgemeinen Definition bedeutet dies, dass KPIs einen Überblick über die Ergebnisse von Aktivitäten oder den Grad des Erfolgs in Unternehmen oder von Projekten bzw. Handlungen geben.

Obwohl beide das Endziel der Stellenbesetzung haben, kann man bewährte Recruiting-KPIs nicht für das Sourcing einsetzen – schließlich ist Sourcing ein anderer Prozess als das Recruiting und es gibt eine weitreichende Erfolgsdiskussion (siehe auch Kapitel 2.2).

Welche Sourcing-KPIs betrachtet werden sollten, um den Sourcing-Erfolg oder Sourcing-Misserfolg zu indizieren, hängt von den jeweiligen Sourcing-Planungen, -Zielen und -Maßnahmen ab. Auch diese sind nicht alle universell zwischen Unternehmen übertragbar und können sogar pro Sourcer, aber auch pro Funktion abweichen. So machen in der Praxis nicht alle Sourcing-KPIs für alle automatisch Sinn, sondern müssen im Kontext gesehen und eingesetzt werden.

Einfach singuläre Sourcing-KPIs, sogenannte Pro-Forma-Kennzahlen (bereinigte, nicht standardisierte Ergebnisgrößen), ohne ein analytisches System in den Raum zu stellen, birgt die Gefahr, sich selbst etwas vorzumachen, und nimmt dann so die Chance, sich zu verbessern und weiterzuentwickeln.

In einer modernen Personalabteilung sollten Sourcing-KPIs ein integrativer Bestandteil eines vorausschauenden HR-Analytik Systems sein, das den Anforderungen von Flexibilität bezüglich der Veränderungen der digitalen Transformation, aber auch der deshalb notwendigen Nachhaltigkeit in der Effizienzsteigerung Rechnung trägt.

8.2.1 Wie kann man mit Sourcing-KPIs Erfolg messen?

Viele Erklärungen von KPIs sprechen von »Messung des Erfolgs« durch Kennzahlen. Das kann aber bezogen auf einen digitalen Prozess wie im Talent Sourcing schwierig werden. KPIs haben immer das Ziel, Zahleninformationen zwecks Verständlichkeit zu vereinfachen. Dies war in der Vergangenheit bei linearen, einfachen Old-School-Prozessen kein Problem. Man konnte Kennzahlen sogar über Jahre hinweg einfach auf einen ähnlichen Prozess übertragen, wie z. B. die Zeit bis zur Stellenbesetzung. Und damit konnte man auch Erfolgsmessungen vergleichen, da die Prozesse sich kaum veränderten und wenn, dann langsam und linear.

Der Sourcing-Prozess dagegen ist ein agiler Prozess, der iterativ durchgeführt wird und viele zirkuläre Teilschritte beinhaltet. Mit jedem dieser Teilschritte kann sich nicht nur der Prozess, sondern auch das Ergebnis und damit der Erfolg ändern. Zum Beispiel müssen Sourcer immer wieder neue, andere, klug variierende Suchanfragen erstellen – die Zeiten, wo man mit 2-3 langen Strings eine Liste von passenden Kandidaten fand, sind vorbei. Deshalb spricht man auch bezüglich des Sourcings von einer »digitalen Kompetenz«. Starre Kennzahlen(-systeme), auch aus dem Recruiting, haben hier so gut wie keine Aussagekraft.

8.2 Monitoring des Sourcing-Erfolgs durch KPIs

Nachfolgend finden Sie einen Überblick über mögliche Sourcing-KPIs. Alle diese Metriken gleichzeitig zu tracken, macht wenig Sinn, man muss sie immer als Bestandteil eines Systems sehen.

Zur besseren Übersicht der zentralen Sourcing-KPIs habe ich Ihnen die zehn wichtigsten KPIs als Empfehlung in *fettkursiv* hervorgehoben.

8.2.2 Die generellen KPIs

Um die generellen Informationen aus dem Sourcing zu erhalten und Sourcing-Kennzahlen in Ihrem Business-Informationssystem und in der generellen HR-Analytik zu hinterlegen, können Sie folgende Kennzahlen prüfen:
- Zahl der Sources – Nutzungszahlen
- Zahl der Tools und Accounts – Einsatzzahlen
- Investitionen in Tools
- Kombination mit Talent-Acquisition-Maßnahmen
- Kombination mit externen Dienstleistern
- Kombination mit Executive Search
- Zahl der Sourcer
- Stunden, die alle Mitarbeiter im Recruiting für das Sourcing aufwenden

8.2.3 Die Sourcing-Kommunikations-KPIs

Wir sprechen von der Sourcing-Kommunikation, weil der Sourcing-Prozess nicht mit dem Kontakten von Kandidaten zu Ende ist. Die Phase, in der man mit passiven Kandidaten kommuniziert, sie aber noch nicht entschieden sind, ob sie sich bewerben werden, ist heute die kritischste Phase im Sourcing. Hier verliert man die meisten potenziellen Kandidaten. Gerade diese Phase sollte man deshalb durch folgende KPIs stetig überprüfen:
- *Response Rate*
- Zahl der Ansprachen pro Portal
- Zahl der Kontaktanfragen und Kontakte
- Form der Ansprachen
- *Zahl der Reminder*
- Antworten nach Ansprache bzw. nach 1,2 oder 3 Remindern
- Wahl der Medien durch Kandidaten
- Zahl der gefundenen E-Mail-Adressen
- Zahl der gefundenen Telefonnummern

8.2.4 Das Absagen-Monitoring

Die Absagen durch Kandidaten geben oft Hinweise. Zum Beispiel kann man so Informationen erhalten, warum es in einer Suche Probleme aus Sicht der Talente gibt. Ein Beispiel: Wenn 90 % der Absagen antworten, dass sie denken, dass die Aufgabe keine Entwicklung für sie ist, erklärt man entweder den Job in der Ansprache nicht gut oder spricht die falschen Personen an.

- *Absagegründe*
- Absagen aus bestimmten Portalen
- Antworten auf Feedback-Anschreiben
- Wirkung der Umsetzung der Kandidatenfeedbacks
- *Zahl der Korrektur Cycles*
- Wirkung der Korrekturen

8.2.5 Die Lern- und Transformationsindikatoren

Auch im Sourcing gilt: Es ist noch kein Sourcer vom Himmel gefallen. Besonders wenn Sourcing-Aufgaben durch Recruiter oder Business Partner übernommen werden und sie nur einen kleineren Teil der Aufgaben ausmachen, sollten diese, um nicht auf der Stelle zu treten, Lernkennzahlen überprüfen.

- *Implementierung des Sourcing-Prozesses*
- Lernrate/Lernziele
- Kombination mit Social Recruiting
- *Zusammenarbeit mit Hiring Manager*
- Hiring Manager als Sourcer bzw. als direkte Kontakter

8.2.6 Die Qualitätsindikatoren

Qualitätsdiskussionen sind bezüglich Kandidaten ein sehr heikles Thema, denn es geht um Menschen. Aber es kann im Zusammenhang mit dem Besetzungserfolg und Lernerfolg in einem positiven Sinne wirken: Wenn ein Sourcer so gut ist, dass er immer nur wenige Kandidaten ansprechen muss, um eine Stelle zu besetzen, liegt das sicherlich auch an seiner Fähigkeit, die richtigen Talente aufzuspüren und zu gewinnen, da er sie versteht und mit ihnen wertschätzend kommuniziert.

Besonders wichtig ist allerdings die Überprüfung der Wirksamkeit der einzelnen Bestandteile des Prozesses bezogen auf die Stellenbesetzung bzw. den definierten Sourcing-Erfolg:

- Talent-Qualität
- Tool-Qualität

- Qualität der Sources
- Zusammenarbeit mit Hiring Manager
- Hiring Manager als Sourcer bzw. als direkte Kontakter
- »Screening«-Qualität
- Zahl der Talente, die man in den eigenen Talent Pool übernehmen konnte
- Zahl der Talente, die man im Rahmen der jeweiligen Projekte für den eigenen Talent Pool angesprochen hat

8.2.7 Die Effizienzindikatoren

Die Hierarchie der Effizienz-KPIs im Sourcing ist von Unternehmen zu Unternehmen unterschiedlich – für Zeitarbeitsunternehmen spielt zum Beispiel die Geschwindigkeit manches Mal eine alles überlagernde Rolle. Deshalb darf man Effizienzindikatoren nicht, ohne gleichzeitig auch Qualitätsindikatoren einzusetzen, überprüfen und muss diese in einem Analytiksystem immer gleichzeitig mit anderen KPIs monitoren.
- Reaktionszeiten
- Durchlauf im Fachbereich/bei Kunden
- Time-to-interview
- Time-to-response
- Zeit für alle oder einzelne Prozessschritte im Sourcing

8.2.8 Die Pipeline Speed

Es ist sehr schade, dass sich viele Sourcer auf den »Just-in-Time«-Ablauf konzentrieren, obwohl sie so viele wertvolle Kontakte im Sourcing generieren, Bewerber-Datenbanken oder sogar moderne kluge ATS-Systeme und andere Tools im Sourcing wie auch im Recruiting haben. So kommt oft das Erstellen eines Talent Pools zu kurz. Sourcing-Kennzahlen zur Pipeline Speed können trotz des Zeitdrucks helfen, nochmals genau hinzusehen und Verbesserungspotenzial aufzudecken:
- *Time-to-hire*
- Time-to-(inhouse)customer
- Time-to-interview
- Time-to-response

8.2.9 Die Sourcing-Produktivität

Produktivitätskennzahlen geben zum Beispiel Aufschluss, wie schwer ein Projekt ist oder war. Sie zeigen sogar an, ob es überhaupt Sinn macht, Sourcing für eine solche Funktion einzusetzen. Sie unterstützen Entscheidungen durch Informationen über

die Wirksamkeit des ganzen Verfahrens und auch, ob Sourcing im Recruitingprozess einen wichtigen oder zu vernachlässigenden Beitrag leistet:
- *Absolute Anzahl der identifizierten Talente*
- *Zahl der kontaktierten Talente bis zu einem Interview*
- *Verhältniszahl kontaktierte Talente – Interviews*
- Zeitaufwand für die einzelnen Projektschritte im Vergleich

8.2.10 Die Conversion Rate

Im Grunde ist der Sourcing-Prozess zu Ende, wenn das interessierte Talent einen Lebenslauf einreicht und dabei zum Bewerber wird sowie die Einladung zum Vorstellungsgespräch annimmt. Sourcing ist eine digitale und damit reine Online-Kompetenz. Zwar sagen viele, dass der Prozess eines Telefonates bereits dem Recruiting zugeschrieben werden muss, aber hier gibt es auch viele Gegenstimmen. Sicher ist, dass das Vorstellungsgespräch selbst nicht mehr zum Prozess des Sourcings, sondern zum Recruiting gehört. Deshalb sehen viele Sourcer auch den Sourcing-Erfolg darin, dass sie viele Kandidaten vorgeschlagen haben, die interessiert sind. Da aber Unternehmen Vakanzen besetzen wollen, ist bezogen auf die Analytik und das Erfolgsmonitoring diese Einstellung zu kurz gedacht. Es ist sehr wichtig, den Besetzungserfolg zu überwachen.

Dies ist durch folgende Kennzahlen möglich:
- *Besetzungsrate via Sourcing*
- Kostenersparnis durch (eigenes) Sourcing
- Verhältniszahl kontaktierte Talente – Interviews
- Zeitaufwand für die einzelnen Projektschritte im Vergleich

8.2.11 Die Forecasting-Indikatoren

Die digitale Transformation verändert sich so schnell und disruptiv, dass es oft unmöglich wird, dauerhafte gute Kennzahlen für Prognosen zu erstellen. Dennoch braucht man für Planungen und Soll-Ist-Abweichungen Indikatoren, die bei einer Entscheidungsfindung helfen (zum Beispiel, um eine Make-or-Buy-Entscheidung zum Thema Sourcing zu treffen). Empfehlenswert sind hier die
- Verhältniszahlen zum Recruiting
- Verhältniszahlen zu ähnlichen Projekten oder zum Markt

8.3 Wie könnte die Zukunft des Talent Sourcings aussehen?

8.3.1 Die Talent-Sourcing-Evolution – der Weg von der Datenbank zum Talent-Management-System

Das Active Sourcing ist stark von den kurzfristigen Gedanken des Recruitings geprägt: Offene Stellen werden meist just-in-time – also erst wenn die Vakanz schon besteht, in den besseren Fällen, wenn sie entsteht – ins Recruiting gegeben. Der nächste Schritt wäre eine Vorabplanung, eine Bedarfsplanung oder, etwas offener, eine gut gefüllte Datenbank, in der man auf die entsprechenden Eventualitäten vorbereitet ist. Denn der kürzeste Weg zu einem Talent ist der, indem man das Talent schon kennt oder zumindest auch weiß, wie man es kontaktieren kann.

So hat die Entwicklung eines Pools von Talenten neben dieser Vorbereitung viele weitere Vorteile. Sie ermöglicht es Ihnen, potenzielle Kandidaten in die Pipeline zu leiten und damit die Vorbereitung auch strategischer auszurichten. Letztlich verbessert ein guter Talent Pool jede Recruitingaktivität, da bei der Besetzung von offenen Stellen eine höhere Qualität der Talente sichergestellt wird – denn man merkt sich in seinem Pool nicht alle Adressen, sondern hat bereits eine kluge Vorauswahl getroffen.

Nach Bersins »High-Impact Talent Acquisition Studie«[82] ist die Talent-Pool-Entwicklung eine der einflussreichsten Leistungstreiber in der Talent Acquisition. Auch die Beratung Aberdeen hat festgestellt, dass 68 % der besten Unternehmen proaktiv Kandidatenpipelines erstellen, unabhängig von den aktuellen Einstellungsbedürfnissen. Dies wird mit einem Branchendurchschnitt von 47 % verglichen.[83]

Es ist jedoch wichtig, Quantität und Qualität in Einklang zu bringen. Der Schlüsselwert des Talent Pools oder der Community besteht darin, dass die Bereitstellung von Talenten ermöglicht wird. Daher ist es zwar wichtig, eine große Anzahl von Leads zu haben, es ist jedoch ebenso wichtig sicherzustellen, dass Sie eine Pipeline von Qualitätstalenten pflegen.

Durch den Einsatz von Online-Communities, Blogs, Videos und Sozialen Medien wird die Interaktion mit Talent Pools gefördert. Dies ermöglicht eine methodischere Identifizierung geeigneter Talente, die im Laufe der Zeit proaktiv ausgerichtet werden. Dieses Engagement ist die Schlüsselkomponente für die Umwandlung Ihres Talent Pools in eine Pipeline. Gute Personalvermittler müssen wissen, wie sie dieses Engagement

---

[82] Bersin, High-Impact Talent Acquisition – Key Findings and Maturity Model, 2014; https://legacy.bersin.com/uploadedfiles/091714_WWB_HITA_RE_Final(1).pdf.
[83] Aberdeen, Building an Insightful Talent Pipeline with Recruitment Process Outsourcing, 2017; https://www.aberdeen.com/hcm-essentials/building-insightful-talent-pipeline-recruitment-process-outsourcing/.

schaffen, aber auch, wie sie die Beziehungen zu potenziellen Kandidaten im Laufe der Zeit pflegen können, um sicherzustellen, dass das Engagement nicht nachlässt.

Organisatorische Talentakquisitionsfunktionen müssen auch in der Lage sein, Veränderungsbereiche vorherzusagen – die Ebbe und Flut des Geschäfts abzubilden, die Entwicklungen in bestimmten Bereichen vollständig auf den neuesten Stand zu bringen und dieses Wissen auf strategische Vorhersagen für die Kandidatenidentifikation anzuwenden. Die besten Talent Acquisition Professionals müssen in der Lage sein, Talente in mehreren Bereichen zu vernetzen und zu identifizieren, um sicherzustellen, dass sie über ihre Pipeline Talente auf Abruf bereitstellen können.

Heutzutage bauen Technologieanbieter zunehmend *vorhersagende* Funktionen in Tools ein, die während des gesamten Einstellungsprozesses verwendet werden. Sie berufen sich auf Techniken des **maschinellen Lernens**. Dies geschieht dadurch, dass sie in die Programme Muster der vorhandenen Daten (sogenannte **Trainingsdaten**) einbauen, die in der Lage sind, **Modelle** zukünftiger Ergebnisse in Form von verschiedenen Arten von Partituren und Rankings zu prognostizieren. Diese neue Welle der Einstellungstechnologie erinnert an beliebte Verbraucherdienste wie die Suchmaschine von Google, an die personalisierten Filmempfehlungen von Netflix und den Alexa-Assistenten von Amazon sowie die fortschrittlichen Marketing- und Verkaufstools wie Salesforce.

8.3.2 Die Künstliche Intelligenz als Hilfe im Sourcing und Screening?

Viele Menschen hoffen, dass die Künstliche Intelligenz, kurz KI oder englisch AI (Artificial Intelligence), die Probleme der bisherigen eingeschränkten Softwaretools löst. Fakt ist aber, dass auch die neuen Algorithmen-Generationen weiterhin zwar bessere Technologien bieten, aber dennoch nur Tools sind, die so gut sind wie ihre User. Sie helfen uns, die Herausforderungen der Digitalisierung zu meistern. Und auch hier gilt, was der Sourcing-Vordenker Glen Cathey bereits 2011 auf seinem Blog Boolean Black Belt Sourcing/Recruiting geschrieben hat[84]:

»*Artificial Intelligence Requires Real Intelligence – The operative word in the phrase ›Artificial Intelligence‹ is ›artificial‹.*«

In den frühen Stadien des Recruitingprozesses können automatisierte Vorhersagen beispielsweise erkennen, welche Stellenanzeigen und personalisierte Jobempfehlun-

---

[84] Glen Cathey, The Future of Sourcing and Talent Identification, 2011; http://booleanblackbelt.com/2011/06/the-future-of-sourcing-and-talent-identification/.

gen Arbeitssuchende spannend finden werden. Sobald sich die Kandidaten beworben haben, helfen Algorithmen den Personalverantwortlichen, Kandidaten zu bewerten und schnell zu disqualifizieren oder sie für eine weitere Überprüfung zu priorisieren. Einige Tools bieten Chatbots, die sich mit Kandidaten unterhalten oder sogar die ersten virtuellen Interviews selbstständig durchführen können. Andere Tools verwenden spielbasierte Assessments, um die Abhängigkeit von traditionellen (und oft strukturell voreingenommenen) Faktoren wie Hochschulstudium/Lehre oder Testergebnisse zu reduzieren.

Fast alle dieser Tools brauchen die ausdrückliche Voraberlaubnis der Kandidaten, dass sie eingesetzt werden dürfen, weil sie bewerten, auswählen, selektieren und qualifizieren sowie Daten speichern und auswerten. Diese sind im klassischen Sourcing-Prozess nicht gegeben und damit wird es noch dauern, bis diese Tools legal eingesetzt werden dürfen. Denn im Rahmen der DSGVO ist diese systematische Auswertung nicht erlaubt.

Dennoch, der Einzug der Künstlichen Intelligenz in alle Recruiting- und Sourcing-Prozesse ist unaufhaltsam, auch wenn die DSGVO die Geschwindigkeit in ihrem Wirkungskreis enorm gedrosselt hat. Denn auch die Tools, die auf Künstlicher Intelligenz basieren, helfen uns nicht nur, mit anderen Menschen, in unserem Fall den Talenten, besser und wertschätzender zu kommunizieren. Sie sollen auch die Effizienz steigern, indem sie – automatisiert und damit systematisch – selektieren und bewerten und damit menschliche Fehler reduzieren.

> **PRAXISBEISPIEL**
>
> Glassdoor berichtet, dass die typische hochvolumige Stellenausschreibung mehr als 250 Bewerbungen erhält, wobei 65 % dieser Bewerbungen im Durchschnitt ignoriert werden.[85]

In den Ländern, in denen es keine DSGVO oder andere schützende Gesetze wie in den USA der Title VII der Civil Rights Act von 1964 gibt[86], wird das automatisierte Finden und das Beurteilen bzw. Screening bei einfachen Jobs leichter gemacht: Human Resources kann dort diese Tools bereits erfolgreich einsetzen und damit großvolumige Einstellungsprozesse leichter, schneller und einfacher managen. Richtig gemacht werden sie sich damit einen Wettbewerbsvorteil schaffen.

Aber die Situation wirft die Frage auf, auf die Juristen bereits konstant hinweisen: Algorithmen bieten zwar die Möglichkeit, Verzerrungen zu vermeiden oder zu

---

85 Glassdoor, Top HR Statistics, 2015; https://www.glassdoor.com/employers/popular-topics/hr-stats.htm.
86 Er verbietet Arbeitgebern, Menschen nach Rasse, Hautfarbe, Religion, Geschlecht oder nationalem Hintergrund zu diskriminieren. Zu finden in Civil Rights Act of 1984 § 702, 42 U.S.C. § 2000e-2(a) (2012).

minimieren. Die eigentliche Frage ist jedoch, wie die von ihnen eingeführten Verzerrungen mit den von ihnen vermeidbaren menschlich bewirkten Verzerrungen verglichen und abgeglichen werden können.

Zusammenfassend ist deshalb zu sagen, dass es derzeit noch ungenügende Sicherheitsvorkehrungen gibt. Und aufgrund der immensen Schwächen nahezu aller über Kandidaten und Mitarbeiter vorliegenden Daten und Informationen neigen so gut wie alle Tools dazu, voreingenommen zu sein. Arbeitgeber können kaum verstehen oder wissen, wie die proprietären Tools ihrer Hersteller tatsächlich funktionieren, denn sie verlassen sich auf deren Marketingaussagen.

So fliegen auch Stakeholder blind, wenn es um die Bewertung von Fairness und Gerechtigkeit geht, Ethik wird fast immer unter das Zeitbudget gestellt. Bewerber und Talente haben wenig Einblick in die Tools, mit denen sie bewertet werden. Aufsichtsbehörden fehlen sowohl das Verständnis wie die rechtlichen Befugnisse, Ressourcen und Fachkenntnisse, um die wachsende Landschaft der vorhersagenden Einstellungstechnologien zu überwachen.

Aber es gibt Licht am Ende des Tunnels: Die Anbieter haben einige vielversprechende Features herausgebracht, die ein gewisses Bewusstsein für die tiefen und systemischen Ungleichheiten widerspiegeln, die die Dynamik der Personalbeschaffung, sei es Recruiting oder Sourcing, weiterhin verzerren. Die Anbieter lernen und veröffentlichen schnell neue Funktionen, ziehen alte Funktionen zurück und beheben Fehler. Die größte Herausforderung für Unternehmen und besonders Human Resources ist also weiterhin, mit diesen Veränderungen Schritt zu halten, um Chancen zu sichten und zu wahren.

8.3.3 Wie Sie frühere Kandidaten wiederentdecken – Sourcing im eigenen ATS

Das Suchen und Finden in der eigenen Bewerberdatenbank ist für viele Unternehmen praktisch unbekannt – scheitert es doch im Wesentlichen nicht allein an Tools, sondern an den bis dahin gespeicherten Daten. Diese helfen oft nicht, die potenziellen Kandidaten wiederzuentdecken, haben also keinen Personalentwicklungs- oder diagnostischen Charakter. Hier können Unternehmen sich auch nicht mit der DSGVO herausreden, denn für alles, was dort gespeichert ist, sollte bis heute die Zustimmung der Talente vorliegen.

Es geht in Zukunft um umfassende Talent-Management-Systeme. Deshalb müssen immer mehr auf Skills, Eigenschaften und Fähigkeiten heruntergebrochene Personalbedarfsplanungen erstellt werden, die es möglich machen, bereits intern ein Matching zwischen offenen Stellen und internem Talent Pool durchzuführen. Deshalb werden in Zukunft moderne Softwaretools, die die Wiederentdeckung durchführen können, hier helfen – sie sind die besten Rekrutierungswerkzeuge der Zukunft.

Zumal die »wiederentdeckten Kandidaten« sich von den neuen Talenten aus den Suchanfragen mit Booleschen Befehlen komplett unterscheiden. Denn mithilfe von Algorithmen oder KI können die Anforderungen der Aufgabenstellungen und das Matching mit den Informationen über bekannte Kontakte bzw. ehemalige Bewerber besser erlernt und erkannt werden, da hier oft bereits Lebensläufe zur Verfügung stehen und weitere übereinstimmende Qualifikationen gefunden und einbezogen werden können.

Idealerweise sind diese modernen Tools deshalb in der Lage, auch Social Media und andere Online-Daten zu integrieren. Dies macht die Bewerbermanagement- bzw. Talent-Management-Tools der Social-Media-Portale so interessant: So hat LinkedIn am 10. Oktober 2018 ihr neues ATS (Applicant Tracking System) auf der Talent-Connect-Konferenz vorgestellt.[87] Und davor hat 2017 XING das Unternehmen Prescreen übernommen. Am 10. September 2018 meldete XING die Integration in ein Talent-Management-System, das es wie auch bei LinkedIn möglich macht, direkt mit den Kandidaten des eigenen Talent Pools Kontakt aufzunehmen oder sie in den Talent Pool zu integrieren.[88]

Erfolgreiche Planungen und Umsetzungen von Talent-Management-Systemen der Zukunft integrieren sicherlich die Wiederentdeckung von Kandidaten und die Planung eines durchsuchbaren Talent Pools mit den für das Unternehmen wichtigen Skills bzw. Fähigkeiten.

8.3.4 Das Passive Sourcing: Talent Acquisition und Sourcing werden verschmelzen

Auch in Zukunft wird die Individualisierung und der Fachkräftemangel Unternehmen dazu zwingen, besonders in den Expertensuchen präziser durchdachte Stellenbeschreibungen zu erstellen und diese auch individuell zu platzieren. Die Ansprache, aktiv wie passiv, muss somit die vorliegenden Informationen über Talente nützen, um mit diesen wertschätzend, aber auch persönlich zu kommunizieren.

---

87 LinkedIn Corporate Communication Team, 2018; https://news.linkedin.com/2018/10/linkedin-talent-connect-2018.
88 XING-Pressemitteilung, 2018; https://corporate.xing.com/de/newsroom/pressemitteilungen/meldung/kandidaten-inklusive-xing-und-prescreen-beschleunigen-recruiting-mit-integriertem-bewerbermanagemen/.

Schon heute ist es bei den meisten passiven Talenten nicht mehr mit einer allgemeinen Ansprache per Anzeige oder einer einzelnen Sourcing-Nachricht getan. Alles muss erinnert bzw. reminded werden. Die Aufmerksamkeitsrate sinkt bei gleichzeitigem Anstieg der Aktivitäten. Im War of Content[89] geht es nicht mehr darum, einmal den Content online zu stellen, sondern ihn verifiziert und möglichst in angepasster, individualisierter Form der Zielperson individualisiert so lange einzuspielen und anzuzeigen, bis diese den Inhalt nicht nur wahrnimmt, sondern auch überzeugt werden konnte.

Deshalb reicht es heute nicht mehr, Stellenanzeigen in Jobboards mehrfach zu platzieren. Zu den neuen Methoden für Stellenanzeigen gehört das Re-Targeting von Bewerbern und Kandidaten (z. B. Anzeigen Ihrer offenen Stelle für Personen, die Ihre Unternehmens-Website oder Stellenangebote bereits besucht haben) und Geo-Targeting (z. B. Anzeigen gezielt für Personen, die sich in der Nähe befinden).

Mit einem engeren Arbeitsmarkt und dem offiziell als tot geltenden »Spray and Pray«-Modell der Beschaffung werden alle im Recruiting nach besseren Werkzeugen suchen, um ihre Stellenanzeigen vor den richtigen Augäpfeln zu platzieren. Diese Werkzeuge werden Algorithmen sein oder sogar auf Künstlicher Intelligenz basieren. Damit sich solche teuren Systeme lohnen, werden sie auch die passiven Talente einbeziehen, eine für Recruiter völlig neue Zielgruppe, mit denen sich aber erfolgreiche Sourcer genauso auskennen wie mit algorithmischen Tools und Candidate Personas.

In Zukunft werden komplexe Recruiting-Marketing-Softwaretools und -Systeme die besten Werkzeuge sein, um sowohl die Markenbekanntheit Ihres Unternehmens als auch das Interesse an Ihren offenen Stellen zu steigern und aktive und passive Kandidaten zu gewinnen. Sie werden die Möglichkeit geben, dass diese sich selbst in den Bewerbungsprozess ein- und ausklicken können und so eine höhere Zufriedenheit und bessere Candidate Experience erleben. Denn diese digitalen Tools können Bewerber, aber auch Talente über den gesamten Rekrutierungszyklus nicht nur informiert halten, sondern pflegen und betreuen.

Da solche Systeme nicht nur kompliziert, sondern komplex sind, die Tools teuer sind und komplett anders als die linearen Recruitingprozesse funktionieren, werden sie entweder das Recruiting komplett revolutionieren oder, wovon ich eher ausgehe, im Talent Sourcing angesiedelt. Es werden in Human Resources, egal ob in Talent Acquisition, Recruiter oder Sourcing, neue Aufgabenstellungen entstehen, wie zum Bespiel »Human Resources Data Analyst« oder »Talent AI Specialist«.

---

89   Team Cosmo, 2018; https://www.teamcosmo.ch/the-three-big-c/.

8.4 Zusammenfassung und ein Ausblick

Bereits heute kann man sagen, dass das Talent Sourcing der Chance Maker in der Human-Resources-Transformation ist. Der Sourcing-Prozess macht schon bei seiner Einführung in Human Resources offensichtlich, wo der Rest der Personalabteilung, aber auch die Fachbereiche bezogen auf moderne Personalbeschaffungsprozesse stehen. Er ist unerbittlich in der Offenlegung und Fehlererkennung – auch wenn in einigen Unternehmen zum Erhalt der linearen Recruitingprozesse davor die Augen verschlossen werden.

Der beste Weg, Talente zu finden und zu rekrutieren, bestand immer schon und besteht heute noch mehr darin, ihre Fähigkeiten, Skills, Erfahrungen und Karrierewünsche zu verstehen. Es geht um die richtige Passform – und zwar erst einmal aus einer betriebswirtschaftlichen Sicht. Wer zu früh im heutigen Personalbeschaffungsprozess personaldiagnostische Ansprüche stellt, wird schnell eines Besseren belehrt, da das System das heute weder kann noch darf.

Suchmaschinen-Algorithmen und Künstliche Intelligenz sind nicht nur weit entfernt von perfekt. Der Traum der Sourcer und ihrer verantwortlichen Chefs ist, auf einfache, zeitsparende Weise hellsehende Talent-Such- und Findetools einzusetzen. Dies wird von einigen Anbietern tatsächlich heute bereits versprochen. Mal unabhängig von der legalen Nutzung der meist persönlichen Daten: Bei genauem Hinsehen kann die Eingabe von meist nur 20-30 Keyword-Versionen kein wirklich passendes Matching durchführen. Denn jeder Filter ist eine Bewertung, entweder durch den Sourcer oder die Suchmaschine. Dies ist unabhängig davon, ob die Keyword-Eingabe mit Booleschen Befehlen durch einen Sourcer durchgeführt wird oder ob dies die Künstliche Intelligenz für ihn macht. Wenn man gezielt und auch effizient Talente finden will, ist es aufgrund der faktischen Unzulänglichkeiten heutiger Tools nur möglich, mit Systematik, Disziplin und Logik zu suchen und sich dabei auf die passende Candidate Persona zu konzentrieren. Und anschließend in einem zweiten Schritt, nachdem man Kandidaten gewonnen hat, reliable diagnostische Verfahren einzusetzen.

Auch im erfolgreichen Talent Management der Zukunft wird gelten: Das Recruiting findet die Talente, aber die erfolgreiche Talent Acquisition bringt sie zur richtigen Zeit in die richtige Position. Nur wird die Strategie, sich auf lineare Prozesse selbst zu limitieren, immer weniger erfolgreich sein. Denn heute ist es immer noch so, dass viele Unternehmen Sourcing mit Recruiting verwechseln oder hoffen, weiter linear wachsen zu können. Zwar wird nicht alles agil und die Unternehmen brauchen auch in Zukunft beides, das lineare Recruiting und das agile Sourcing. Aber beides muss immer mehr aufeinander abgestimmt und so effizienter werden, damit die richtigen Kandidaten mit der richtigen Position abgeglichen werden und passende Angebote gemacht werden können.

Besonders bei passiven Kandidaten ist es wichtig, die richtigen Prozesse zu haben und diese mit den passenden Tools zu kombinieren. Sourcer können viel Zeit darauf verwenden, Talente zu finden, nur um dann von ihnen abgelehnt zu werden oder erst gar keine Antwort zu erhalten. Einen effizienten Sourcing-Prozess durchführen und individuell und wertschätzend kommunizieren zu können, ist die sicherste Erfolgsvoraussetzung, egal ob die Talente aktiv oder passiv sind.

Während im Recruiting eine gute Intuition und das richtige Gespür (Gefühl) Erfolgsvoraussetzung sind, führt deren Einsatz im Active oder Passive Sourcing zu Ungenauigkeiten und meist direkt zu falschen Informationen über Talente bzw. zu nicht passenden Talenten. Alle algorithmischen Tools sowie auch die Künstliche Intelligenz haben Fehler und können deshalb nur erfolgreich mit Logik und Systematik sowie Kenntnissen ihrer Stärken und Schwächen eingesetzt werden. Macht der Sourcer das nicht, dann bestrafen die Tools dies schnell. Man findet eindeutig weniger oder gar keine guten und passenden Kandidaten im Vergleich zu Sourcern, die wissen, wie man die Probleme löst und sich ihnen stellt.

Der erfolgreiche Sourcing-Prozess ist transparent und agil. Dies wird auch das Beziehungsmanagement zwischen Unternehmen und Dienstleistern in der Zukunft verändern. Die traditionellen reputablen Personalberatungen und -vermittlungen, die sich auf Kurzfristigkeit, schnelle Lösungen und eine »bums-on-seats«-Mentalität fokussieren, werden die Wahl haben, transparenter und agiler zu arbeiten oder sich auf die wenigen Kunden zu konzentrieren, die noch nicht digitalisiert haben. In den USA als Vorreiter kann man erkennen, dass die nach der Rezession entstandenen Beratungsunternehmen und Personalvermittlungen, die sich erfolgreich weiterentwickelt haben, diejenigen sind, die ein nachhaltigeres, belastbareres und langfristiges Partnerschaftsmodell fördern, das von einem weitverbreiteten Moralkodex auf beiden Seiten unterstützt wird.

Die beiden Prozesse Recruiting und Sourcing werden immer mehr miteinander verschmelzen und durch künstliche Intelligenz unterstützt und ersetzt werden. Aber dadurch werden sie so komplex, dass sie wiederum neue Aufgabenstellen in Human Resources hervorrufen. Die Digitalisierung wird oft der Midas des 21. Jahrhunderts genannt, alles, womit sie in Kontakt kommt, wird nicht nur kompliziert, sondern so komplex, dass es nicht mehr einfach gemanagt werden kann. So wird die Akzeleration weitergehen, weil man sich neue Tools zur Lösung wünscht, die dann wiederum noch komplexer sein werden.

Durch das Eintreten für »Responsible Recruiting and Sourcing« oder Rekrutierungs- und Sourcing-Ethik können erfolgreiche Recruiter und Sourcer ihre Rolle als Innovatoren und Wegbereiter etablieren. Nicht nur sind Werte (und Prozesse), basierend auf Fairness, Gerechtigkeit, Transparenz und Verantwortung, beliebt bei Organisationen, die sich der digitalen Transformation erfolgreich stellen. Sie gehen Hand in Hand mit der erfolgreichen Talent Acquisition und einer umfassend akzeptierten Arbeitgebermarke und bringen operative Vorteile wie schlanke Prozesse, eine höhere Rentabilität, verbesserte Reputation und verbesserte Retention.

Happy Sourcing!

Ihre Barbara Braehmer

Die Autorin

Barbara Braehmer ist pragmatische Talentfinderin, Expertin im »Finden« talentierter Mitarbeiter, Talent Acquisition Expert, Master-Sourcerin und Digital HR-Consultant. Als anerkannte Vordenkerin ist sie führend in Deutschland, wenn es um das Thema Modern Talent Acquisition und Active Sourcing geht und gehört zu den gefragtesten Experten zu Digital HR in D-A-CH.

Die Diplom-Kauffrau, die in Deutschland und Großbritannien studiert hat, blickt auf 30 Jahre praktische HR- und Recruiting-Berufserfahrung zurück. Ihre Kernkompetenzen sind heute modernes Talent Management und Digital HR.

Ihr fundiertes Know-how erwarb sie sich zehn Jahre als langjährige Personalmanagerin und Führungskraft in zwei Qualitätsunternehmen der Industrie sowie neun Jahre als Personalberaterin und Partnerin in zwei der Top-Ten-Personalberatungen im Executive Search.

Barbara Braehmer bloggt im Intercessio-Blog (https://intercessio.de/blog) über die Themen Active Sourcing, Social Recruiting und Digital HR. Der Blog gehört zu den beliebtesten HR-Blogs in Deutschland mit über 16.000 Besuchern monatlich.

2005 gründete sie die Intercessio GmbH – The Talentfinder Company (https://intercessio.de). Intercessio ist ein Recruiting- und Digital Human Resources-Consulting und Service-Unternehmen mit der Kernkompetenz Social Recruiting und Talent Sourcing. Als Human Resources Enabelings-Partner berät und trainiert das Intercessio-Team Unternehmen, die richtigen, neuen Personalbeschaffungsprozesse, -Systeme und Werkzeuge zu finden und zu implementieren und unterstützt seine Kunden ebenso durch seinen speziellen, agilen Tandem-Recruiting- und Sourcing-Service, Talent Pipelines auf- und auszubauen und Stellen zu besetzen.

Das Unternehmen hat sowohl eine angeschlossene Trainingsakademie, die Spezialtrainings zu Modern Talent Acquisition, Social Recruiting und Active Sourcing anbietet (Anfänger und Fortgeschrittenen Trainings, Active Sourcing Kommunikation u. v. a.). Ebenso bietet es mit DigiPros (https://digipros.de) eine E-Learning-Plattform, die mit Online-Trainings und Micro-Certifications Menschen in der Professionalisierung ihrer digitalen Fitness unterstützt.

Barbara Braehmer ist Fachautorin sowie Co-Autorin des Bestsellers »Praxishandbuch Social Media Recruiting« und hält auch europaweit Vorträge (z. B. HR-Safari, Hands-on-Hiring, Sourcing Summit Europe, Deutscher Personalberatertag des BDU, Forum Marketing & Recruiting des IGZ u. v. a.).

Sie lebt Social Responsibility vor, spendet seit Jahren für ihre bedürftigen Patenkinder in Indonesien und Malaysia, rettet als aktive Tierschützerin Hunde und Katzen aus Notlagen und leitet den europaweit tätigen Verein Fellgesichter e. V.

Literaturverzeichnis

AOL (04/2017). Advanced Search help, von https://help.aol.co.uk/articles/Advanced-Search?guccounter=1 abgerufen.

Beat Schaller, Die Umbenennung. In: Die Macht der Sprache, Kevelaer: Signum | Wirtschaft, S. 28.

Bryan Adams (07/2018), Are Your Best Candidates Not Responding? Here's How to Avoid Being Ghosted, von https://www.inc.com/bryan-adams/3-ways-to-avoid-being-ghosted-by-job-candidates.html abgerufen.

C.M. Siddique (2004), Job analysis: a strategic human resource management practice, von The International Journal of Human Resource Management: https://www.tu-chemnitz.de/hsw/psychologie/professuren/ppd/lehre/AS/skripte/testtheorie_teilstandardisierte_verfahren/wintersemester_201516/Dozentin_Luong/gruppe_1/siddique_2004.pdf abgerufen.

Christoph Athanas, Nele Graf (2013), Aktiver und passiver Kandidatenmarkt. In: Innovative Talentstrategien, Freiburg, Haufe Verlag, S. 131.

Claire Cain Miller (9.7.2015), When Algorithms Dicriminate – Hidden Bias. In: The New York Times, von https://www.nytimes.com/2015/07/10/upshot/when-algorithms-discriminate.html abgerufen.

Daniela Leistikow (14.11.2015), Soziale Medien: So viele Profile haben Onliner im Schnitt, in: Computerbild, von http://www.computerbild.de/artikel/cb-News-Internet-Soziale-Medien-Profile-Durchschnitt-11544637.html abgerufen.

Datenschutz.de (08/2018), Gesetze und Verordnungen, von https://www.datenschutz.de/category/grundlagen-datenschutz/gesetze-und-verordnungen/ abgerufen.

datenschutz.org (01/2018), Greift der Datenschutz bei Ihrer Telefonnummer?, von https://www.datenschutz.org/telefonnummer/ abgerufen.

Datenschutz-Mauß (07/2017), Active Sourcing, von https://datenschutzbeauftragter-hamburg.de/2017/07/active-sourcing/ abgerufen.

Deutsch als Fremdsprache (2018), Zusammengesetzte deutsche Nomen: Die Komposita, von https://www.deutsch-als-fremdsprache-lernen.de/deutsche-substantive-zusammengesetzte-nomen-komposita/ abgerufen.

Dornfest, Bausch & Calishhain (2006), The AntiSocial Syntax Elements. In: Google Hacks – Tips & Tools for Finding and Using the World's Information, Sebastopol,CA, O'Reilly, S. 13-14.

Engage2excel Studie (2017), Trendicator – What You Need To Know About Today's Job Seekers, von http://www.engage2excel.com/wp-content/uploads/2018/02/2017_TrendicatorsRpt_-TRPT2017_PT2.V1-EMAIL.pdf abgerufen.

Fedossov, Kirchner (2009), Praxishandbuch Online-Personalsuche. Norderstedt, Books on Demand GmbH.

Glassdoor (2015) Top HR Statistics. The latest stats for HR & Recruiting Pros, von https://www.glassdoor.com/employers/popular-topics/hr-stats.htm abgerufen.

Glen Cathey (10/2008), erster Blogpost Boolean Black Belt Sourcing/Recruiting, von http://booleanblackbelt.com/2008/10/black-belt-boolean/ abgerufen.

Glen Cathey (06/2011), The Future of Sourcing and Talent Identification, von Boolean Black Belt Sourcing/Recruiting, http://booleanblackbelt.com/2011/06/the-future-of-sourcing-and-talent-identification/ abgerufen.

globalwebindex.com (2018), The latest social media trends to know in 2018, Social Media Engagement, von https://www.globalwebindex.com/reports/social abgerufen.

Handylearn-projects.de (2005), Aufmerksamkeit, von http://www.handylearn-projects.de/aufmerksam.html abgerufen.

Haug, V. M. (2016), Grundwissen Internetrecht, mit Schaubildern und Fallbeispielen. 3.3.5. Reformbedarf und Perspektiven, Kohlhammer Verlag.

Hilfe für Google Konsole (08/2018), von Google indexierbare Dateitypen, von https://support.google.com/webmasters/answer/35287?hl=de abgerufen.

HRWINS (2018), Future of HR Technology Report, von https://library.namely.com/2018-future-of-hr-technology-report/ abgerufen.

Indeed Talent Attraction Study (2015), What Matters to the modern Candidate? Von http://offers.indeed.com/rs/699-SXJ-715/images/TalentAttractionStudy.pdf abgerufen.

LinkedIn Global Talent Trends Report 2015 (2015), The interview is a pivotal point, von https://business.linkedin.com/content/dam/business/talent-solutions/global/en_us/c/pdfs/global-talent-trends-report.pdf abgerufen.

LinkedIn Studie 2011 (2011), Twist in a tale, von http://blog.optionsindia.com/2011/05/twist-in-tale.html abgerufen.

LinkedIn Studie 2013 (2013), Recruiting Active versus Passive Candidates, von https://business.linkedin.com/talent-solutions/blog/2013/12/recruiting-active-vs-passive-candidates abgerufen.

Mae Rice (22.5.2018), The Deep Web Is the 99 % of the Internet You Can't Google, in curiosity.com, von https://curiosity.com/topics/the-deep-web-is-the-99-of-the-internet-you-cant-google-curiosity/ abgerufen.

Marina Lordick (9/2016), Moral im Netz: Wir brauchen eine Digitalethik in Zukunftsinstitut, von https://www.zukunftsinstitut.de/artikel/moral-im-netz-wir-brauchen-eine-digitalethik/ abgerufen.

Maureen Sharib (11/2008), Vorstellung Glen Cathey und den neuen Prozess Sourcing, von https://recruitingblogs.com/profiles/blogs/glen-cathey-boolean-black-belt abgerufen.

Meggle-Freund, D. M. (08/2018), ipwiki.de – Allgemeines Persönlichkeitsrecht, von https://www.ipwiki.de/grundrecht:allgemeines_persoenlichkeitsrecht abgerufen.

Microsoft (8/2018), Advanced Operator Reference Bing, von https://msdn.microsoft.com/en-us/library/ff795645.aspx abgerufen.

Moz (08/2018), Google Algorithm Changes, von https://moz.com/google-algorithm-change abgerufen.

Netmarketshare.com (07/2018), aktuelle Suchmaschinen-Marktanteile, von https://netmarketshare.com/search-engine-market-share.aspx?options=7B22filter223A

7B2224and223A5B7B22deviceType223A7B2224in223A5B22Mobile225D7D7D5D7D2C22d ateLabel223A22Trend222C22attributes223A22share222C22group22 abgerufen.

RAE Schürmann, Rosenthal, Dreyer (15.5.2017), Profiling: Das sind die Neuerungen durch die Datenschutzgrundverordnung, von https://www.swd-rechtsanwaelte.de/blog/profiling-neuerungen-dsgvo-bdsg/ abgerufen.

Sam Gowing (02/2018), 5 points of emphasis in the new Google algorithm and what that means for your SEO, in: Fiftifiveandfive.com, von https://www.fiftyfiveandfive.com/5-google-algorithm-changes-to-focus-in-2018/ abgerufen.

Scharff, Bettina (03/2014), Rechtliche Spielregeln des Active Sourcings, von Human Resources Manager: https://www.humanresourcesmanager.de/news/die-rechtlichen-spielregeln-des-active-sourcing.html abgerufen.

Search Engine Watch (06/2013), Google Kills Tilde Search Operator, von https://searchenginewatch.com/sew/news/2277383/google-kills-tilde-search-operator abgerufen.

Social Media List (03/2018). Social Media List – deutsch, von http://www.socialmedialist.org/soziale-netzwerke-liste-200.html abgerufen.

Statista (2016), Marktanteile ausgewählter Suchmaschinen, von https://de.statista.com/statistik/daten/studie/167841/umfrage/marktanteile-ausgewaehlter-suchmaschinen-in-deutschland/ abgerufen.

Statista (07/2018), Marktanteile Suchmaschinen nach Pageviews, von https://de.statista.com/statistik/daten/studie/225953/umfrage/die-weltweit-meistgenutzten-suchmaschinen/ abgerufen.

Steve Woods (2009), What is Digital Body Language, in: Digital Body Language, Danville, CA, New Year Publishing LLC.

Sven Gabor Janzsky auf LinkedIn (06/2018), LinkedIn-Post – Künstliche Intelligenz bedeutet das Ende des Bauchgefühls, von https://www.linkedin.com/embed/feed/update/urn:li:activity:6417611534737895424 abgerufen.

Svenja Hofert (2018), Das agile Mindset. Warum die Digitalisierung eine Transformation des Denkens fordert, Stuttgart, Springer Verlag.

Technopedia.com (08 2018), Semantic Search, von https://www.techopedia.com/definition/23731/semantic-search abgerufen.

Ulbricht, Carsten (2017), Social Media Recruiting & Recht. In: Praxishandbuch Social Media Recruiting, Stuttgart: Springer Verlag, S. 341.

Ullah, Witt, Ortner, Hawliczek (2017), Das Starter Kit für Sourcer. In: Erfolgsfaktor Sourcing, Stuttgart, Schäffer-Poeschel Verlag, S. 42 ff.

Wikipedia (2.9.2018), Aggregator, von https://de.wikipedia.org/wiki/Aggregator abgerufen.

Wikipedia (08/2018), Denglisch, von https://de.wikipedia.org/wiki/Denglisch abgerufen.

Wikipedia (08/2018), Gesetz gegen den unlauteren Wettbewerb, von https://de.wikipedia.org/wiki/Gesetz_gegen_den_unlauteren_Wettbewerb abgerufen.

Wikipedia (2018), Hack, von https://de.wikipedia.org/wiki/Hack abgerufen.

Wikipedia (08/2018), Internetrecht, von https://de.wikipedia.org/wiki/Internetrecht abgerufen.

Literaturverzeichnis

Wikipedia (08/2018), Taxonomien, von https://de.wikipedia.org/wiki/Taxonomie abgerufen.

Wikipedia (12.08.2018), Wildcard – Informatik, von https://de.wikipedia.org/wiki/Wildcard_(Informatik) abgerufen.

Wikipedia (1.9.2018), Wirtschaftsethik, von https://de.wikipedia.org/wiki/Wirtschaftsethik abgerufen.

Wikipedia (28.08.2018), World Wide Web Virtual Library, von https://en.wikipedia.org/wiki/World_Wide_Web_Virtual_Library abgerufen.

Wikipedia (29.07.2018), Schlüsselwort, von https://de.wikipedia.org/wiki/Schl%C3%BCsselwort abgerufen.

Wikipedia (26.07.2018), Boolesche Algebra, von https://de.wikipedia.org/wiki/Boolesche_Algebra abgerufen.

Wikipedia (08/2018), List of Social Networking Websites, von https://en.wikipedia.org/wiki/List_of_social_networking_websites abgerufen.

Wikipedia (08/2018), Liste der Google Produkte – Suchmaschinen, von https://en.wikipedia.org/wiki/List_of_Google_products abgerufen.

William S. Vincent (10/2016), What is a Static Site Generator? Von https://wsvincent.com/what-is-a-static-site-generator/ abgerufen.

Abbildungsverzeichnis

Abb. 1:	Jobbedarf nach Status der Jobsuche auf Basis der Zahlen einer LinkedIn-Studie	30
Abb. 2:	Besonderheiten – Vergleich aktive versus passive Talente	31
Abb. 3:	Darstellung Beginn des Sourcing-Prozesses (Quelle: Intercessio)	37
Abb. 4:	Darstellung Wunschablauf des Sourcing-Prozesses (Quelle: Intercessio)	38
Abb. 5:	Darstellung des heutigen professionellen Sourcing-Prozesses (Quelle: Intercessio)	39
Abb. 6:	Übersicht über die 7 Stufen des Sourcing-Prozesses	42
Abb. 7:	Übersicht Talente nach ihrem Verhalten in der Jobsuche verstehen	48
Abb. 8:	Übersicht Zusammenhang Digital Body Language, Profilanalysen und Besetzungserfolg	50
Abb. 9:	Übersicht über die Unterschiede zwischen Sourcern und Recruitern	52
Abb. 10:	Darstellung »Wie arbeiten Suchmaschinen?«	59
Abb. 11:	Beispiel für Googles semantische Autokorrektur einer Suchanfrage	64
Abb. 12:	Screenshot Sucheingabefeld von Google.de	65
Abb. 13:	Screenshot Navigation/Aufruf der Erweiterten Suche von Google	66
Abb. 14:	Screenshot von Googles Erweiterter Suche	67
Abb. 15:	Screenshot Eingabefeld der Suchmaschine Bing – deutsche Version	68
Abb. 16:	Screenshot Eingabefeld Suchmaschine Yahoo!	68
Abb. 17:	Screenshot Eingabefeld Suchmaschine AOL	69
Abb. 18:	Screenshot des Eingabefeldes der Suchmaschine DuckDuckGo	70
Abb. 19:	Screenshot eines Sourcing-Projektes in Notepad++	73
Abb. 20:	Evolution des Sourcing-Prozesses durch Technologie	77
Abb. 21:	Screenshot XING-Suche Jobtitel Linuxadministrator, Zugriff 26.08.2018	101
Abb. 22:	Screenshot XING-Suche Jobtitel Linux-Administrator, Zugriff 26.08.2018	102
Abb. 23:	Screenshot XING-Suchanfrage: (Linux-Administrator OR Linuxadministrator), Zugriff 26.08.2018	104
Abb. 24:	Screenshot LinkedIn Suche Wasserstrahlschneidetechnik, Zugriff 26.08.2018	107
Abb. 25:	Screenshot Google.de-Suche Definition Wasserstrahlschneidetechnik, Zugriff 26.08.2018	108
Abb. 26:	Screenshot Google.de LinkedIn öffentliche Profile mit Wasserstrahlscheidetechnik, Zugriff 26.08.2018	109
Abb. 27:	Die wichtigsten Booleschen Operatoren und Modifikatoren	115
Abb. 28:	Darstellung der Wirkung des Booleschen Befehls AND	116
Abb. 29:	Darstellung der Wirkung des Booleschen Befehls OR	118
Abb. 30:	Darstellung der Wirkung des Booleschen Befehls NOT	121
Abb. 31:	Übersicht der 11 wichtigen Booleschen Feldkommandos	128

Abb. 32:	Screenshot einer Google-Suche mit dem Feldkommando define: – Beispiel 1	130
Abb. 33:	Screenshot einer Google-Suche mit dem Feldkommando define: – Beispiel 2	131
Abb. 34:	Screenshot der Ergebnisse einer Cache-Suche in Google	138
Abb. 35:	Übersicht über die Syntax und Booleschen Befehle der Business-Netzwerke XING und LinkedIn	139
Abb. 36:	Übersicht der Syntax und Booleschen Befehle in der Suchmaschine Google	141
Abb. 37:	Übersicht der Syntax und Booleschen Befehle in der Suchmaschine Bing	142
Abb. 38:	Übersicht über die Syntax und Booleschen Befehle in der Suchmaschine Yahoo!	143
Abb. 39:	Übersicht der Syntax und Booleschen Befehle in der Suchmaschine AOL	144
Abb. 40:	Übersicht der Syntax und Booleschen Befehle in der Suchmaschine DuckDuckGo	145
Abb. 41:	Screenshot korrekte Schreibweise X-Ray-Befehl für about.me	151
Abb. 42:	Screenshot fehlerhafte Schreibweise X-Ray-Befehl für about.me	152
Abb. 43:	Screenshot fehlerhafte Schreibweise (2) X-Ray-Befehl für about.me	152
Abb. 44:	Screenshot X-Ray XING für Entwicklungsingenieure mit Optikkenntnissen	153
Abb. 45:	Screenshot 2 Suchen in XINGs Erweiterter Suche für Entwicklungsingenieure mit Optikkenntnissen	154
Abb. 46:	Übersicht der derzeit eingeschränkten oder abgeschafften Booleschen Befehle	155
Abb. 47:	Screenshot Account für Berlin, Eingabeversuch in das Feld »Unternehmen«	157
Abb. 48:	Schema zur Erstellung einer Candidate Persona	171
Abb. 49:	Candidate Persona Modell – Praxisumsetzung	173
Abb. 50:	Die 4 zentralen Candidate Personas (Quelle: Intercessio)	174
Abb. 51:	Die 6 wichtigsten Sourcing-Methoden	176
Abb. 52:	Screenshot Blank Screen bei mehr als 5 OR-Befehlen in LinkedIns Erweiterter Suche Oktober 2018	184
Abb. 53:	Screenshot Ankündigung XING Erweiterte Suche seit Oktober 2018 bei Nutzung der Booleschen Befehle in der zentralen Eingabe	184
Abb. 54:	Screenshot Suche Freemium Account XING – eingeschränktes Suchergebnis, Zugriff 26.8.2018	190
Abb. 55:	Screenshots In drei Klicks zu LinkedIns Erweiterter Suche, Zugriff 25.9.2018	194
Abb. 56:	Screenshot LinkedIn Erweiterte Suche, gesamte Suchmaske, Zugriff 25.09.2018	194
Abb. 57:	Screenshot Ergebnisanzeige der Suche Freemium Account LinkedIn, Zugriff 26.8.2018	196

Abb. 58:	Screenshot Ergebnisanzeige der Suche Freemium Account LinkedIn, Zugriff 26.8.2018	196
Abb. 59:	Screenshot Ergebnisanzeige Freemium Account mit Hamburg als Suchbegriff, Zugriff 26.08.2018	197
Abb. 60:	Screenshot Suche Business Account LinkedIn Ergebnisanzeige, Zugriff 26.8.2018	198
Abb. 61:	Screenshot Vergleich Business und Freemium Account, Beispiel Führungskräftesuche, Zugriff 26.08.2018	199
Abb. 62:	Screenshot XING keine Ergebnisse bei Nutzung der Booleschen Befehle, Zugriff 10.02.2019	200
Abb. 63:	Screenshot Suche Google X-Ray XING Mechatronik Ingenieur, Zugriff 10.2.2019	200
Abb. 64:	Screenshot Suche LinkedIn Erweiterte Suche mit Umkreis Mechatronik Ingenieur, Zugriff:10.2.2019	201
Abb. 65:	Screenshot Suche Google X-Ray LinkedIn Deutschland Mechatronik Ingenieur, Zugriff 10.2.2019	201
Abb. 66:	Screenshot Suche Google X-Ray LinkedIn International Mechatronik Ingenieur, Zugriff 10.2.2019	202

Stichwortverzeichnis

A
Aktive Kandidaten 29
Aktive Talente 31
AOL 69

B
Behance 95
Best-Practice 226
Betreffzeile 209
Bing 67
Boolesche Algebra 113
Booleschen Feldkommandos 127
Booleschen Modifikatoren 122
Boolesche Operatoren 113, 115
Boolesche Suche 179
Browser 73
Browsererweiterungen 73
Business Directories 97
Business Netzwerke 91

C
Candidate Persona 170, 171, 172
Candidate Personas 169
Careerbuilder Resume Database 93
Checkliste 78
CHECKLISTEN 20
Chrome Store Foxified 74
Community 90
Conversion Rate 240
CV Database Search 178

D
Digital Body Language 45, 47, 170
Digitale Zwilling 47
DirectSearch Database 76
Do-it-Yourself 40
Dribbble 95
DSGVO 86
DuckDuckGo 69

E
Ecosysteme 90
Editra 72
Employer Branding 158
Ethical Sourcing 78
Eventbrite 95
Experteer 76, 92
Extensity 74

F
Facebook 93

G
Ghosting 33
Github 94
Google 65
Google Dictionary 74

H
Harvesting 202
HelloTalent 75
Hiretual 75

I
Infinity Scroll 74

K
Karrierepage 176
Key Performance Indicator 235
Keyword-Kombinationen 43
Keyword Suche 58
Keyword-Suchmaschine 60
Keyword-Suchmaschinen 58

L
Lebenslaufdatenbanken 92
LinkedIn 18

M
Meetup 95
Monster 76
Multihighlighter 74

N
Notepad++ 72

O
One-fits-all-Tool 76
Open Web 76
Open Web Search 177

P
Passive Kandidaten 29
Personalberatungen 227
Personal Branding 48
Personaldienstleistern 229
Pipeline Speed 239
Plattformen 90
Praxisbeispiel 20, 34, 35, 48, 72, 100, 103, 106, 111, 112, 117, 118, 119, 122, 124, 125, 126, 129, 132, 134, 135, 136, 137, 138, 140, 142, 148, 150,

151, 152, 153, 155, 156, 190, 195, 198, 199, 203, 243
Praxistipp 20, 28, 32, 34, 36, 40, 41, 47, 59, 60, 67, 76, 77, 98, 104, 105, 106, 110, 115, 116, 117, 118, 119, 121, 122, 124, 125, 126, 129, 131, 132, 133, 134, 135, 136, 138, 143, 144, 146, 148, 149, 157, 158, 159, 161, 165, 170, 177, 178, 179, 180, 182, 191, 198, 202, 205, 209, 235
Profile Mining 177, 178
Profiling 79

R
Recruit'em 74
Recruiter 75
Reminder 56
Response Rate 237
Röntgen Technik 178, 180

S
Search Preview 74
Semantische Suche 61
Semantische Suchmaschinen 58, 61, 177
Semi-Aktive Kandidaten 29
Semi-Aktive Talente 33
Social Media Nettikette 78
Social-Media-Profile 48
Social Network 90
Sources 89
Sourcing-Bibliothek 217
Sourcing Effizienz 213
Sourcing-Erfolg 52, 70, 171, 175, 177, 203, 218, 233, 236, 240
Sourcing-Erfolgsfaktor 222
Sourcing Ethik 80
Sourcing Hindernisse 183
Sourcing.io 93
Sourcing Kommunikation 203, 204, 208

Sourcing KPIs 235
Sourcing-Methoden 175, 176, 179, 180
Sourcing Produktivität 239
Sourcing-Prozess 40, 42, 70, 236
Sourcing-Prozess-Vorbereitung 43
Sourcing Strategie 42
Sourcing Toolbox 70
Sourcing Tools 70, 73, 75, 78
Sourcing Workflow 40
Stack Overflow 94
Stack Overflow Talent 75
Stepstone 92
String 146
Suchmaschinen-Know-how 58
Super-Passive Kandidaten 29

T
Talent Acquisition 31
Talentbin 92
TalentManager 75
Talent Mining 180
Talent Sourcing 114
Talentwunder 75
Time-to-hire 239

V
vertikalen Networks 90

X
XING 23
X-Ray 97, 132, 142, 151, 152, 153, 178, 180, 198, 213, 219

Y
Yahoo! 68
Youtube 93

Z
Zielfirmenliste 96